CUIMHNEACHAN

REMEMBRANCE

CUIMHNEACHAN

remembrance

Bàrdachd a' Chiad Chogaidh

Gaelic Poetry of World War One

Air fhoillseachadh ann an 2015 le Acair Earranta, An Tosgan, Rathad Shìophoirt, Steòrnabhagh, Eilean Leòdhais HS1 2SD

www.acairbooks.com
info@acairbooks.com

Deilbhte agus dèanta le Acair Earranta

Deasaichte le Jo NicDhòmhnaill, Annella NicLeòid agus Dòmhnall Iain MacLeòid

Dealbhachadh an teacsa agus an còmhdach Mairead Anna NicLeòid

Chuidich Comhairle nan Leabhraichean am foillsichear le cosgaisean an leabhair seo.

Tha Acair a' faighinn taic bho Bhòrd na Gàidhlig.

Gheibhear clàr catalog CIP airson an leabhair seo ann an Leabharlann Bhreatainn.

Clò-bhuailte le Hussar Books, A' Phòlainn

LAGE/ISBN 978-0-86152-544-7

Aithneachadh agus còraichean

Acknowledgements and copyright

Tha sinn air leth taingeil do na leanas airson cead bàrdachd fhoillseachadh: Donalda Nic a' Ghobhainn airson An Crom-lus le Iain Crichton Mac a' Ghobhainn; Calum is Ruaraidh Dòmhnallach airson Ruaraidh Iain Thàilleir; Sgoil Eòlais na h-Alba airson Ò, tha mi 'n-diugh trom fo lionn-dubh le Eòghainn MacFhionghain (clàradh SA1964.10.A4 le Dòmhnall Eàirdsidh Dòmhnallach air fhoillseachadh ann an Tocher 10, 1973); Dolag NicGhuinne airson Carragh-cuimhne Steòrnabhaigh; Dòmhnall E. Meek airson Iain Againn Fhìn; Clò Carcanet airson Festubert le Somhairle MacGill-Eain (air fhoillseachadh ann an Caoir Gheal Leumraich, Polygon, Dùn Èideann 2011); Raghnall MacilleDhuibh airson cead eadar-theangachaidhean den bhàrdachd a leanas a chleachdadh - Òran a' Chogaidh le Pàdraig Moireasdan, Ar Tìr agus Ar Gaisgich a Thuit sna Blàir le Iain Rothach, agus Stad tamall beag, a pheileir chaoil le Murchadh Moireach; Bill Innes airson cead eadar-theangachadh de Flanders le Dòmhnall Iain Dòmhnallach a chleachdadh; Gillebrìde MacIlleMhaoil airson cead eadar-theangachadh Fòrladh Alasdair Bhàin a chleachdadh.

CLÀR-INNSE

CONTENTS

AR TÌR 'S NA GAISGICH A THUIT SNA BLÀIR

AN COGADH AIG MUIR

SEALLADH BHON DACHAIGH

OUR LAND AND THE HEROES WHO FELL IN BATTLE

THE WAR AT SEA

THE VIEW FROM HOME

CALL

LOSS

SÌTH

AN IOLAIRE

PEACE

THE IOLAIRE

A' COIMHEAD AIR AIS

SEALLADH 2014

LOOKING BACK

2014 PERSPECTIVE

HRH THE PRINCE CHARLES, DUKE OF ROTHESAY

I am most touched to have been asked to provide the foreword for this first anthology of poetry from the First World War in the Gaelic language.

This remarkable bilingual publication contains one hundred poems, representing one for each year between 1914 and 2014, and I can only congratulate all those involved in bringing together such a varied and poignant collection of poems to provide us with an invaluable legacy in First World War reminiscences for future generations.

It is very appropriate that the original poems were written in Gaelic – the mother tongue of most of those from the Highlands and Islands who served on land, sea and in the air, and in whose honour this book serves as yet another reminder of the great sacrifices made by those never-to-be-forgotten heroes.

Ro-ràdh

Bho shealladh ceud bliadhna tha e anabarrach duilich greimeachadh air cò ris a bha am beatha coltach dhaibhsan a bha a' sabaid as a' Chiad Chogadh Mhòr agus dhaibhsan a bha feitheamh riutha aig an taigh. Tha sinn an dòchas gun cuidich an leabhar seo gus an sealladh sin a dhèanamh beagan nas soilleire.

'S e guthan bho 1914-18 as motha a th' anns a' chruinneachadh. Tha dàin ann a chaidh a sgrìobhadh toiseach a' Chogaidh nuair a bha daoine misneachail is cinnteach nach maireadh e fada. Tha seallaidhean againn air beatha làitheil ri aghaidh a' bhlàir aig muir agus air tìr, chan ann a-mhàin bhon bhàrd ainmeil Dòmhnall Ruadh Chorùna ach cuideachd bho sheòladairean is bho shaighdearan mar Calum MacLeòid, Calum Dhòmhnaill Anna, à Lunndail, Leòdhas, a chaill a bhràthair air a' chiad latha de Bhlàr Neuve Chapelle sa Mhàirt, 1915. Anns an aon bhlàr chaidh e fhèin a dhroch leòn.

Lìon fuaim nan gunnaichean na speur 's bha iad gu lèir le crith orr'
'S an talamh crathadh fo ar bonn le teine 's fùdar a' briseadh,
'S gach uabhas a tha dhuinne dlùth mo chainnt cha toir dhuibh fios air,
Tha samhl' air ifrinn air gach taobh gar fàgail dlùth air clisgeadh.

Aig an taigh bha aig daoine ri tighinn beò mar a b' fheàrr a b' urrainn dhaibh, a' feitheamh naidheachdan a' Chogaidh, daonnan iomagaineach, is obair an fhearainn agus na mònach an urra ri boireannaich, clann is seann daoine. Ann am briathran Mhurchaidh MhicLeòid:

Chan fhaic thu càil ann ach mnathan laga
'S bodaich chrom agus clann na sgoile,
'S gach aon a' caoidh dhiubh o dh'fhalbh na curaidh
'S fios is cinnt ac' nach till iad uile.

Chan fhaic thu iasgair a' tighinn bho chladach,
Le sgùil is lìon innt' air cùl amhaich,
'S ann tha 'd am-bliadhna sna luingeis-chogaidh,
'S teine nàmhaid chan fhàg e fois ac'.

Tha sealladh againn cuideachd air cho doirbh 's a bha am beatha dha saighdearan a thill leòinte às a' Chogadh. Chaidh Coinneach Màrtainn à Strùparsaig, Na Hearadh, a leòn faisg air toiseach a' Chogaidh:

Nuair thig a' Mhàrt oirnn is àm an àitich
Cha dèan mi càil as an tràigh a' còmhnaidh,
Le cliabh ga ghiùlan cha dèan mi sùidseadh,
B' e siud a dhiùlt a' chas chrùbach dhòmhsa.

Introduction

Looking back a hundred years it's perhaps difficult for us to imagine what their lives were like for those who went to fight in the First World War and for those who had to wait for them at home. We hope this anthology sheds a little light on their circumstances.

The voices in Cuimhneachan – Remembrance are largely voices from 1914-18. There are poems written at the beginning of the war, full of optimism and an expectation that it would soon be over. There are poems which are first-hand accounts of daily life in the front line and at sea. These come not only from well-known poets such as Donald MacDonald of Corunna in North Uist but also from seamen and soldiers like Calum Macleod from Lundale in Lewis. He saw his brother killed at the Battle of Neuve Chapelle in March 1914, a battle in which he himself was seriously wounded:

"The noise of the guns filled the heavens and the earth
was shaking under our feet as fire and powder exploded.
The horrors that surrounded us I cannot describe to you;
the hellish images on every side shocked us."

At home people had to carry on with their lives as best they could, waiting nervously for news from the front. Croft work became the responsibility of women, children and the elderly. In Murdo Macleod's words:

"All you can see are helpless women, old men and school
children, mourning the heroes who have gone away,
knowing they will never return.

You see no fishermen carrying baskets of fishing lines.
This year they are in the warships, constantly exposed to
enemy fire."

We also have glimpses of how difficult life was for servicemen who returned wounded. Kenneth Martin of Struparsaig in Harris was badly wounded at the beginning of the war:

"When March comes and time for spring work,
I can gather nothing from the shore as my crippled
leg means I can't carry a creel."

Uaireannan cha robh co-fhaireachdainn aig daoine riuthasan a chunnaic is a dh'fhairich uabhas a' Chogaidh. Tha Iain Caimbeul a' cronachadh cailleachan is ceistearan airson a bhith càineadh gillean a ghabh smùid am Port Rìgh an dèidh dhaibh tilleadh às a' Chogadh:

Nam faiceadh iad na chunnaic sinne

'M biodh iad idir dad na b' fheàrr?

Tha earrainn dhan leabhar mu chall, is daoine a' tionndadh gu bàrdachd airson am faireachdainnean a chur an cèill is iad a' caoidh bàs cèile no bràthair no nàbaidh. Chan eil e na iongnadh gu bheil earrainn shònraichte ann le bàrdachd a rinneadh mu chall na h-Iolaire air madainn Latha na Bliadhn' Ùire 1919 nuair a chaill còrr air dà cheud duine am beatha "air na Biastan /'S am fiacla corrach cruaidh".

Tha dàin an seo à iomadh àite, dearbhadh ma tha feum air gun tug an Cogadh Mòr buaidh air gach coimhearsnachd, chan ann a-mhàin ann an Alba ach cho fada air falbh ri Ameireaga a Tuath agus Astràilia. Mar chuspair, ghluais e leithid Iain Crichton Mac a' Ghobhainn, Somhairle MacGill-Eain agus Calum is Ruaraidh Dòmhnallach Runrig gu bàrdachd.

Tha e fhathast comasach air sin a dhèanamh. Ann an 2014 thug am BBC cuireadh do luchd-èisteachd am faireachdainnean mun Chogadh Mhòr ceud bliadhna às a dhèidh a chur an cèill ann am bàrdachd. Tha taghadh dhiubh sin as an leabhar cuideachd. Clach eile air a' chàrn.

Chaidh a' mhòr-chuid de na dàin eile a chruinneachadh dha BBC Radio nan Gàidheal gu h-àraid airson prògraman a' comharrachadh ceud bliadhna bho thòisich an Cogadh Mòr. Thàinig iad à iomadh àite, à leabhraichean, irisean, pàipearan-naidheachd, bho Chomainn Eachdraidh agus bho luchd-èisteachd. Bha teaghlaichean air cuid dhiubh a ghlèidheadh gu faiceallach airson ceud bliadhna. Bu mhath leinn taing mhòr a thoirt don h-uile duine a chuidich.

Ann a bhith ag eadar-theangachadh nan dàn gu Beurla bha sinn a' feuchainn ri cuideachadh a thairgsinn dhaibhsan nach eil buileach cho fileanta sa Ghàidhlig a thaobh brìgh is faireachdainn na bàrdachd seach feuchainn ri eadar-theangachadh litireil no bàrdail a dhèanamh.

Bu mhath leamsa taing a thoirt don sgioba a bha an sàs còmhla rium – Annella NicLeòid, Murchadh MacLeòid agus Mairead Mhàiri Mhoireach aig a' BhBC agus Agnes Rennie agus sgioba Acair. Bu mhath leam taing shònraichte a thoirt don dithis a mhisnich, a bhrosnaich agus a chuidich le deasachadh an leabhair. 'S iadsan Dòmhnall Iain MacÌomhair nach maireann agus Dòmhnall Iain Macleòid. Cha phàigh taing iad.

Jo NicDhòmhnaill

A' Mhàirt 2015

At times there was little sympathy among some sections of the community for those who were probably traumatised by the horror of war. John Campbell chastises old ladies and catechists who speak ill of lads home on leave who got drunk in Portree:

"If they had seen what we have seen would they be any better?"

A section of the anthology takes loss as its theme, with men and women turning to poetry in order to convey their feelings on receiving news of the death of a husband, brother or neighbour. A section is devoted to verse written about the loss of the Iolaire on New Year's Day 1919, resulting in the death of over two hundred returning servicemen on a reef called the Beasts of Holm "with their hard, jagged teeth".

These poems were composed by poets from many areas, proof if needed of how the Great War affected so many communities, not only in Scotland but further afield in North America and Australia. As a subject it moved younger poets such as Sorley MacLean, Iain Crichton Smith and the Runrig brothers, Calum and Rory MacDonald, to verse.

It is still capable of doing that. In 2014 BBC Radio nan Gàidheal invited listeners to compose poems illuminating their own feelings about World War 1 with the hindsight of a hundred years. A selection of these responses constitutes the final section of the anthology, placing another stone on the memorial cairn.

Most of the other poems were collected for BBC Radio nan Gàidheal for programmes commemorating the 100th anniversary of the beginning of the war. They were sourced from books and magazines, newspapers of the time, from local history societies and from listeners. Some families had kept poems carefully for nearly a hundred years. We sincerely thank all who contributed.

In providing translations we seek to help those readers who may not be so literate in Gaelic by conveying the sense and feeling of the poems rather than a literal or poetic translation.

A sincere thank you to the team who worked with me – Annella Macleod, Murdo F MacLeod and Margaret Mary Murray at the BBC and to Agnes Rennie and the team at Acair. I would like to give a special thank you to two whose enthusiasm, encouragement and help with editing was invaluable. They are the late Donald John MacIver and Donald John Macleod.

Jo MacDonald

March 2015

TOISEACH A' CHOGAIDH

AT THE OUTBREAK OF WAR

Òran aig Toiseach Cogadh Mòr na h-Eòrpa

Ruairidh MacAoidh, Bàrd Iollaraigh, Uibhist a Tuath

Sèist: *Horo ho hi horo chlann*
Horo chlann èiribh
Horo ho hi horo chlann.

Anns a' mhadainn 's mi dùsgadh
Bidh mi tùrsach trom deurach,

Anns gach feasgar gun othail
'N àm dol fodha na grèine,

'S mi ri ionndrainn nam fiùran
Rinn mo dhùthaich a thrèigsinn.

Gur e 'Ceusfhear' na mallachd
Chuir an dorran gu lèir oirnn,

Gus a chumhachd a thilleadh
Feumar gillean nan slèibhtean.

Tha luchd-àitich nan gleann
A' tarraing lann air an gleusadh,

Tarraing lanntan cruaidh sgaiteach
'S iad mar ealtainn air ghèiread.

Siud na fir nach till mùiseag
Gus an sgiùrs iad an 'Ceusfhear',

Gus am fàg iad na chorp e,
Tollte fosgailte creuchdach,

Song at the Start of the Great War

Roderick MacKay, Illeray, North Uist

Chorus: *Horo ho hi horo children,*
Horo children arise,
Horo ho hi horo children.

When I waken in the morning I am heavy-hearted and tearful,

In the evenings when the sun goes down I know no joy,

Thinking of the heroes who have left the land.

It is the accursed Kaiser who has caused this upset.

To counter his power the lads from the hills are needed;

The folk of the glens draw sharpened swords,

Keen, steel blades as sharp as razors.

They will not be stopped by threats till they rout the 'Crucifier',

Till they leave him as a corpse with gaping wounds.

’S feòil a’ chealgair a’ biathadh
Biataich fhiadhaich an t-slèibhe.

Luchd nam bonaidean gorma,
Bhon a dh’fhalbh sibh, cha ghèill sibh,

Bhon a dh’fhalbh sibh, cha tàmh sibh
Gum bi Berlin agus sèist ris,

Gum bi shràidean caol crotach
’S iad air flod le fuil bhèistean.

Nuair a bhagras an nàmhaid,
Air a’ Ghàidheal a dh’èighear,

Bidh gach morair is iarla
Guidhe dian leibh gu èirigh,

Bidh sibh measail aig diùcan
’S bheir an Crùn a chuid fhèin dhuibh.

Ach nuair cheanglar an t-sìth leibh
Cha bhi cuimhn’ air bhur feum dhaibh,

Cha bhi cuimhn’ air mar smàladh
Thar sàl do thìr chèin sibh,

Mar chaidh fearann a dhiùltadh
’S mar a chùm iad na fèidh bhuaibh,

Mar a chùm iad an t-iasg bhuaibh
Agus eunlaith nan speuran.

Chan àm cuimhneachadh dhuibh air,
Bhon tha ’n Rìoghachd na h-èiginn!

The traitor's flesh will feed the ravens of the hills.

The men of the blue bonnets having set out will not surrender,

Having started, you will not stop until Berlin is under siege,

Its narrow, crooked streets awash with the blood of beasts.

When the enemy threatens, it's the Gael who is called upon.

Every lord and earl are earnestly begging you to rise,

You are sought after by dukes and the Crown will praise you.

But when you achieve the peace, they will forget how useful you were,

There will be no memory of how you were driven overseas to a foreign country,

How you were refused land and forbidden to hunt the deer,

How they kept the fish from you and the birds of the heavens.

But this is no time to remind you of that because the Kingdom is in dire straits.

Sìne Bhàn / Èigh gu Cogadh

Donnchadh MacIain, Ìle

Blàth nan cailin, Sìne Bhàn,
Reul nan nighean, dìleas òg,
Cuspair dìomhair i do m' dhàn,
Gràdh mo chrìdh', an rìbhinn òg.

Àros sona bh' againn thall,
Àirigh mhonaidh, innis bhò.
Sgaoil ar sonas uainn air ball
Mar roinneas gaoth nam fuar-bheann ceò.

Bruaillean cogaidh anns an tìr,
Faic an long a' togail sheòl,
Cluinn an druma 's fuaim na pìob',
Faic na suinn a' dol air bòrd.

Feumaidh mise triall gun dàil,
Chi mi 'm bàrr a croinne sròl.
M' eudail bhàn, Ò soraidh slàn,
Na caoin, a luaidh, na sil na deòir.

Cha ghaoir-cath' no toirm a' chàs
Dh'fhàg mi 'n-dràst' fo gheilt is bròn,
'S e na dh'fhàg mi air an tràigh,
Sìne Bhàn, a rinn mo leòn.

Sìnte 'n seo air achadh blàir,
'S duin' a-mhàin cha tig nam chòir,
Ò, 's nach robh mi anns an Àird
Le Sìne Bhàn a' ruith nam bò.

Ma tha e 'n dàn mi bhith slàn,
Stadaidh ràn nan gunna mòr,
Am Baile Mhonaidh nì mi tàmh
Le Sìne Bhàn, mo rìbhinn òg.

Fair Jean / Call to War

Duncan Johnston, Islay

Flower among maidens, star of womanhood, Fair Jean, the secret subject of my song, the love of my heart.

We had a happy home, a moorland shieling with land for cattle. Then our happiness vanished as quickly as the mountain winds disperse the mist.

The call to war is heard throughout the land. See the ship raising sail, hear the drum and the music of the pipes, see the warriors boarding.

I must leave without delay. I see a flag at the top of its mast. My beloved fair one, farewell, and do not shed a tear.

It is not the din of battle nor the cries of danger that make me anxious: leaving my Fair Jean behind on the beach, that is what has hurt me.

Stretched out here on the battlefield, nobody comes near me. How I wish I were in Aird tending the cattle with Fair Jean.

If I am destined to survive, the roar of the guns will cease and I will settle in Baile Mhonaidh with my beloved young Jean.

Air a' Cheathramh Latha de dh'August

Murchadh Greumach, Am Beag, Griais, Leòdhas

Air a' cheathramh latha de dh'August
'S sinn cho dòigheil anns a' Bhruaich,
'S ann air latha na Sàbaid
Thàinig fios thugainn bha cruaidh,
Gun deach an Nèibhidh thogail
'S gu h-aithghearr an toirt suas.
'S iomadh sùil bha drùidhteach
'N àm na fiùrain a thoirt bhuap'.

Às a' Bhruaich gun dh'fhalbh sinn
Is sinn cho anmoch leigeil slàn
Leis gach bàt' is sgiobair,
Leis gach cidhe bh' anns an àit',
'S ghabh sinn trèana 'n iar
'S ann tro mhonaidh nam beann àrd
'S ar n-aghaidh air Steòrnabhagh,
Air Leòdhas mòr mo ghràidh.

Dh'fhalbh sinn sin 'n October
'S sinn ri seòladh dhan a' Fhraing
'S chaidh sinn uil' air bòrd oirr',
Long mhòra nan trì chrann.
Nuair ràinig sinn am Base
Far 'n robh na Gàidheil cruinn
B' fheudar leigeil soraidh
Is cur aghaidh air an trainns'.

Chan urrainn dhòmhs' bhith 'g innse dhuibh
Ma chruadalan na trainns',
Fodha gu do ghlùinean
Ann am bùrn is ann am poll.
Chan fhaigheadh sinn an cadal ann
Ach anshocair gach àm,
Nam biodh sinn aig an dachaigh
Ò! sinn gun caidleadh trom.

On the Fourth Day of August

Murdo Graham, Gress, Lewis

On Sunday, the fourth day of August, we were
settled happily in Fraserburgh when the news
came that the Navy was being called up at once.
Many cried as the young men were taken away.

As we left Fraserburgh we said goodbye at the
last minute to boats and skippers and quays.
We took the train west through the upland moors,
heading for Stornoway in my beloved Lewis.

We left in October to sail to France on board a
three-masted ship. When we reached the base
where the Gaels were gathered, we had to say
our farewells and head for the trenches.

I cannot describe the misery of the trenches,
submerged to your knees in water and mud:
we couldn't sleep - we were always uncomfortable.
If we were at home, how soundly we'd sleep.

Ainmichidh mi na fiùrain dhuibh
A thuit anns an t-srì,
Bha Dòmhnall MacCoinnich ann
'S Dòmhnall MacIlleathain caomh,
Bha Alasdair MacAsgaill ann
'S Dòmhnall MacAoidh còir,
'S tha cuid den sin an Ypres
Nan sìneadh fo na fòid.

Nuair bhios mi staigh nam aonar
'S ann a' smaoineachadh air na suinn
'S a thèid mi dhan an eaglais
An corr' uair thèid mi innt'
'S a sheallas mi bhon rèile
Far 'm b' àbhaist dhuinn bhith cruinn,
Chan fhaic mi càil ach suidh'chanan
'S an làr sleamhainn lom.

Nuair thèid mi chun a' chladaich
'S a bhios mi ann leam fhìn
'S ann oirbh a bhios mi smaoineachadh,
Sibh 's fhaisg' bhios air mo chrìdh'.
Ach tha mo smuaintean dìomhain dhomh,
Sibh san t-sìorraidheachd gun chrìch,
'S chan fhaic mi sibh gu sìorraidh
'S sibh tìodhlaict' air na raoin.

Ach bidh mi nis co-dhùnadh
Le dùrachd bho mo chrìdh'
'S mi 'n dòchas gun till
Na tha beò ac' dhan an tìr.
Ach na chaidh a mharbhadh dhiubh
San Fhraing cha till an tìm
'S cha bhi iad air an tìodhlacadh
An Griais fo ghainmhich mhìn.

I'll name the youths who fell in battle –
Donald MacKenzie, Donald MacLean, Alasdair MacAskill
and Donald MacKay; some of them are in Ypres lying
beneath the turf.

When I am at home alone I think of the heroes
and when occasionally I go to church and
look down from the rail where we used to
gather, all I see are empty pews and the bare,
polished floor.

When I go to the shore alone I think of you who are
close to my heart but my thoughts are in vain as you
are in eternity. I'll never see you again as you are
buried on the field of battle.

Now I will conclude with the heartfelt wish that those
still alive will return. But those killed in France will
never return and will never be buried beneath the
fine sand of Gress.

Fàgail Port Sheòrsa

Iain Moireasdan

Chaith mi greis den latha 'n-dè
Measg mo chàirdean choibhneil chòir,
Gaisgich shunndach Chabar Fèidh
Shìos an Gearastan Port Sheòrs'.

Fhuair sinn coibhneas de gach seòrs'
Bho na dàimhich 's bàidheil' crìdh',
Fàilte, furan 's fonn mun bhòrd
'S dh'òl sinn còmhla slàinte 'n Rìgh.

Bidh nam smaointean-sa a-ghnàth
An latha àbhach measg nan laoch
'S cha leig mi à mo chuimhn' gu bràth
Na bha chàirdean air gach taobh.

'S ro-mhaith b' aithne do gach aon,
Ged bha sinne cleith a' ghruaim,
'N ath uair choinnicheadh na daoin'
Gum biodh còrr is aon fhear bhuainn.

Oir bha 'n uair a' teannadh dlùth
Nuair a dh'fheumadh cuid bhith triall
A chogadh air son Alb' 's a cliù
Mar bu dùth don Ghàidheal riamh.

Daingneach aost' nan àrmann treun
Le mhuir làn a' leum mu bonn,
'S ioma cuairtear fad an cèin
Leis am b' èibhinn gàir a tonn.

Leaving Fort George

John Morrison

I spent part of yesterday with my kind and generous friends, the lively lads of Cabar Fèidh, in the camp at Fort George.

We were shown great kindness by our friends. There was good cheer round the table and together we drank to the King's health.

I will always think of that happy day spent among the soldiers and I'll never forget all the close friends who surrounded me.

We all knew, though we did not show it, that when we'd next meet there would be some missing.

Soon it would be time for some to leave to fight for Scotland and its reputation, as the Gaels have always done.

Ancient stronghold of the brave, surrounded by the sea whose roar many a far traveller would love to hear again.

’S ioma gaisgeach bha na dhàil
B’ fheudar triall ’s nach till na chòir,
’S leis na sàir tha bhuainn an-dràst’
’S liuthad crìdh’ tha làn de bhròn.

Ach bheil ar crìdh’ ’s ar misneachd sìos?
Cha robh riamh, chan eil ’s cha bhì,
Tha ar dòchas anns an Triath
A chruthaich nèamh is muir is tìr.

’S an uair a thig an t-sìth mun cuairt
Cruinnichidh dhinn na bhios beò
’S òlar air na seòid tha bhuainn
Làn na cuaich, gun fhuaim, gun ghò.

Many heroes who lived beside it had to leave and will not return, bravehearts who have left many hearts full of sorrow.

Are we discouraged? No, and we will not be: our hope lies in the Lord who created heaven and sea and earth.

When peace comes, those of us who have survived will gather and drink to the lost heroes from a full cup, quietly and respectfully.

An Cogadh

Murchadh MacIlleMhoire, Murchadh a' Bhocs, Siadar, Leòdhas

Tha 'n saoghal uile air criothnachadh
'S air mhisg le fìon nam blàr,
Tha cathair àrd aig Fineachas
Tha 'g itheadh suas ar là,
Tha sluagh san Eòrp' air cruinneachadh
'S na gunnachan 's iad làn
A rinn an là seo muladach,
Nach duilich mar a tha.

Tha Gàidheil nam beann àrd againn
Toirt bàrr sa chòmhraig chruaidh,
Bho Chanada tha sàr fhearaibh
San Fhraing sna blàir toirt buaidh,
Tha laoich ann bho Astràilia
'S bho Stàitean mhòr nan cruach,
An-diugh air tòir an nàmhaid sin
Thug cìoch nam blàr dha shluagh.

Tha 'm Frangach calma cuideachd ann
'S an Ruiseanach san strì,
Tha 'n Eadailt 's na tha cuideachadh
Ag ullachadh na sìth.
O, latha, greas san sguirear dheth
'S lann Uilleim 'm bi fo chìs
'S nach cluinnear fiamh air leanaban
Ro rìgh talmhaidh tha gun chrìdh'.

The War

Murdo Morrison, Shader, Lewis

The whole world is shaken and drunk with the wine of battle. Nationalism is in the ascendant and is devouring our lives; the people of Europe have come face-to-face and their guns are primed. That is what has left this day so sad and so difficult to talk about.

The Gaels of the mountains are taking the lead in the fierce combat. From Canada have come warriors who are winning battles in France; there are heroes from Australia and from the United States, in pursuit of an enemy who has fed the breast milk of war to his people.

The brave Frenchman is also there and the Russians too, Italians and other allies are helping to secure the peace. O, hasten the day when it all ends and Wilhelm's weapons are crushed and when children on this earth are no longer frightened by a heartless king.

Gach olc is murt a ghnìomhaich e
Chan iarrainn chur nam dhàn,
Ro mhaslach airson briathran iad
Bho theanga gheur nam bàrd.
San leabhar cha bhi dìochuimhn'
Air a ghnìomharan 's a thàir
'S ma gheibh e duais a dhèanadais
Chan iarrainn crìoch a là.

Tha Sìth a-nis na fògarrach
'S gun cheòl na h-àite-tàmh,
Tha trioblaidean is dòrainnean
Is bròn air dhol na h-àit'.
Rinn pròis is gaol na glòire sin
Bhith toirt an còir bho chàch
Le armailtean an òrdugh,
A h-àite-còmhnaidh fàs.

O, Shìth, gur duilich, duilich leam
Thu 'n-diugh a bhith cho tinn,
'S gun d' chailleadh fois do chadail
Nar bailtean anns na glinn.
Tha iomnaidh fuaim na mara orra
Is naidheachd aig gach tuinn,
'S tha tòrr le cridhe cràiteach dhiubh
Le fuaim nam blàr san Fhraing.

O, Shìth, gabh thusa an tacan seo
Air allaban mar tha,
Is truagh gun deach do sgaradh
Bho do bhaidealan tha àrd,
Is iadsan a rinn magadh ort
Le 'n acras airson blàir,
An-diugh le deòin gun iarradh tu,
Chan fhiach iad thu an-dràst'.

I wouldn't want to describe in my song all the evil and killing he has caused - they are too shameful to be put in verse. There will be a record in the book of days of his deeds and his contempt and if his reward matches his actions I wouldn't want to share his end.

Peace is now a refugee, without music or solace: strife and suffering and sorrow have taken over. Pride and lust for glory have deprived others of their rights and armies are in action, denying Peace its place.

O, Peace, I am sad that today you are so weak, that the restfulness of peaceful sleep has been lost in our glens. People are frightened of the sound of the sea, since the waves bear grim tidings, and many have sore hearts because of the echoes of the battles in France.

O peace, you have to spend this time in exile; it is sad that you have been cut off from your high fortresses. And those who have shamed you through their hunger for battle, they are not worthy of you.

O, Shìth, biodh misneachd àrd agad
An là seo thig gu ceann,
Is bruthar ceann an nàmhaid sin
Thug dhutsa tàir le lann,
Bha earbs' an neart an gàirdeanan
'S gach inneal bàis nach b' ghann,
'S iad uabhar 's uaill an àrdain sin
Nì fhathast fhàgail fann.

Bu phròiseil bha na Gearmailtich
Le 'n armailtean sna raoin,
Air bàthadh Chrìosd 's a shearmonan
An argamaidean dhaoin',
'S nuair bha iad an dùil gun shoirbhich leoth'
Ri dearbhadh nithean faoin
'S ann rinn E 'n-diugh slat-fheirge dhiubh
'S gan searg mar lus gun bhraon.

A' chraobh tha sgriosail dalma
'S ann sa Ghearmailt a tha freumh,
Sgaoil am meangain null air fairge
Null gu Alba againn fèin,
'S a toradh, 's e sin talmhaidheachd,
Cha d' dhearmad àit' fon ghrèin,
A tha toirt fuachd a' gheamhraidh
'N iomadh gleann air adhbhar Dhè.

Dh'fhosgail i broilleach buaireasach
Làn fuath is bainne breun,
A' tairgse foghlam truaillidh
Do gach sluagh a tha fon ghrèin.
'S tha tòrr le còt' nam buachaillean
Thug beatha sluagh Mhic Dhè
Air deoghal cìoch a truaillidheachd
Toirt caoil air uain nan treud.

O Peace, have courage, this day will come to an end and the heads of the enemy who have made you suffer with their weapons will be bruised. They trusted in their strength of arm and their instruments of death; it is their pride and anger that will yet leave them helpless.

The Germans were proud of their armies in the field, drowning out Christ's message with human arguments. But when they thought they had succeeded in proving their foolish notions, he has turned the rod of his anger on them and they are starting to wither like a plant without moisture.

The tree that is destructive and arrogant has its roots in German soil; its branches have spread across the seas as far as our own Scotland. Its product, worldliness, has not missed out any part of the world, bestowing a wintry coldness on God's cause in many a glen.

It has proffered its warlike breast, full of the milk of hate and evil, offering a debased message to all under the sun; and there are many wearing the cloak of shepherds and claiming to be followers of the Son of God who have suckled the breast of evil, starving the lambs of the herd.

Ò, claoidh is sgrios gu sìorraidh
Air gach miann is teagasg bhreug
Tha 'g àicheadh cobhar diadhachd
Agus mìorbhailean Mhic Dhè,
Na plaosgan ud cha riaraich sinn,
Chan fhiach iad dhol nan dèidh
'S ar n-ùrnaigh airson bhliadhnaibh
San dèan d' fhocal biadh nan treud.

A Bhreatainn mhòir, tha pàirt agad
Bhith fuadach làithreachd Dhè,
Ar dùthaich ris na phàirtich E
A shoisgeul blàth bho bheul,
A' briseadh tric a Shàbaidean
'S tighinn geàrr air lagh na rèit',
Nis tuigeamaid an tràth seo e
'S an-diugh an là dha rèir.

Nach b' fheàrr do shluagh an t-saoghail
A bhith ann an sìth ri chèil'
Is Crìosd a-mhàin bhith rìoghachadh
An taigh nan rìgh gu lèir?
Bhiodh sonas agus saors' aca
'S gach tìr a tha fon ghrèin
'S an dream tha borb is aineolach
Gun tuigeadh maitheas Dhè.

O, destruction and suffering for ever to every false desire and teaching which deny the benefits of godliness and the miracles of the Son of God. Those husks will not satisfy us, they are not worth pursuing; we pray for years when your word feeds the herd.

Illustrious Britain, our country to which he imparted His gospel of love, you have played a part in banishing the presence of God by often breaking the Sabbath and falling short of the law of grace. Let us now understand this; today is the right time.

Would it not be better for the peoples of the world to be at peace with each other and for Christ alone to rule in the house of kings? There would be happiness and freedom in all lands under the sun and those who are barbarous and ignorant would understand God's mercy.

Cha Mhol mi Fhìn an t-Saighdearachd

Murchadh MacLeòid, Murchadh 'an 'ic Dhòmhnaill Bhig,
Siabost, Leòdhas

'S cha mhol mi fhìn an t-saighdearachd,
Cha d' fhuair mi coibhneil ì,
'S gu dearbh cha dèanainn soidhnigeadh
Ged gheibhinn oighreachd rìgh.
Ri 'doublaigeadh' 's a' 'meàrdsaigeadh',
Mo chnàmhan goirt le sgìths,
'S gun truas aig Màidsear Parlan rium
'S ann ris tha m' àrach fhìn.

'S tha cuimhn' agam aon uair
Is sinn cruinn ann a' Fort George,
Bha bhiodag air mo 'shide' agam
'S a' raidhfeal na mo dhòrn.
'S e 'n t-seacaid dhearg a mheall mi
'S i teann le bealta mòr,
Bha sreath de phutain saighdeir innt'
'S iad 'shinigeadh' mar òr.

'S nuair dh'èireas mi sa mhadainn
Air mo bhracaist bheir mi làmh,
Bidh briosgaid chruaidh is bùrn againn
Is smùrag bheag de chàis.
Ach cha b' e sin a chleachd bhith ann
Ach ìm is gruth is bàrr,
'S b' e sin a' bhracaist shòlasach
Bha Leòdhas nam beann àrd.

'S an 'knapsack' thug iomadh deuchainn
'S iomadh uair a dh'fheuch i mì,
'S i agam air mo ghualainnean
'S i sìos air mo leth-thaobh.
'S mar b' e dhòmhsa riaghailt
'S nach riaraicheadh e Rìgh,
Gun striabainn le mo mheuran i
'S gu greusaich cha deigheadh ì.

I will not Praise Soldiering

Murdo MacLeod, Shawbost, Lewis

I will not praise soldiering, it has not been kind to me, and I would not sign up again though I received a king's inheritance. Doubling and marching, my bones ache with fatigue, with no pity from Major Parlan who has authority over me.

I remember one occasion when we were on parade in Fort George, my bayonet on my side and a rifle in my hand: the red coat beguiled me, gathered tight as it was with a large belt and with a row of soldier's buttons shining like gold.

When I get up for breakfast we get a hard biscuit and water and a morsel of cheese. That was not what I was used to but butter, crowdie and cream, a sumptuous breakfast in Lewis of the high hills.

The knapsack wearies me, carried on my shoulders and hanging down my side. Were it not for regulations, and that it would not satisfy the King, I'd rip it apart with my hands and I wouldn't send it for repair.

Òran Gaoil

Aonghas MacCoinnich, Aonghas Chaluim 'an Tàilleir,
Brèacleit, Leòdhas

A-nochd am Fort George
Nach brònach leat mì,
Gun mhireadh, gun sòlas,
Gun chòmhnadh mo ghaoil.
Gum bheil mi fo bhròn
Agus leòint' ann am chrìdh'
Ag ionndrainn do chòmhraidh
Bha dhòmhsa ro-chaomh.

Cha chadal 's cha tàmh dhomh
Nuair thàrlas an oidhch'
Gad fhaicinn 's tu làmh rium
Cho bàidheil 's cho grinn.
Bidh d' anail tha ùrail
Gam chiùineadh san àm,
'S an uair nì mi dùsgadh
Mo rùn cha bhi ann.

Càite faic mi do shamhail,
Mar eala nan lòn,
Do shùilean ro-mheallach
Gu fearaibh a leòn,
'S tu chaileag tha maiseach,
Gun smalan gun ghò,
'S tu cosmhail ri d' amharc
Ri canach nan lòn.

Love Song

Angus MacKenzie, Breaclete, Lewis

Tonight in Fort George I am sad and dejected without the company of my loved one. I am heartbroken, missing your gentle conversation.

I cannot sleep or rest when night comes, seeing you beside me, so affectionate and elegant. Your fresh breath calms me at the time but when I awaken, my love isn't there.

Where will I see your like: as lovely as a swan, soft bewitching eyes, beautiful and faultless, as lovely to see as the flowers of the meadow.

Mur bitheadh an Sgìth-mhuir
Gun ruiginn thu null,
Gum faicinn a-nochd thu
Ged choisichinn oidhch',
Gun teannainn, a ghràidh, riut
'S mo làmh fo do cheann
'S tu labhairt gu tlàth rium
Cainnt bhlàth bhiodh gun fhoill.

'S e chaileag tha àlainn
Rinn m' fhàgail fo thùrs',
Nach cluinn mi do mhànran,
Do ghàire 's do shùrd.
Bidh mise gach là
Ann am pràmh agus sùil
Ri litir bho m' ghràdh,
'S cèir na geàrrd air a cùl.

Nuair thilgeas mi 'm breacan
Gum faic mi do ghnùis
Nuair gheibh mi thar sàl
Ann am bàta na smùid,
Gun cluinn mi mar b' àbhaist
Do mhànran 's do chiùil,
O! b' ait leam bhith làmh riut,
Gu bràth 's tu mo rùn.

Ged gheibhinn an t-àite
Th' aig Barlow san àm,
Gum b' àill leam am pàiste
Tha àlainn 'us grinn,
Gun tugainn dhith fàinn'
'Us mo làmh chur na làimh
'S deise shìoda gu làr
Do mo ghràdh tha ro-ghrinn.

Were it not for the Minch, I'd go to see you tonight. Though I had to walk all night, I'd draw close to you with my hand under your head, while you spoke warmly and gently to me.

It is this beautiful girl who has left me so sad because I do not hear your voice, your laughter or your words. Every day I look out for a letter, sealed with wax, from my loved one.

When I put the uniform aside, I will see you face-to-face. When I come back across the sea, I'll hear your voice again. Oh, glad I'd be to be with you forever, my darling.

Even if I was offered Barlow's lot, I'd prefer my beautiful girl. I will give my elegant beloved a ring and a long silken dress and I will place my hand in her hand.

Òran Cogadh a' Cheusar

Gilleasbaig MacAmhlaigh, Uibhist a Deas

'S muladach mise 's mi seo gun duin' idir
A leughas na thuigeas na sheinneas mo dhàn.
Is e dùrachd mo chridhe soraidh slàn le na gillean
A sheòl thar a' linne chur tilleadh sa nàmh'id.

Nuair chual' mi 's a leugh mi mun chòmhstri a dh'èirich,
Mo dhùrachd dhan Cheusar an t-eug bhith na dhàil,
Nuair shaoil e le gòraich' gum biodh Breatainn fo spògan,
Chuir saighdearan Sheòrais a dhòchas gu làr.

Nuair chualas an Lunnainn gun ghluais e le chuideachd,
Bha cabhaig oirnn uile gus buille thoirt dha,
Gach rèisimeid ainmeil a bha 'n Gàidhealtachd Alba
Bu shunndach a dh'fhalbh iad le 'n armachd gu blàr.

Bha mi toilichte chluinntinn mu ghillean an fhèilidh,
Bha moladh san Fhraing orr' mar rinn iad san charge.
Bha iad mar bu dual dhaibh air toiseach a' chruadail,
Le 'm bèigleidean cruadhach cur ruaig air an nàmh'id.

Ged a tha iad a' fulang le fuachd agus fliuchadh
Sna trainnseachan cumhang an cunnart gun tàmh,
Bha 'n inntinn cho stèidheil gu mill iad an Ceusar,
Gu ruig iad air Berlin an ràithe no dhà.

Song about the Kaiser's War

Archibald MacAulay, South Uist

I am despondent with nobody to read, understand or sing my song. With all my heart I wish all the best to the lads who sailed across the sea to drive back the enemy.

When I heard about the outbreak of hostilities, I wished death to the Kaiser. When he foolishly thought that Britain would be under his thumb, George's soldiers dashed his hopes.

When London heard he had moved with his troops, we were all in a hurry to strike a blow; all the famous regiments in the Scottish Highlands headed to war in high spirits, bearing their weapons.

I was proud to hear about the Gaels, that they were praised for their success in the charge in France. As usual they were at the forefront of the fight, putting the enemy to flight with their steel bayonets.

Though they suffer cold and wet in the narrow trenches and are constantly in danger, they are so determined to destroy the Kaiser that they will reach Berlin in a matter of months.

RI AGHAIDH A' BHLÀIR

AT THE BATTLEFRONT

Òran Arras

Dòmhnall Dòmhnallach, Dòmhnall Ruadh Chorùna,
Uibhist a Tuath

Ghillean, march at ease!
Rìgh na sìth bhith ma' rinn
A' dol chun na strì
'S chun na cill aig Arras.
Ghillean, march at ease!

Tha nochd oidhche Luain
Teannadh suas ri faire,
A' dol chun na h-uaigh
Far nach fhuasglar barrall.
Ghillean, march at ease!

Tillidh cuid dhinn slàn,
Cuid fo chràdh lann fala,
'S mar tha e 'n dàn,
Roinn le bàs a dh'fhanas.
Ghillean, march at ease!

Gus ar tìr a dhìon,
Eadar liath is leanabh,
Mar dhaoin' às an rian
Nì sinn sgian a tharrainn.
Ghillean, march at ease!

'S lìonmhor fear is tè
Tha 'n tìr nan geug nan caithris,
Feitheamh ris an sgeul
Bhios aig a' chlèir ri aithris.
Ghillean, march at ease!

Gura lìonmhor sùil
Shileas dlùth 's nach caidil
Nuair a thig fios on Chrùn
Nach bi dùil ri 'm balaich.
Ghillean, march at ease!

The Arras Song

Donald MacDonald, Corunna, North Uist

March at ease, men. May the King of Peace be with
us on the road to battle and the grave at Arras.
March at ease, men.

Tonight is Monday as we move forward to the look-out
position and to the grave where laces will not be untied.
March at ease, men.

Some of us will return unscathed, some in pain from
bloody weapons, and, as fate decrees, some will
remain behind in death.
March at ease, men.

To defend our country, greybeard and infant,
like people possessed we will unsheathe our knives.
March at ease, men.

Numerous the men and women wide awake in the
land of heroes as they wait to hear what the clerk's
news is to be.
March at ease, men.

Numerous the eyes tearful and sleepless after the
message from the Crown not to expect their sons' return.
March at ease, men.

(Translation by Fred MacAulay)

Air an Somme

Dòmhnall Dòmhnallach, Dòmhnall Ruadh Chorùna,
Uibhist a Tuath

An oidhche mus deach sinn a-null
Bha i drùidhteach a' sileadh,
Bha mi fhèin nam laighe 'n cùil
'S thug mi sùil feadh nan gillean.

Sèist: *Ochan ì, ochan ì*
Tha sinn sgìth anns an ionad
Ochan ì, ochan ì.

Cuid nan suidhe 's cuid nan suain,
Cuid a' bruadar 's a' bruidhinn,
Gu robh mhadainn gu bhith cruaidh –
"Saoil am buannaich sinn tilleadh?"

"Cha dèan biùgaileir le bheul
Ar pareudadh-ne tuilleadh,
Thèid ar dealachadh bho chèil","
Thuirt mi fhèin far mo bhilean.

Agus mar a thubhairt b' fhìor,
Chaidh na ceudan a mhilleadh,
Chaidh an talamh às a rian
'S chaidh an iarmailt gu mireag.

Dhubh an àird an ear 's an iar,
Is an sliabh gu robh crith ann,
Is chan fhaighinn m' anail sìos –
Àileadh cianail an tine.

Is cha chluinninn guth san àm
Aig comanndair gar leigeil,
Bha na balaich 's iad cho trang
Cumail thall na bha tighinn.

Bha gach fear a' caogadh sùl,
'S e air cùlaibh a chruinneig,
A' cur peileir glas a-null
Le uile dhùrachd a chridhe.

On The Somme

Donald MacDonald, Corunna, North Uist

The night before we went over
the top it was raining heavily.
I was huddled in a corner
and looked at the lads.

Chorus: *Ochan ì, ochan ì*
We are weary.
Ochan ì, ochan ì.

Some just sitting, some fast asleep, some dreaming
and talking - the morning was going to be hard:
"Wonder if we shall survive?"

"The bugler will never again call us to parade;
we shall be scattered," I murmured to myself.

And it was the truth – hundreds were maimed.
The earth went crazy and the sky fragmented.

East and west blackened, the ground shook and
I could not breathe for the awful stench of fire.

At the time I could not hear a word of command
encouraging us; the boys were totally engaged
in repulsing the oncoming wave,

One taking careful aim from behind his darling
[his gun], willing the grey bullet on with every
fibre of his being.

(Translation by Fred MacAulay)

Na Camshronaich san Fhraing

Dòmhnall Dòmhnallach, Dòmhnall Ruadh Chorùna,
Uibhist a Tuath

Chaidh am bàrd a chur dhan West Riding Field Regiment nuair a thill e dhan Fhraing às dèidh a bhith air a leòn ann an 1916 ach chùm e air a' cleachdadh bàidse nan Camshronach.

Gu robh bhuaidh le na seòid
Ghuineach gharg agus bheò,
Luchd nan gleanntannan uaine
'S nam fuarbheanna mòr,
Luchd nan gàirdeanan treuna
Nach gèilleadh sa mhòd
Fhad 's a dhèanadh an guaillean
Dhaibh bualadh nan dòrn.
Gu robh bhuaidh le na seòid.

Nuair a chuala mi gàirich
Is màrsadh nam pìob
'S an lùdag gun tàmh
Fon a' mhàl a' dol binn,
'S ann shaoileam gun d' fhàs mi
Cho làidir ri trì,
Thug mi leum – cha robh dàil –
'S chun na sràide chaidh mì.
Gu robh bhuaidh le na seòid.

Bha na mìltean de shluagh
Ruith mun cuairt as gach àit',
Mnathan 's clann air an guaillean
'S an gruag ris an làr,
Iad a' brùchdadh nan ceudan,
Ag iarraidh gun tàmh
Gàidheil Alba mu thuath
Thilleadh buan às a' bhlàr.
Gu robh bhuaidh le na seòid.

The Camerons in France

Donald MacDonald, Corunna, North Uist

The poet was placed with the West Riding Field Regiment on returning to France after being injured in 1916 but continued to wear his Cameron Highlanders cap badge.

Victory to the heroes, death-dealing,
fierce and alert, from the green glens and the
cold high hills, the strong-armed company who
would never yield while their shoulders had the
power to deliver a blow.
Victory to the heroes.

When I heard the skirl of the marching pipes
and the nimble fingering of melody from the bag,
I felt I had the strength of three men. I jumped
up instantly and out on the street.
Victory to the heroes.

There were thousands of people milling about,
mothers with babies on their shoulders, hair down
their backs; pushing and shoving in their hundreds
and earnestly wishing the Gaels of Scotland a
safe return from the battle.
Victory to the heroes.

Gu robh 'n aghaidh geal fuar,
Cha robh tuar orra sìth,
Sùil mar rionnagan reòthta
Leum còmhla gun sgìths,
Gu robh 'n ceum ann an òrdan
Gun òirleach dha dhìth,
'S dh'innseadh èirigh an sàil
Gu robh 'n t-àrdan nan cinn.
Gu robh bhuaidh le na seòid.

Cha robh dùrd tigh'nn o 'm beul
'S cha robh gleus air ceòl-gàir',
Bha iad sàmhach gu lèir
Dol gu rèidh ris a' mhàirds
Gus an tàinig iad dlùth
'S an do shùl iad mo bhàids',
'S leig iad glaodh asta còmhla
Chuir feòilchrith air càch.
Gu robh bhuaidh le na seòid.

Bha gach gìomanach àghmhor
Le àrdghuth a chinn
A' glaodhaich an Gàidhlig
Gam fhàilteachadh fhìn.
Cha robh seòrsa san Àirce
De nàisean no linn
Nach robh 'g èisteachd na cànail
Bh' aig Àdhamh ri mhnaoi.
Gu robh bhuaidh le na seòid.

O nach fhaodadh iad tàmh
Ghabh mi sràid leotha suas,
Cur le coibhneas na fàilt',
Crathadh làmhan mun cuairt,
Ag ùrachadh cainnt
Air na gleanntan mu thuath
Far an d' fhàg sinn ar càirdean
'S ar màthraichean bhuainn.
Gu robh bhuaidh le na seòid.

Their faces were pale and cold with not a vestige
of self-pity, eyes like frosty stars restlessly active;
they marched in strict order, their step in exact unison,
and the lift of their heels showed their lust for battle.
Victory to the heroes.

There was no talking and no banter; they were totally
silent as they steadily marched, until they came close
and spotted my badge when they gave a yell in
unison which startled the others.
Victory to the heroes.

All the bold boys were shouting at the tops of their
voices, welcoming me in Gaelic; and every nation
and family in the Ark heard the language that
Adam spoke to his wife.
Victory to the heroes.

As they were not allowed to stop, I walked along
with them, greeting them warmly, shaking hands all
round, getting news from the northern glens where
we had parted with our relatives and mothers.
Victory to the heroes.

’S nuair a ràinig sinn dlùth
Far ’n robh ùpraid a’ bhlàir,
Far ’n robh srann aig an luaidhe
Mu ’r cluasan gun tàmh,
Dh’fhàg mi slàn aca fhèin
’S beannachd Dhè leoth’ a-ghnàth,
’S shìn na fiùrain an ceum
’N coinneamh èigheach a’ bhàis.
Gu robh bhuaidh le na seòid.

When we got close to the turmoil of war, where the
lead bullets whistled ceaselessly round our ears,
I said goodbye and wished God's blessing on them
always, and the brave men lengthened their stride
and marched towards the call of death.
Victory to the heroes.

(Translation by Fred MacAulay)

An Eala Bhàn

Dòmhnall Dòmhnallach, Dòmhnall Ruadh Chorùna,
Uibhist a Tuath

Gur duilich leam mar tha mi
'S mo chridhe 'n sàs aig bròn
Bhon an uair a dh'fhàg mi
Beanntan àrd a' cheò,
Gleanntannan a' mhànrain,
Nan loch, nam bàgh 's nan stròm,
'S an eala bhàn tha tàmh ann,
Gach là air 'm bheil mi 'n tòir.

A Mhagaidh, na bi tùrsach,
A rùin, ged gheibhinn bàs –
Cò am fear am measg an t-sluaigh
A mhaireas buan gu bràth?
Chan eil sinn uileadh ach air chuairt,
Mar dhìthein buaile fàs
Bheir siantannan na bliadhna sìos
'S nach tog a' ghrian an-àird.

Tha mise 'n seo 's mo shùil an iar
On chrom a' ghrian san t-sàl,
Mo dhùrachd leig mi às a dèidh
Ged thrèig i mi cho tràth,
Gun fhios am faic mi màireach i
Nuair dhìreas i gu h-àrd,
Is iomairt lann gu bhith ri chèil'
Nuair 's lèir dhuinn beul an là.

The White Swan

Donald MacDonald, Corunna, North Uist

I feel desolate, my heart seared by sorrow, since I left the high misty hills, the beguiling glens of loch, bay and strome, and the fair swan who stays there and I pursue unceasingly.

Maggie, my love, do not grieve even if I die – where is the man among us who is immortal? We are all of us on a brief journey, just like the field flower that grows and succumbs to the changing season, the sun no longer able to revive it.

I am here gazing westwards since the sun sank in the sea. I took my sincere farewell of her, feeling she left me too soon and not knowing if I shall see her again tomorrow as she rises skywards, for battle will be joined when we see the glimmer of the day.

Tha 'n talamh lèir mun cuairt dhìom
Na mheallan suas sna neòil,
Aig na 'shells' a' bualadh –
Cha lèir dhomh bhuam le ceò,
Gun chlaisneachd aig mo chluasan
Le fuaim a' ghunna mhòir,
Ach ged tha 'n uair seo cruaidh orm
Tha mo smuaintean air NicLeòid.

Air m' uilinn anns na trainnsichean
Tha m' inntinn ort, a ghràidh,
Nam chadal bidh mi bruadar ort,
Cha dualach dhomh bhith slàn,
Tha m' aigne air a lìonadh
Le cianalas cho làn,
'S a' ghruag a dh'fhàs cho ruadh orm
A-nis air thuar bhith bàn.

Tha mi 'n seo san fhàsach
Air sliabh a' bhlàir 's mi leòint',
'S e 'n nàmhaid rinn mo shàradh
'S a chuir saighead cràidh nam fheòil.
An gaol thug mi dhan mhàldaig,
A' ghruagach àlainn òg,
A-nochd chan fhaod mi àicheadh
Nach e chuir ceàrr mo dhòigh.

Cha b' urrainn mis' innseadh dhuibhse
Cliù na h-ìghneig òig,
Cha b' urrainn bàrd a sgrìobhadh
Ged a b' innleachdach a dhòigh.
Aon nì tha mi cinnteach às,
Mas e 's gun till mi beò,
'S ann leamsa bhios an dìleab ud
Ged a dh'fheumainn strì nan dòrn.

Around me massive quantities of earth are being blown sky-high. I cannot see far for the smoke of bursting shells. My ears are completely deafened by the big guns, but, though the situation is intolerable, my thoughts are of NicLeòid.

On my elbows in the trenches my mind dwells on you constantly, my love; in sleep I dream of you and my health suffers; my soul is overcome with longing and my locks which once grew ginger are now turning white.

I am here in a desert wounded on the field of battle, pinned down by the enemy who has fired an arrow of pain into my flesh; yet I cannot deny that it is my love for the modest maid so young and beautiful that most concerns me.

It is not possible for me to count her virtues; no poet could do it, however talented and inventive. But of one thing I am sure: if I get out of this alive, that treasure will be mine, even if I have to fight with my fists.

Mar chanach geal na mòintich
Tha 'n òigh as àille snuadh,
Mar ròs a' fàs an gàrradh
A bilean blàth 's a gruaidh,
Tha cainnt a beòil cho càirdeil
'S gun tàladh i gach sluagh,
'S nuair bhios tu sgìth 's tu sàraichte
Nì bàidh-se d' àrach suas.

Teanga ghlan na fìrinne
On chrìdh' tha dìreach, rèidh,
Gun fhoill, gun cheilg, gun àrdan,
Gach nì as fheàrr na chèil',
Is ma tha buaidh measg chàich oirr'
Cha toir i tàir' a th' èil',
Mar dhuilleach craoibh a dh'fhàsas
Air àilleagan nan geug.

Am fear a gheibh air làimh thu
Gur àghmhor e ri bheò,
'S e nach fhaod a ràitinn
Gun deach e ceàrr na dhòigh,
'S ann leis-san bhios am bàrr
Dhen a' bhainne bhlàth ri òl,
'S gur glan a' chuisl' on tàinig e,
À ùth na bà sa chrò.

Mas e 's gu bheil e 'n dàn dhomh
On bhlàr gun till mi beò
Is gu faic mi 'n t-àite
San deachaidh m' àrach òg,
Bidh sinne 's crathadh làmh againn
Is bilean blàth toirt phòg,
'S mo ghealltanas bidh pàighte dhut
Le fàinne chur mu d' mheòir.

Pure as the white cotton on the moor is the girl with the lovely face; the blush of the rose in the garden on her warm lips and cheeks. Her words, so welcoming, charm everyone, and the warmth of her understanding banishes tiredness and depression.

The pure tongue of truth from a true and gentle heart. No deceit or hypocrisy, no false pride – only the highest qualities are hers; and although above all others in virtue she is never superior. She is the pure blossom of the perfect tree.

The man who gets your hand will be happy for life and cannot say that he made the wrong decision. The cream of the milk will be his to drink, pure and natural from the herd in the pasture.

If fate allows that I get back alive and once again see the place where I was brought up, we will be there clasping hands, warm lips exchanging kisses, and my promise to you will be sealed with a ring on your finger.

Ach ma thig an t-àm
Is anns an Fhraing gu faigh mi bàs
'S san uaigh gun tèid mo shìneadh
Far 'eil na mìltean chàch,
Mo bheannachd leis a' ghruagaich,
A' chaileag uasal bhàn,
Gach là a dh'fhalbh gun uallach dhi,
Gun nàire gruaidh na dhàil.

Oidhche mhath leat fhèin, a rùin,
Nad leabaidh chùbhraidh bhlàth,
Cadal sàmhach air a chùl
'S do dhùsgadh sunndach slàn.
Tha mise 'n seo san trainnsidh fhuair
'S nam chluasan fuaim a' bhàis,
Gun dùil ri faighinn às le buaidh –
Tha 'n cuan cho buan ri shnàmh.

But should it happen that I am killed in France and laid in the grave as thousands are already, my blessings go with the maiden, so fair and elegant. May her every day be free of care and her life a source of pride.

Goodnight, my love, in your warm fragrant bed, a quiet sleep to you and a joyous wholesome awakening.
I am here in a cold trench, the sounds of death constantly in my ears, with little hope of emerging victorious and the sea is too wide to swim.

(Translation by Fred MacAulay)

Òran a' Chogaidh

Pàdraig Moireasdan, Griomasaigh, Uibhist a Tuath

Rinneadh an t-òran seo aig Blàr Bàgh Suvla san Tuirc ann an 1915.

Deoch-slàinte nan gillean tha Lòbhat a' sireadh,
Deoch-slàinte nan gillean tha leinne san àm.
Mo bheanachd le dùrachd air na dh'fhàg iad fo mhulad,
Oir tha mòran dhiubh bhuineas do dh'Uibhist nam beann.

Fhearaibh th' aig baile ri cèilidh nan taighean
Ri èisteachd gach naidheachd mar thig às an Fhraing,
Gar garadh gu dòigheil ma theine math mònadh,
Gur mise bhiodh deònach bhith còmh' ribh san àm.

Chan ionann is mise 's an còrr de na gillean
Tha seasamh fo shileadh de dh'uisgeachan trom,
Fo luaidhe nan Turcach is sligeannan murt-te
Tha dòrtadh mar thuiltean gun sgur mu ar ceann.

Ged gheibhinn car tacain cead sìneadh sa phlaididh
Cha luath nì mi cadal, cha tarrainn mi srann,
Nuair thig fios on Chòirneal a dhol ann an òrdugh
Gu seasamh an còmhrag 's a' chòmhstri oirnn teann.

Nuair thòisicheas buaireas thig stoirm mu ar cluasan
Tha 'n talamh man cuairt dhinn air ghluasad fo 'r bonn,
Bidh gillean bha tapaidh a' tuiteam gun fhacal
'S iad crioslaicht' an acfhainn gu batal nan lann.

Bidh peilearan snaidhte mun chuairt oirnn am pailteas,
Am fuaim a' dol seachad neo-thlachdmhor an srann;
Bidh gillean bha tapaidh a' tuiteam gun fhacal
'S iad crioslaicht' an acfhainn gu batal nan lann.

Song of the War

Peter Morrison, Grimsay, North Uist

This song was composed in Suvla Bay, Turkey in 1915.

Here's to the lads that Lord Lovat's recruiting;
here's to the lads that are with us just now.
My heartfelt blessing to those they've left sorrowful,
for many of them belong to Uist of the mountains.

Oh, men who're at home going the rounds of the
houses, announcing each news of what's happening
in France, warming yourselves happily at a blazing
peat fire, it's we who'd be glad to be with you just now.

How different from me and the rest of the lads who're
exposed to the drenching of downpours of rain, under
fire from the Turks with their murderous shelling
ceaselessly pouring like floods on our heads.

Though allowed now and then to rest under a blanket
I've no sooner slept – I've not snored even once -
than I hear the command to fall into line for firing
and wounding, as conflict approaches.

When battle begins our ears are assaulted, the earth
round about us moves under our feet, lads without
sadness with guns to their shoulders lay the mighty
ones low, and it's we who will win.

Sharp pointed bullets surround us aplenty, their noise
going past is an unpleasant whine;
lively lads fall without uttering a word, though richly
caparisoned for battling with blades.

Chan ionann 's nuair b' òg mi a' siubhal le m' gheòlaidh
'S mo chompanach còir le 'm bu deòin a bhith leam,
Gunna geal bòidheach 's mo chù air an t-sòla,
Nuair dhèanainn-sa leònadh bhiodh Dòmhnall na dheann.

Ach sguiridh mi ghearain 's a chaoidh ann am earrann,
Seasaidh mi daingeann gu cath a chur teann.
Le Gàidheil a' chruadail sna blàir choisinn buaidh
Thèid an Turcach a sguabadh thar uachdar nam beann.

Tha ar dòchas 's e daingeann mu làithean na Callaig
Gu ruig sinn Istambul ged is fhad tha e thall,
'S e 'm baile bheil dòchas aig Rèisimeid Lòbhat
An dramachan òl 's iad 'victorious' ann.

Mus sguir mi dhen òran mo bheannachd le deòin dhuibh,
Ceud soraidh gu Flòraidh, an òigh a tha grinn,
Tha mis' ann an dòchas gur goirid gu 'r còmhdhail
'S air m' fhacal bidh pòg ann toirt sòlas gu cuimhn'.

Not at all like my youth when out sailing my boat with
my dear companion who wished to be with me, with
my lovely smart gun and my dog on the stern seat -
when I wounded a bird it's Donald would run.

I will not complain or lament at my share but will stand
firm to face the battle that's close, with Gaels that are
hardy, brave and triumphant, who'll sweep away the
Turks from the top of the slopes.

We are confident if the bombardment dies down that
we'll reach Istanbul though it is far over there; the city
where Lovat's regiment hopes to be drinking their
drams with many a song.

Before ending the song, I'll send you my blessings,
a hundred greetings to Flora, the best girl there is;
I still live in hope that we'll meet with each other and
my word there'll be kisses to bring joy to a climax.

(Translation by Ronald Black)

Òran na Lovat Scouts

Uilleam MacCoinnich, Àrnasdail, Gleann Eilge

Sibhse thuigeas a' Ghàidhlig, dèanaibh èisteachd ri m' rann,
Tha mì sgrìobhadh sa Ghrèig 's mi gu airtnealach fann,
Cogadh Mòr na Roinn Eòrpa 's gun coltas air ceann,
'S gun uirsgeul air fòrladh gu Alba nam beann.

Sìn dhuinn dram às a' bhotal 's bithibh sunndach mun bhòrd,
Gleann a Cuaich is Cinn Tàile, thoir an t-soraidh seo bhuam:
Marbh fiadh anns an fhoghar, a' gheamhradh agh ruadh,
Gus an till gillean Lòbhat tha gar dìon thar a' chuain.

Cuir an aghaidh air nàmhaid tha fo luingeas is dìon,
'S gunnaichean mòra bha mìlteach, b' e siud crann ùr na suinn,
Ach ma leughas sibh eachdraidh, feumaidh seo a bhith sgrìobht',
Mar a chuir poidsearan Asalaig an Turcach fo chìs.

Thoir dhòmhs' aig a' phrosbaig Mac a' Phearsain na Maoil,
'S Captain Uilleam ar gaisgeach nach cuir ri nàmhaid a chùl,
'N uair teannadh dlùth don tuasaid 's ann bhiodh greann orra
's faobh'r,
'S thug batal Thumbitza fìor-chliù air na laoich.

Bidh Ruaig is Reveille air trombaid is pìob,
Ach cha dùisgear am fear air blàr-cogaidh tha sìnt',
A' dìon bratach Bhreatainn 's gu fuilteach phàigh phrìs,
Thugaibh urram do na mairbh a chuir a' Ghearmailt fo chìs.

Nis gach uachdaran air Ghàidhealtachd a dh'fhàsaich na glinn,
Thugaibh òrdugh na bròige dhaibh, 's na biodh spèis don cuid frìth,
Cuiribh sprèidh air an fhearann, glacaibh bradan san linn',
'S òlaibh slàinte nan gaisgeach a choisinn buaidh agus sìth.

Song of the Lovat Scouts

William MacKenzie, Arnisdale, Glenelg

You who understand Gaelic, listen to my song. I am writing this in Greece, weak and exhausted: there is no sign of an end to the Great European War and no word of leave back to Scotland.

Share a dram from the bottle and be happy round the table. To Glen Quoich and Kintail bear this message from me: kill a deer in autumn, in the winter a red fawn, till the Lovat lads who are protecting you overseas return.

Facing an enemy who has ships, defences and destructive guns - that is the heroes' lot. But when the history is written, it should be recorded that the Aslaig poachers were the ones who defeated the Turks.

Give me MacPherson of Moyle at the telescope and our hero Captain William who'll not flee from the enemy. When they came to the combat zone they bristled with anger. The battle of Tumbitza greatly enhanced their reputation.

Attack and Reveille come from trumpet and pipe but he who lies on the battlefield will not waken: he has paid a bloody price defending Britain's flag. Honour the dead who have subdued Germany.

Give the order of the boot to all the Highland landlords who emptied the glens. Don't respect their deer-forests, put livestock on the land, catch salmon in the pools; and drink to the health of the heroes who won victory and peace.

Fiùrain Sgìr' Ùige sa bhlàr

Calum MacAoidh, Calum Dhòmhnaill Bhàin,
Tolastadh a' Chaolais, Leòdhas

Dha na fir seo à Tolastadh a' Chaolais: Dòmhnall Anna Bhàin a bha càirdeach dhan bhàrd, Tormod a' Bhùidseir a chaidh a mharbhadh le gas puinnseanta is Calum Dhòmhnaill Dhòmhnaill a bhàsaich am Blàr Festubert.

Sèist: *Tha mise fo mhulad, nam shìneadh ri tulach,*
Ri giùlan a' ghunna gach oidhch' agus là,
Gur mis' tha fo fhadachd 's mo chrìdh' air a sgaradh,
Ri 'g ionndrainn nam balach a thuit anns na blàir.

Bu bhòidheach na fiùrain a dh'fhalbh à Sgìr' Ùige,
'S ged 's goirid an ùin' tha bho dh'fhàg iad an t-àit'
Tha 'n-diugh air an sgapadh an ceàrnaibh den talamh
Is mòran dhiubh paisgte fo fhasgadh nam fàd.

'S iomadh fear calma dh'fhàg baile Tholastaidh
Cho snasail 's cho dealbhach 's a dh'fhalbhadh air sràid
A-chaoidh nach dèan pilltinn a dh'ionnsaidh na muinntir
Tha 'n-diugh air an claoidheadh le naidheachdan bàis.

'S ann tràth air a' mhadainn, mu bhriseadh an latha,
A leagadh ri talamh Dòmhnall Anna Bhàin,
B' e siud balach cho ciatach 's a thachair a-riamh rium,
'S ann air nach robh fiamh dol an coinneamh a nàmh.

Chaidh Calum mo charaid a bhualadh sa bhroilleach
Gu moch air a' mhadainn, an naodhamh den Mhàigh,
B' e siud saighdear cho bòidheach 's a dh'fhalbhadh cho
  còmhnard
'S nas fearail na dhòighean chan fhaic sinn gu bràth.

Youths of the Parish of Uig in Battle

Calum MacKay, Tolsta Chaolais, Lewis

For the following men from Tolsta Chaolais: Dòmhnall Anna Bhàin who was related to the poet, Tormod a' Bhùidseir who was poisoned by gas and Calum Dhòmhnaill Dhòmhnaill who was killed at Festubert.

Chorus: *I am sad, lying on a hillside,*
day and night carrying a gun.
I am full of nostalgia and sorrow,
missing the men who fell in battle.

Handsome were the youths who recently left from the parish of Uig and who are today scattered to the corners of the earth, many of them interred in the earth.

Many brave men left the village of Tolsta, men as smart and handsome as ever walked the streets but who will never return to their families who are now devastated by news of their death.

It was early in the morning, about daybreak, that Dòmhnall Anna Bhàin lost his life. One of the best men I ever met, he was not afraid of facing the enemy.

My friend Calum was struck in the chest early in the morning of the ninth of May: such a handsome, manly soldier we'll never see again.

Cho sìobhalt' na nàdar, cho cridheil, cho càirdeil,
An caoimhneas ri chàirdean cha tugaist' air bàrr,
'S gur mise bha dòigheil an-uiridh air fòrladh
Nuair bhithinn ris còmhla measg òigridh an àit'.

Bu neo-thaitneach am feasgar 's na rinn iad ar gasadh,
Dh'fhàg siud mi ro lapach fad seachdain no dhà,
'S e leag Tormod ro ìosal, 's mu dheireadh chuir crìoch air,
'S a-nis dè an t-iongnadh ged bhithinn fo chràdh.

'S e Ceusar na mallachd a dh'adhbharaich seo dhuinn,
E fhèin 's an t-arrachd, a mhac tha mi 'g ràdh,
'S nam bitheadh e feumail gum faigheadh sinn greim orr'
Rachadh teine gu lèir riuth' le bìth agus teàrr.

Ach sibhse tha 'n-diugh mùirneach, duilich is tùrsach,
Nis cuiribh ar cùrs' air an dùthaich is feàrr,
'S ged 's cruaidh tha an èiginn, cur suas leatha dh'fheumar
'S tro Rìoghachd nan Speuran thig furtachd gach là.

Ged 's goirid gu madainn tha 'n oidhche leam fada
'S mi smaointinn mu m' dhachaigh gach mionaid 's gach tràth,
'S nam faighinn gu m' òrdugh, gum pillinn gu m' eòlas
'S bhith tuilleadh ri còmhnaidh an Leòdhas mo ghràidh.

Civil, friendly and generous by nature; for kindness
to friends he will not be surpassed. On leave last
year I so enjoyed being with him in the company
of the local young men.

That was a terrible evening when they gassed us.
It left me weak for weeks; it laid Norman low and
eventually killed him. Is it any wonder that I am in
such pain?

The cursed Kaiser was the cause of this, he and
the runt, his son. If we could capture them,
they should be burned in pitch and tar.

But you who today are sad and sorrowful,
you should now aim to make this a better country.
Although there is great hardship we must suffer it
and comfort will come from the Kingdom of Heaven.

Although it's not long till morning I feel the night
long as I constantly think about home, and if I
could I'd go back to live forever in my beloved Lewis.

Duanag an t-Saighdeir

Murchadh MacIlleMhoire, Murchadh a' Bhocs,
Siadar, Leòdhas

Fo ghruaimean cha bhi mi 'n-diugh
Ged 's cruaidh oirnn an latha seo,
Fo ghruaimean cha bhi mi 'n-diugh
Ged 's fhada muigh a tha sinn.

Gur minig bhios mi cuimhneachadh
Nuair 's cruaidh a thig an oidhch' oirnn,
Cho tric 's a bha mi aoibhneach leat
Aig Loch na Craoibhe, Mhàiri.

Gu cinnteach 's cruaidh an aimsir seo
Ri cath an nàmhaid Gearmailteach
'S an sàs sa chuid as gairge dheth
Tha Gàidheil Alba, Mhàiri.

Nuair fhuair sinn òrdugh gluasad orr'
'S tric thug sinn dhaibh an cruaidh-fhortan
'S ged tha iomadh buaidh againn
Tha tòrr nan suain, a Mhàiri.

Is air gach fear tha dhìth oirnn
Tha sinn gu tric a' smaoineachadh
'S is truagh nach robh ar prìosanaich
A-nochd fa sgaoil, a Mhàiri.

Tha cuid as fhiach an ainmeachadh,
Air feadh an t-saoghail 's ainmeil iad,
Na balaich bheaga ghorm againn
A ghlèidh an fhairge, Mhàiri.

The Soldier's Song

Murdo Morrison, Shader, Lewis

Today I'll not be gloomy
though times are hard;
today I'll not be gloomy,
though we are far away.

I often remember, when times are at their hardest, the many happy times we spent together at Loch na Craoibhe, Mary.

Fighting the German enemy is hard and in the midst of the fiercest fighting you will find the Scottish Gael, Mary.

When we got the order to advance, we often gave them a bloody nose but, though we have had many victories, we have also lost many men, Mary.

And we often think of every one of those we've lost.
And I wish that our prisoners were free tonight, Mary.

Others deserve a mention, they are famous all over the world - our blue-clad boys who defend the seas, Mary.

Ò, buaidh leis na fir chalma againn
Tha glèidheadh crìochan Alba dhuinn
'S chuir luingeis-chogaidh Ghearmailteach
Na spealgan feadh an àite.

Tha glaodh bho thìr nam marbh thuca
'S a' tighinn bho ghrunnd na fairge orra
'S fuil màthraichean is leanabain
Aig a' Ghearmailt air a làmhan.

Nuair thig lath' a' chrìochnachaidh
'S a gheibh iad duais an dèanadais
'S e peanas uilc an gnìomhairean
A chliathas iad, a Mhàiri.

Tha fios gum fàg seo cianail sibh,
'S ur smaointean oirnn a' bhliadhna seo,
Chan fhaic sibh aig an iasgach sinn
'S cha chuir sinn sìos am bàrr dhuibh.

Seo àm bhith dìon ar rìoghachd dhuinn,
O, guidhibh sinn bhith dìleas ann,
Gus an laigh iad dìblidh dhuinn
Cha ghabh sinn sìth, a Mhàiri.

Oh, victory to our brave men who guard Scotland's borders for us and who have blown German warships to smithereens.

Voices from the land of the dead and from the bottom of the sea blame the Germans: the blood of mothers and children is on their hands.

When the day of judgement comes and they are rewarded for their actions, the punishment for their deeds will sorely try them, Mary.

I'm sure it leaves you sad, when you think of us, that you'll not see us at the fishing this year and that we'll not be there to plant the crops for you.

This is a time for defending our country; pray that we be loyal. Until they surrender and show humility we'll not accept peace, Mary.

Am Badan Fraoich

Donnchadh MacPhàil, An t-Òban.

Sgrìobh am bàrd seo an dèidh dha litir fhaicinn o shaighdear san Fhraing ag innse gun d' fhuair e badan fraoich a chaidh a chur thuige on taigh.

Nuair thill mi à càs air feasgar Dimàirt
'S ann thàinig am badan seo sàbhailt',
'S e badan den fhraoch à dùthaich mo ghaoil
Far an d' fhàg mi mo ghaol 's mo chàirdean.

Bha thu cinntinn gu bòidheach air cnocan san Òban,
'S tha sinne air fògradh le chèile,
Air a' cheann seo den t-saogh'l an guitear mòr caol
Chan ionann 's fo chraoibh nan geugan.

Chan àite seo dhutsa, measg fuil agus uisge,
B' fheàrr a b' aithne dhut tuiltean nan speuran,
Bu tu suaicheantas bhruach 's an seillean mun cuairt
'S a' ghrian anns an uair air èirigh.

Dhomh 's cùbhraidh mar thùis thu 's tha leigheas ad ghiùlan,
Gach fear bha fo thùchan toirt cliù dhut,
'S tu 'n lighiche saor à dùthaich mo ghaoil,
'S iomadh cas'daich a sgaoil do shùgh-sa.

Ma thèid mise chadal math dh'fhaoidte sa mhadainn
Do pheilear nan sladairean breun ud,
Thèid thusa, a theagamh, am bonaid fir eile
Gu buaidh le gillean an fhèilidh.

Bidh mise le ùmhlachd 's a' guidhe le dùrachd
Gun ruig mi mo dhùthaich 's mo chàirdean,
'S gun cuirear san ùir an cladh Peighinn-a'-phiùir mi
Fo bhadan fraoich ùrar nan àrd-bheann.

The Sprig of Heather

Duncan MacPhail, Oban

The poet wrote this poem after reading a letter from a soldier in France saying that he had received a sprig of heather sent to him from home.

When I returned from the battlefront
on Tuesday evening it had arrived safely,
a sprig of heather from my beloved homeland,
where I've left my loved one and my family.

You grew beautifully on a hillside in Oban.
Now we are both exiled: a gutter at the far end
of the world is a far cry from a branching tree
in the Highlands.

This is no place for you, amidst blood and mire.
You were more familiar with rain from the sky:
you remind me of bee-surrounded banks with
the sun rising.

You are fragrant like incense and you have healing
powers. Those suffering from hoarseness praise
you: you are the free physician from my beloved land;
your essence has got rid of many a cough.

If I am sent to sleep, perhaps in the morning,
by an evil bandit's bullet, you will no doubt go
forward in another man's cap towards victory for
the lads in kilts.

I humbly and sincerely pray that I get back to
my country and my family, to be interred in
Peighinn-a'-phiùir cemetery beneath sprigs of
fresh mountain heather.

Òran le Saighdear a bh' as a' Fhraing

Seumas MacCoinnich, Unapol, Asainte

An uair a dh'fhàg sinn Gobhraidh
Bha fonn air na caileagan,
Gach tè toirt a làmh dhuinn
An àm bhith fàgail beannachd leinn.

Sèist: *Hill ù ho ro hù o,*
Mo chùlaibh ris a' bhaile seo,
'S e dh'fhàg mi 'n-diugh cho tùrsach
An rùn a thug a' chaileag dhomh.
Hill ù ho ro hù o.

Bhith siubhal fad na h-oidhche
Gun d' fhàg e tinn gun chadal sinn,
'S nuair thàinig àm dhuinn dùsgadh
Bu drùbhsaidh na balaich sinn.

Air madainn Là na Sàbaid
Gun d' ràineas longphort Sasannach,
'S air dol dhuinn air bòrd bàta
Bha pàirt ac' 's cur a' mhar' orra.

Nuair ràinig sinne Verdun,
Cha b' èibhinn an sealladh e,
Na peileirean mun cuairt dinn
Mar fhras bho thuath 's clach-mheallain ann.

Bha oifigear, 's e gleusta,
Gu h-àrd ag èibh' adbhansadh rinn,
'S gun Ghàidheal ach mi fèin ann
Measg treubh de bhalaich Ghlasachu.

Song by a Soldier who was in France

James MacKenzie, Unapool, Assynt

When we left Gowrie the girls were in high spirits,
each giving us her hand when bidding us farewell.

Chorus: *Hill ù ho ro hù o, leaving this place;*
today I'm so sad
because of the love
the girl showed me;
Hill ù ho ro hù o.

Travelling all night we were sick and sleepless
and at waking time the lads were still drowsy.

On Sunday morning we reached an English port;
when we boarded a ship, some of them were
seasick.

When we reached Verdun, it was not a pleasant
sight, bullets flying round us like a hail shower from
the north.

The officer was ready and shouted to us to advance.
I was the only Highlander in a group of Glasgow
lads.

Nuair chuir sinn dòigh ar bèigneid
Chan fheumadh tu bhith cadalach
A' dol an coinneamh Ghèarmain
No 's e thu fhèin a chailleadh air.

'S e dol air aghaidh b' èiginn,
Bha 'm bàs ad dhèidh mur rachadh tu,
'S air dhòmhsa bhith gam gheàrdadh
Chaidh tè dhiubh 'n sàs nam achalais.

Cha chreideadh tu an fhìrinn
Ged dh'innsinn dhut gu h-aithghearr e,
Bha mòran diubh nan sìneadh,
Bha pàirt gun chinn gun chasan dhiubh.

Gur iomadh fear chaidh bhualadh
Ri mo ghualainn air a' mhadainn ud,
'S ged bha mi air mo chaomhnadh
Cha robh mi 'n dùil gun tachradh e.

Mo mhallachd air a' Ghearmailt
A mharbh na balaich thapaidh oirnn
A b' fheàrr a bha san dùthaich,
Tha 'n-diugh an ùir gam falach uainn.

'S mas e 's gun tèid mo bhualadh
Le luaidhe no mo ghasachadh,
Dèan innseadh dhaibh mun tuasaid
'S thoir leat an duan seo dachaigh thuc'.

When preparing our bayonets before facing the Germans we couldn't be careless or we'd pay for it.

We had to advance; death faced you if you didn't. Then while I was on guard one went through my shoulder.

You would not believe me if I described the scene to you: many were lying without heads or legs.

Many were struck down at my side that morning and although I was spared that was a surprise to me.

My curse on Germany which has killed our brave lads, the best in the land who today are concealed in the earth.

If I am struck with a bullet or if I am gassed, tell them about the battle and bring this song home to them.

Pìobairean Camshronach anns an Ruaig Mhòr (1918)

Dòmhnall Ruadh Mac an t-Saoir, Snaoiseabhal, Uibhist a Deas

B' e an 'Ruaig Mhòr' an 'Great Push' a rinn an t-àrm Gearmailteach san Fhraing san earrach 1918.

Duanag mu chruadal nan laoch ud
Bho fhuar-bheannaibh fraoich Innse-Gall
Nuair choinnich iad aodann ri aodann
An nàmhaid an caonnag na Fraing'.
Bu sgairteil am feachd air an t-sliabh iad,
Gam faicinn 's Lochiall air an ceann,
A' gluasad gu cruachanach, calpach
Is suaicheantas Albann ri crann.
Ò, 's e gillean nan gleann,
'S bho bhinnein is slinnein nam beann,
Gun togamaid fonn air na gillean
A chleachd a bhith 'n iomairt nan lann.

Nuair thàinig na Gearmailtich tarsainn
'S a chuir iad an gas oirnn a-nall,
Chuir sinn ar n-aghaidh air Calais
Is thug sinn ar casan leinn ann.
Chaidh sinn a-staigh a dh'estaminet
Is cheannaich sinn galan den dram,
'S bha mise 's am Bòideach is Lachlann
'S am pige ma seach air ar ceann.
O, 's ann againn bha 'n dram,
Cha robh e san fhasan bhith gann,
Bu siud againn buideal is pige
Agus botal-ar-fhichead Vin Blanc.

Cameron Pipers in the Great Push (1918)

Donald Macintyre, Snishival, South Uist

This is a song about the difficulties suffered by the heroes from the heather-clad hills of the Hebrides when they came face to face with the enemy in the war in France. They were a powerful force on the battle-field, under the leadership of Locheil, moving boldly and bravely behind the raised Scottish flag. The lads from the hills and glens, Oh, let us sing in praise of the lads who are so experienced in war.

When the Germans attacked us with gas,
we took to our heels and headed towards Calais.
We went into an estaminet and bought a gallon
of spirits, and the Bòideach and Lachlan and I drank
in turns from the pitcher. Oh, what a session we had,
in no way were we stingy: we had a cask and a
pitcher and twenty-one bottles of Vin Blanc.

Nuair ghabh an luchd-ciùil an ratreut
'S nach dèanadh iad feum leis an lann,
Chuir iad an aghaidh air Hazebrouck
Ro choltas nam bèistean bha thall.
Fionnla' Màrtainn is Tormod MacFhilib,
Na sùilean gun sheas iad nan ceann
Nuair thàinig iad goirid dhan stèisean,
Gun sgeul air an trèan 's i air chall.
Ò, chan urrainn sinn ann,
Ciamar is urrainn sinn ann,
Chan urrainn sinn coiseachd nas fhaide
'S an t-acras gar dalladh 's sinn fann.

Bha Robbie ann an droch urrachd,
Gun fiù agus currac mu cheann,
Cha togadh e bheul às a' bhuideal
Cho fad 's a bhiodh supag aig' ann.
Nam biodh e air tachairt sa chuideachd
An uair chaidh an cucar air chall,
'S mise gun rachadh an urras
Gum faiceadh tu fuil air a sgall.
Ò, 's ann ort a bha 'n call
Nach fhaca tu Robbie 's a sgall,
E tighinn le eallach de bhotail
'S iad aig' ann am poc air a dhroll.

Bha 'n Drummie a' falbh air an toiseach,
'S e mar gum biodh moigheach air gleann,
Nan cluinneadh e fuaim air a chùlaibh
Gun dùineadh e shùilean gu teann,
Ach thug e siud sùil thar a ghuailleadh
'S gun ghlaodh e gu cruaidh, "'Eil sibh ann?
Mur dèan sibh bhur casan a shìneadh
Gum bi sibh sa phrìosan Potsdam,"
'S thug e ri bruthach na dheann,
Ò, 's ann aige bha steall
Ga chur às gach lòn is lodan
'S a ghruag 's i na stob air a cheann.

When the musicians retreated, having no weapons they could use, they headed towards Hazebrouck away from the beasts. Finlay Martin and Norman MacKillop – their eyes stood still when they came to the station and found no sign of the train they had missed. We can't, how can we, we can't walk any further as we are starving.

Robbie, bare-headed, could not be relied on, he'd not take his lips from the bottle while it contained a sip; if he'd happened to be in company when the cooker was lost, I'd bet you'd see blood on his bald head. Oh, what a shame not to have seen Robbie's bald head, as he arrived with a load of bottles in a bag on his back.

The Drummie went on ahead, like a hare in a glen. If he heard a sound behind him he'd close his eyes tightly but he looked over his shoulders once and shouted loudly, "Are you there? If you don't stretch your legs you'll be in Potsdam jail," and he ran up the brae. What a splash he caused in puddles and pools, his hair standing on end.

Bha Robbie a' tighinn na throtan,
Bha cearc aige 's poca mu ceann,
Oircein a' sgiabhail air ròp' aig' -
Saoil nach b' e spòrs a bhith ann,
Gum b' ait leam bhith faicinn a spògan
Nuair chaill e na brògan sa pholl,
'S mun ràinig e 'n campa Didòmhnaich
Bha ìnean nan òrdag air chall.
Ò, 's ann aige bha 'n ceann,
Cha robh feum aig' air ceann-aodach ann,
Cha chuireadh an t-uisge no ghrian ris,
Bu chruaidhe na 'n t-iarann a sgall.

Bha Donnchadh a' tighinn gu tapaidh,
Ged bha e car lapach san àm,
Ach thuit e air dheireadh na ònar,
Cha chumadh e còmh' ris an dream,
'S theann e ri glaodhaich dhan chòmhlan,
"A chlann an Fhir Mhòir tha sibh ann,
'S ann tha sibh air thuar dhol gam fhàgail
Nuair thàinig am bàs orm gu teann.
Ò, nach sibh a nì 'n call,
Ma dh'fhàgas sibh mise 's mi mall,
Ma thuiteas mi 'n làmhan nam biastan ud
Thèid mi dhan t-sìorraidheachd thall."

Ach 's fheudar dhomh innse san duanaig
Mar thill sinn mun cuairt anns an tòir,
Nuair dh'èirich ar n-àrdan 's ar n-uabhar
Le tàmailt mun ruaig a bhith oirnn,
'S ged bha sinn gun fhùdar, gun luaidhe,
Bha cunntais air uachdar an fheòir
A dh'fhàg sinn a' breabadh nam fuil ann,
Gan leagadh le buillean nan dòrn.
Ò, bha sinn air ar dòigh,
Na gillean dhan tigeadh bhith seòlt',
Ged ruitheamaid, thilleamaid 's bhuaileamaid
'S bheireamaid fuaim air an sròn.

Robbie was coming at a canter, he had a hen with a bag on its head and a screaming piglet on a rope – what a laugh! It was funny when he lost his shoes in the mud: and before he reached the camp on Sunday he had lost the nails of his toes. Oh, what a head he had; he needed no cap; rain and sun did not affect him, his bald head was harder than iron.

Duncan was doing his best although he was under the weather at the time, but he fell behind and couldn't keep up with the rest. He called to the group, "Sons of the Devil, you intend to leave me as death closes in on me. Oh, it's a serious matter if you leave me because I am slow: if I fall into the hands of those beasts I will end up in eternity."

But I must tell in my song how things changed around in the Push, when our anger arose and our shame at being forced back in that way. Though we had no weapons we left many whom we had felled with our fists lying on the grass. We were in our element, skilful soldiers that we are: though we ran, we would return and fight and we'd give them a bloody nose.

Fòrladh Alasdair Bhàin

Alasdair Boidhd agus Dòmhnall Ruadh Mac an t-Saoir, Uibhist a Deas

Bha Alasdair Bàn Bhuileig à Uibhist a Deas anns na trainnsichean còmhla ris an dà bhàrd: tha iad ag innse an seo mar a chaidh gnothaichean ceàrr 's e dol dhachaigh air fòrladh.

Sèist: *Hi hiùraibh o, hi hiùraibh o*
Gun cuir mise luinneag an òrdugh dhuibh
Hi hiùraibh o, hi hiùraibh o
Air fòrladh Alasdair Bhàin.

Chaidh mi sìos dhan stòr leat
A dh'iarraidh aodach is brògan dhut
Airson thu bhith math air do chòmhdach
Dol air an fhòrladh cuide ri càch.

Fhuair mi gach nì a dh'fheumadh tu,
Brògan is briogais is lèine dhut,
Gu ruige na Numerals fhèin
Gu robh iad air èideadh Alasdair Bhàin.

Nuair ràinig thu Lunnainn bu shunndach thu,
Bha 'n trèan gad fheitheamh is smùid aiste,
Cha b' fhada dol seachad tron dùthaich i
'S i giùlan Alasdair Bhàin.

Nuair ràinig thu 'n Caol, bha 'n dìl' agad,
Cha robh bàta ri fhaicinn an oidhche sin,
Cha robh aig a' chidh' ach an Sheila.
"Thèid mi innt'," ars' Alasdair Bàn.

Fair Alasdair's Leave

Alasdair Boyd and Donald Macintyre, South Uist

Alasdair Bàn, Fair Alasdair, from South Uist was in the trenches with the poets: they describe here how things went wrong for him when he went home on leave.

Chorus: *Hi hiùraibh o, hi hiùraibh o,*
I will write a song for you,
Hi hiùraibh o, hi hiùraibh o
about Fair Alasdair's leave.

I went to the store with you to get clothes and shoes so that you'd be well-dressed going on leave with the rest of them.

I got everything you needed, shoes, trousers and a shirt. Fair Alasdair's uniform even had the Numerals on it.

You were in good spirits when you reached London and the steam train was waiting for you: it didn't take long passing through the country, Fair Alasdair.

When you reached Kyle it was raining; there was no boat to be seen that night. Only the Sheila was at the pier: "I'll go on board", said Fair Alasdair.

Nuair dh'fhuasgail iad na ròpannan
'S ann tharraing i cùrs' air Steòrnabhagh
'S gun tàinig an t-Admiral 's cleòc air
'S chuir e Patrol le Alasdair Bàn.

Dh'fhaighneachd iad dheth an robh pìob aige,
No an seinneadh e port aig an dinnear dhaibh.
Thuirt Alasdair, "Seinnidh mi pìobaireachd
Is pìosan math dhen Choc-àrd."

Nuair a thug e smùid oirre
Gun cualas am fuaim sna crùisearan,
Thug ròin is bioraich an grunnd orra
Ri crùnluath Alasdair Bhàin.

Nuair ràinig thu Loch nam Madadh
'S ann a rachadh tu dhan a' Hebrides
Gun d' dh'fhan i sin leat air acair
O Dhisathairn' gu madainn Dimàirt.

Sguiridh mi nis dha mo bhàrdachd dhut,
'S mi 'n dòchas nach tachair droch ghàbhadh riut,
Mo dhùrachd gu ruigeadh tu sàbhailte
Do mhàthair, Alasdair Bhàin.

When they released the ropes she made her way to Stornoway. The Admiral came with his cloak on and went on patrol with Fair Alasdair.

They asked if he had the pipes and if he would play a tune at dinner. Alasdair said, 'I can play pibroch and most of the Cockade."

When he put them up, the noise was heard on the cruisers; the seals and dog-fish dived to the bottom because of Fair Alasdair's piping.

When you reached Lochmaddy you boarded the Hebrides: she stayed there at anchor from Saturday till Tuesday morning.

I'll now finish my poem. I hope that no harm befalls you and that you arrive safely at your mother's, Fair Alasdair.

(Based on a translation by Gillebride MacMillan)

’S ann Fada mu Thuath

Niall Dòmhnallach, Niall a’ Ghobha, Solas, Uibhist a Tuath

’S ann fada mu thuath an iomall a’ Chuain
Tha Uibhist nan cluaintean as àille,
Tha gàirich a’ chuain tighinn daonnan am chluais
Is faram nan stuagh air a thràighibh.

Gach là nì mi gluasad, mi cinnteach fo uallach,
An dachaigh ro-ghruamach na h-ànraidh,
Le ‘shells’ tighinn nan uabhas ’s a’ leagadh mun cuairt dhomh
Na laoich d’ am bu dualchas a’ Ghàidhlig.

Fo chrùban gach àm, nam chrùban san trainns’,
Thig peilear na dheann air an tòir siud,
‘Gas shells’ teth nam meall, ’s mur eil masg mu do cheann
Chan eil tèarainteachd ann dhut no còmhnadh.

Bhon a thàine mi nall do dh’fhearann na Fraing’
Tha m’ inntinn gun fhonn ’s mi fo ànradh,
Smaointinn gach àm nach faic mi sibh thall
Fo dhubhar nam beann san deach m’ àrach.

Ged dhèanainn dhuibh innse ’s a chur ann an sgrìobhadh
Gach innleachd tha strì rinn sna blàir seo,
On speur os ar cinn thig an ‘shrapnel’ na still,
‘Trench mortars’ gun chinnt air an àireamh.

Os an cionn sin gu lèir ’s e ‘Jack Johnson’ a’ bhèist
Thèid an talamh ’s na speuran nan smàl leis.
Tha mallachd gach creutair aig Krupp ’s aig a’ Cheusar
A dhùsgadh dhaibh lèirsgrios a’ bhàis seo.

Far to the North

Neil MacDonald, Sollas, North Uist

Far to the north at the edge of the ocean lies Uist of the beautiful meadows. I constantly hear the roar of the sea and the sound of the waves on its beaches.

Every day finds us under attack, in this dark and dangerous place, terrifying shells falling around me, killing Gaelic-speaking youths.

As we crouch in the trench a volley comes in - a shower of gas shells: if you are not wearing a mask there is no protection or escape.

Since I came to France my state of mind is low, always thinking that I will never again see you in the shadow of the hills where I was brought up.

I'll describe to you the weapons used in these battles: from the sky above pour showers of shrapnel and innumerable trench mortars.

Jack Johnsons are the worst: earth and sky burn because of these powerful shells. Krupp and the Kaiser are accursed, having caused this destruction and death.

Nam faighinn mo mhiann 's mo dhùrachd le rian
Bu taitneach dhomh riarachadh sòlais,
An Ceusar 's a thriall chur fo dhòrainn 's fo phian
Far nach fhaic iad a' ghrian ann an tròcair.

Nuair fhuair sinn an t-òrdan ri àm dol sa chòmhraig
Bha smuainteanan brònach gun tàmh oirnn,
Ar n-aigne 's ar n-uallach a-ghnàth mar bu dual leinn
Gu tric mu na bruaichean a dh'fhàg sinn.

Bha Camshronaich, Sìophortaich, Gòrdanaich, Rìoghalaich,
Earra-Ghàidhealaich, 's grinn air a' bhlàr iad,
Luchd breacan an fhèilidh an guaillibh a chèile
Nach tilleadh nuair dh'èibhte dhan bhlàr iad.

Nuair fhuair sinn ma rèir le ar lannan air ghleus
'S a dh'ùraicheadh geur-fhuil nan Gàidheal,
Bha Pruiseanaich, mìltean dhiubh, marbh 's iad nan sìneadh,
Ach 's duilich leam innse na dh'fhàg sinn.

Na fiùrain bha gleust', na leòmhainn bha treun,
Nach tilleadh bho bheum-thuil an nàmhaid,
Bha buaidh le ar n-euchd 's thèid ar beannachadh nur dèidh
'S nur cuimhne bidh 'n èirig a phàigh sibh.

Siud an èirig bha daor a phàigh sibh cho saor
Ri cosnadh dhuinn saorsa on nàmhaid,
Chan eil neach fon a' chrùn, mas e Rìgh e no Diùc,
Nach aithris an cliù mu na h-àrmainn.

Chan eil teangair no bàrd na neach a nì dàn
Nach aithris 's gach àit' mun a' chòmhstri,
Gur iad Gàidheal nam beann a sheas iad san àm
Ged tha talamh na Frainge gan còmhdach.

If I could have my earnest wish, which would give
me great satisfaction, pain and suffering would be
inflicted on the Kaiser and his men in a place where
they wouldn't see the merciful sun.

When we were ordered to engage in battle our
minds were dejected, our thoughts and concerns
as always centred on the place we left behind.

Camerons, Seaforths, Gordons, Royals, Argyll men,
all good in battle, fighting shoulder to shoulder,
Gaels who would not retreat when called to the fight.

When we put our weapons in order and our fighting
spirit was aroused, thousands of Prussians lay dead,
but I am saddened at how many we left behind.

Clever youths, brave lions who would not retreat from
the enemy's blows, you were victorious and we will
remember the ransom you paid.

An expensive ransom so generously paid in order
to win freedom from the enemy: there is no king
or duke who won't sing the heroes' praises.

Every writer and poet will tell of the struggle and
how they were protected by the Gaels, though the
soil of France now covers them.

Dh'fhàg siud athair fo leòn is màthair fo bhròn,
Gach piuthar 's na deòir iad ga fàgail,
Cha tiormaich an sùil gus an tèid iad dhan ùir
'S gach tè dhiubh ri ionndrainn a bràthar.

Tha Uibhist mu Thuath fo chumha 's fo ghruaim
A' caoidh nam fear uasal a dh'fhàg i,
Thèid an cliù feadh gach linn ged nach till iad a-chaoidh
A dh'àiteach nan glinn mar a b' àbhaist.

'S tha mise fo phràmh 's chan iongnadh mar tha
'S mi 'g ionndrainn nan sàr a bu bhòidhche,
Gillean Uibhist mo ghràidh a thuit anns a' bhlàr
'S e dh'ùraich mo chàil dhomh dhan òran.

Fhir a shiùbhlas mu thuath, thoir an t-soraidh seo bhuam
Gu Uibhist a Tuath a rinn m' àrach,
Ma thilleas mi beò nì mi innse mun chòrr,
Tha mi nise 's mo chòmhnaidh an Àrras.

That has left fathers forlorn and mothers grieving. And sisters weeping sorely: their tears will not cease until they go to their deaths, still missing their brothers.

North Uist is gloom-laden and sad, mourning the fine youths who have perished. Their fame will last through the centuries, although they will never return to cultivate the glens as they used to.

I am mournful and it is no wonder, lamenting these handsome heroes, the lads of my beloved Uist who fell in the battle and who have inspired my song.

You who travels to the North, bear my greetings to my native land. If I get back alive I will tell them more; for the moment my home is Arras.

Duanag Saighdeir (05/05/1916)

'Leòdhasach'

Thoir mo bheannachd, thoir mo bheannachd,
Thoir mo ghaol gun dàil thuic',
Thoir mo bheannachd às an trainnse
Dh'ionnsaigh tè mo ghràidh-sa.

'S fhada leam gu faic mi chaileag
Dh'fhàg mi 'm baile m' àraich,
Gheall i dhomh gum biodh i dìleas
Nuair a leig mi slàn leath'.

Nuair bhios ise trom na cadal
Bidh mo smuain air sgèith leath',
Is' an Leòdhas is mis' san Fhraing
Smaointinn air a chèile.

Nuair a phòg mi air an tràigh i
Shil i cràiteach deurach,
'S dòchas nach e phòg mu dheireadh
A bheir mi do m' eudail.

Nuair a leig mi leath' mo shoraidh
Dh'fhalbh leam air a' bhàta
Iomadh fleasgach sunndach tapaidh,
Cuid nach till gu bràth dhiubh.

An ùin' cho geàrr 's cruaidh a chreidsinn,
Ged gun cheist is fìor e,
Mun liuthad fear de na gillean cruaidh
An-diugh san uaigh nan sìneadh.

A Soldier's Song (05/05/1916)

'A Lewisman'

Convey my blessing and my affection from the trenches to my beloved.

It will be a long time until I see the girl I left behind in the village of my birth. She promised to be true to me when I bade her goodbye.

While she is sound asleep, my thoughts fly to be with her. We lie, thinking of each other, she in Lewis and I in France.

When I kissed her on the beach she wept painful tears. I hope it's not the last kiss I give to my darling.

When I said goodbye to her, many other lads left with me on the ship, some of them never to return.

It was such a short time ago: it is hard to believe but it's true that many of these hardy lads are now lying in their graves.

Is ainneamh rèisimeid san arm
Anns nach lorgadh Leòdh'sach
Ach measg balaich chruaidh an fhèilidh
'S ann tha chuid as mò dhiubh.

Càit 'eil rèisimeid nas cliùitich
Na na Seaforths uasal
Oir an toiseach measg nan Leòdh'sach
'S ann a thogadh suas i.

Is iomadh cogadh a bha ann,
Cogaidhean a bha cianail,
Ach seo an cogadh a thug bàrr
Air cogaidhean bha riamh ann.

Is còir dhomh moladh thoirt do Dhia
Airson a dhìon 's a thròcair
Gun tug e mi gu sàbhailt fhathast
Tro ghàbhadh na còmhraig.

There are few regiments in the army that don't have soldiers from Lewis but most are in the kilted brigades.

Where is there a more famous regiment than the noble Seaforths? It was among Lewis folk that it was first raised.

There have been many wars, some of them fearsome but this war has surpassed any that went before it.

I give thanks to God for his protection and mercy that has brought me safely so far through the dangers of the war.

Soraidh Bhuam gu Tìr a' Cheò

Iain Caimbeul, Seonaidh Mòr 'ain Chaimbeil,
Ùige, an t-Eilean Sgitheanach

Soraidh bhuam gu Tìr a' Cheò
Far an d' fhuair mi m' àrach òg,
'S e dh'fhàg m' inntinn trom fo leòn
Bhith 'n còmhnaidh an Salonika.

Tha mo mhàthair 's i fo thùrs'
On latha chuir mi rith' mo chùl,
Tha na deòir a' ruith bho sùil,
Gam ionndrainn tha i muladach.

Chan e 'n aois a thug mo là -
Fichead bliadhna 's còig a tha -
Ach droch dhìol is cion na slàint'
A dh'fhàg an-dràst' fo smalan mi.

Ò Rìgh, nach mise bha an-dràst'
Teàrnadh sìos aig a' Chloich Àird,
Faicinn sealladh air an àit'
Sna dh'àraicheadh nam leanabh mi.

Gur ann gòrach a bha mì
Gabhail ann an arm an Rìgh.
Nan robh fios 'am air gach nì
Là dh'fhàg mi 'n tìr gur aithreach mi.

Seo far bheil an t-àite cianail,
Gur e am fiabhras rinn mo phianadh,
Chan iongnadh ged bhiodh m' fhalt air liathadh
Le droch dhìol is allaban.

'S bidh mi co-dhùnadh mo dhàin
Dh'ionnsaigh eilean uain' mo ghràidh -
'N dùil bhith tilleadh dhachaigh slàn,
Spot as àille 's aithne dhomh.

Farewell from me to the Land of Mist

John Campbell, Uig, Skye

Farewell from me to the Land of Mist [Skye] where
I was raised as a child. I am sad and forlorn here
in Salonika.

My mother is heartbroken since the day I left her.
Her tears flow, she misses me deeply.

It is not my age – I am twenty five – but the
poor conditions and ill health that have left
me so broken.

Lord, I wish I was at this time climbing the High
Rock, seeing all the places where I was brought up.

I was foolish to enlist in the King's army.
If I'd known everything on the day I left I would
have changed my mind.

This is a terrible place, the fever causes me such
pain. My hair is turning grey because of the harsh
conditions and lack of rest.

I will conclude my greetings to my beloved green
island, in the hope of getting back home alive to
the most beautiful spot I know.

Cuimhneachan air Neuve Chapelle

Calum MacLeòid, Lunndail, Ùig, Leòdhas

Chaidh Ruaraidh, bràthair a' bhàird, a mharbhadh am Blàr Neuve Chapelle air an 10amh latha den Mhàrt 1915. Sa chiad chòig rannan tha am bàrd ag innse mar a thachair mar gum b' e Ruaraidh a bha bruidhinn.

San trainnse shalaich tha mi sìnt' measg mharbh 's dlùth-bhàs air iomadh,
Sgolb praise na mo cheann a tha nise fann le iomairt,
Bhon chaidh mo bhualadh gu ro-theann sa gharbh-chath nàimhdeil, sgriosail
Aig Neuve Chapelle a thachair dhuinn 's Gàidheil Shìophort is iad gan
iomain.

Sa mhadainn chruinnich sinn gu treun 's ar dòchas fèin bha beathail,
'S ar cridhe cho dìleas ris a' chruaidh 's a' chath mharbhtach chaidh sinn
a-steach ann,
An nàmhaid sgap sinn romhainn fèin mar sgapas gaoth an sgalpan,
Ach prìs na buaidh gu robh i geur 's gach saighdear treun gun bhlais air.

Lìon fuaim nan gunnaichean na speur 's bha iad gu lèir le crith orr'
'S an talamh crathadh fo ar bonn le teine 's fùdar a' briseadh,
'S gach uabhas a tha dhuinne dlùth mo chainnt cha toir dhuibh fios air,
Tha samhl' air ifrinn air gach taobh gar fàgail dlùth air clisgeadh.

Mo Chaiptean tha e nise marbh 's mo Chòirnealair leòint' gu sgriosail
'S mo chompanaich tha sìnte balbh sa bhlàr-chath nan cuid fichead,
Mo fhradharc nis a tà fàs fann 's mo cheann gur gann gun tog mi
Ach taigh m' athar chì mi fada thall is feasgar fann ri togradh.

'S tron uinneig chì mi 'n taigh mar bha, tràth bha mi ann nam ghille
'S an teine laiste mar bu ghnàth cur blàths air fheadh bha milis,
'S guth mo mhàthar mar anns gach tràth ag iarraidh orm a thighinn
'S fuachd tighinn dlùth dhuinn às gach àird 's an oidhche dhorch'
gar ruighinn.

* * *

Ach chrìochnaich e, is chrom e cheann gu sàmhach anns a' ghiodar,
'S aon Sìophort eil' thug suas an deò gu deònach, duineil, measail,
Is mic Rois nach d' rugadh fhathast g' an cloinn gun inns mar thachair
Aig Neuve Chapelle sa bhatal chruaidh 's an ruaig a chur na fir ud,
Na Sìophortaich a chog 's thug buaidh, 's an ainm gu buan gun cumar

In memory of Neuve Chapelle

Calum MacLeod, Lundale, Uig, Lewis

Roderick, the poet's brother, was killed at Neuve Chapelle in 1915. In the first five verses the poet tells what has happened as though Roderick was speaking.

In the filthy trench I lie among the dead and dying, a splinter of shrapnel is lodged in my head and I am becoming weaker. I was struck down in the fierce and ruinous battle of Neuve Chapelle, as the Seaforth Highlanders were driven back.

In the morning we gathered bravely: our hopes were high and our hearts set as hard as steel as we entered the battle. We scattered the enemy in front of us as the wind scatters chaff but the price of victory was high and all the soldiers had a taste of it.

The noise of the guns filled the heavens and the earth was shaking under our feet as fire and powder exploded. The horrors that surrounded us I cannot describe to you; the hellish images on every side shocked us.

My Captain is now dead, my Colonel is badly wounded and my companions are lying dead in their scores. My sight is fading and I can hardly raise my head, but I can see my father's house far away on a quiet autumn evening.

Through the window I can see the house as it was when I was there as a boy, the fire lit as always, radiating its sweet warmth around and my mother's voice as usual asking me to come home. The cold is now closing in on all sides and the dark night is approaching.

* * *

He finished and laid down his head silently in the mud: one more Seaforth had given up his life in a willing, manly fashion. Sons of Ross yet unborn will recount what happened in the devastating battle at Neuve Chapelle and the attack these men took part in. The Seaforths who fought and won, their name will live for ever.

Laoich a' Ghlinne

Pàdraig Grannd, Blàr na Màigh, Gleann Urchadan

Chual iad glaodh a thug Rìgh Seòras
Gun robh na Gèarmain an tòir air,
Thilg iad dhiubh gach cuing is còmhdach
Is dh'fhalbh na seòid chum am bacadh.

Sèist: *Hì horo, gur mòr mo thlachd dhiubh*
Laoich a' Ghlinne is an tapachd
Hì horo, gur mòr mo thlachd dhiubh.

Dh'fhàg iad dachaighean bha blàth dhaibh,
Maighdeannan bha grinn is àlàinn,
Pàrantan bha aosmhor, gràdhach,
Mnathan gaolach, cloinn is pailteas.

Cha b' e goireas mar a b' àbhaist
Bh' aig na suinn a-nis san àraich,
Ach sluichd san talamh dh'easbhaidh àrd-druim,
Uisg' is sneachd' a' dèanamh stapaig.

Nuair a leum iad thar nam bruaichean
Gu dhol an dlùth-chleas anns an tuasaid,
Bha uèir bhiorach, charach, chuairteach
Gan rib, gam buaireadh 's a' cur stad orr'.

Ach 's e rinn gu tur an sàrach
'S a thug am bàs air iomadh sàr-fhear,
Neula puinnseanach san àite
'S iad gun sgàil orra gu 'n glacadh.

Sgòthan teinntidh tighinn a-mhàn orr'
A' cur na smàl gach nì bha làmh riuth',
Na curaidh a bha fearail, dàna
Anns na speuran air an sgapadh.

Heroes of the Glen

Peter Grant, Lewistown, Glen Urquhart

When they heard the cry of King George that the Germans were attacking him, the heroes put aside everything they were involved in and set off to stop them.

Chorus: *Hì horo, I greatly respect*
the heroes of the Glen
and their courage.

They left behind homes where they were loved, girlfriends elegant and beautiful, parents old and loving, devoted wives, children and plenty.

It wasn't the kind of conditions they were used to that the warriors now experienced on the battlefield but trenches dug in the ground without a roof, rain and snow turning everything into a quagmire.

When they went over the top to engage the enemy at close quarters, sharp, twisting barbed wire cut them, tore at them and stopped them.

But what especially hurt them, killing many good men, were the clouds of poison gas which they had no shelter from.

Fiery clouds descending on them, setting everything around them on fire. Warriors who were manly and bold were thrown up in the air.

Dh'aindeoin innleachd nimheil, bàsmhor
Dhealbh an t-ùmaidh chum an sàrach,
Fhuair iad buaidh air tir is sàl' air,
Dh'fhàg e dhaoin' is thàrr e às bhuath'.

Tha e nis a' tàmh san Òlaind
Is e na fhògarrach bho luchd-eòlais,
Chaill e chrùn, a ghlòir 's a mhòrachd
Is e gun treòir a' meòmhr' air cairteadh.

Is iomadh cridhe rinn e sgàineadh,
Is iomadh bàs tha air a làmhan,
Ach fagaidh mise e mar a tha e
Oir 's e an t-Àrd-Rìgh tha na Cheartas.

Ach air na laoich a thuit san àraich,
Tha clachan snaighte, snasail, àrda,
A' cumail cuimhn' air buaidh nan àrmann,
Bidh iomadh àl a' luaidh an gaisge.

Is aig na seòid a thàinig beò às
Bha air an leòn 's a chaill an stòras,
Tha còir air uile meas is sòlas
Bho luchd-còmhnaidh tìr an altraim.

Despite all the vicious, deadly devices used by the enemy to wear them down, they were victorious on land and sea: he left his troops and ran away.

He now lives in Holland, exiled from his kith and kin; he lost his crown, his fame and majesty and is left impotently reminiscing.

He broke many a heart and caused many deaths but I will leave it to God to judge him.

The heroes who fell in battle have tall, beautifully carved monuments. These preserve a memory of the warriors; many generations will praise their courage.

And the heroes who survived but who have been injured and lost all they had, they should expect appreciation and gratitude from the people of their native land.

Laoidh dhan Chogadh Mhòr, 1914-18

Eachann MacFhionghain, Port, Beàrnaraigh Na Hearadh

Rinneadh an dàn seo air dhan bhàrd a bhith na fhianais air lèirsgrios a' chogaidh ann an Gallipoli.

A Thì tha ro naomh, 's Tu 'n t-Aon a chruthaich
Na daoine, muir agus tìr,
'S Tu Àrd-Rìgh a' Chrùin os cionn nan uile,
Le ùghd'rras, cumhachd is binn.
Tha 'n saoghal 's a làn nad làimh gu h-uile,
Le gràdh nach urrainn dhomh inns',
'S ar guidhe gach là san fhàsach dhuilich,
Com-pàirtich uile rinn sìth.

Nach seall Thu a-nuas le truas gu buileach
Air truaghain dhuilich nan deòir,
Nach sgaoil Thu sgiath air an fhìon-lios uile,
Cur dìon air fuil agus feòil.
Tha anaman caillt' san àm a' fulang
Tha cràiteach, uireasbhach, leòint',
Feadh mhonadh is ghlinn nan sìneadh uile
Nam mìltean tuiream fo leòn.

O, liuthad mac màthar àlainn maiseach
A tha na chadal san t-sliabh
A dh'àraich i 'n-àird le bàidh is canas
'S le gràdh bha farsaing na cliabh.
Cha till iad gu bràth bhon dh'fhàg iad 'n anail,
Air sràid chan fhaicear iad sìos,
Rinn innleachd an nàmh an tàladh dhachaigh
Dhan cheàrn sam fan iad gu sìorr'.

Hymn for the Great War, 1914-18

Hector MacKinnon, Ferry, Berneray, Harris

Written after the poet had witnessed the carnage at Gallipoli.

Most holy One, You created mankind, land and sea.
You are the High King over all with authority, power
and judgment; all the world lies in your hand. With
your unspeakable love, we pray that you grant us
peace in this harsh wilderness.

Look down upon the sad souls who weep; spread a
shield over the vineyard to protect flesh and blood.
Thousands of lost, wounded and needy souls are
suffering, across the hills and glens, abandoning
themselves to tearful mourning for their dead.

Many are the handsome, kindhearted sons, reared
by loving mothers, who sleep on the battlefield.
They will never return; they will not be seen on the
streets. The enemy's cunning lured them home
to the place where they will always remain.

Ò, liuthad gill' uasal, suairc is ceanalt'
Le snuadh bu mhaiseach air sràid
Tha na shìneadh sa chuan 's gur fuar a leabaidh
Fo stuaghannan caithriseach, àrd.
'S bidh pàrantan gaoil gan caoineadh thairis
Gach oidhche, madainn is là,
'S gun tèid iad dhan ùir cha mhùth 's cha dealaich
An rùn do dh'fhearaibh an gràidh.

An Ceusar a th' ann, b' e ceann na dunaidh,
Chuir lann a' sruthadh nar dòrn,
'S e nàmhaid a dhall a cheann 's a mhuineal,
Thug antlachd dhuinne ri òl.
Sinn an dubhar san àm e chall no bhuinig,
'S e th' ann ach buille ro mhòr,
Na teudan cho teann 's an t-sreang a' fulang
Toirt srann le tuilleadh 's a chòir.

'S e 'm peacadh a-mhàin rinn tràill dhen duine
Bho Àdhamh thugainn a-nuas
'S chuir aimhreit 's gach àit' le nàmhaid guineach
'S e ghnàth ri siubhal mu chuairt,
'S e gach oidhch' agus là gun tàmh, gun fhuireach,
Cur sgàil air cumhachd an t-sluaigh,
'S gam fàgail cho dall 's cho mall nam fuireach,
A' gealltainn tuilleadh 's an duais.

Ach, a charaid mo ghràidh, na tàmh 's na fuirich,
'S an t-àite feitheamh ort shuas.
Dèan oidhirp is spàirn tro fhàsach dhuilich
Bhon phlàigh mus sluig i thu suas.
Cuir d' aghaidh air Crìosd – 's E dìon nan uil' E,
'S e mhiann thu thilleadh le luaths,
'S a ghàirdeanan sìnt', gan sìor chur thugad,
Toirt mìle cuireadh dhan t-sluagh.

Many a kind, handsome youth lies in a cold bed under the mountainous waves of the sea. Their loving parents mourn them morning, midday and night; till they die their love will not be extinguished.

The evil Kaiser forced us to take up blood-stained weapons: the Enemy blinded him and he gave us a bitter draught to drink. We are in darkness as to whether we will win or lose: it is such a great torment, the harpstrings are over-wrought.

Sin made slaves of men since Adam's time. This bitter enemy of ours causes disorder everywhere he goes, constantly overcoming peoples' willpower by promising them great rewards, and leaving them blind and weak.

Do not delay, my friend, while a place awaits you yonder: strive in the harsh wilderness against the plague lest it swallow you up. Approach Christ. He protects all, and wants you to return to him soon. His arms are constantly outstretched to all.

Ged choisneadh tu 'n saogh'l gun saors' aig d' anam,
Dè th' ann ach faileas is sgleò,
'S gun sinn ach air chuairt 's nach dual dhuinn fantainn,
'S an uaigh gar tagairt le còir?
Na dèanamaid uaill à snuadh no maise,
No buaireadh beairteis no òir,
Ach annsan bha uair a chuairt air thalamh,
'S chaidh suas gu Cathair na Glòir.

Though you gained the world and your soul not saved, what is it but a shadow and delusion, since we are only transient visitors, with the grave beckoning us at all times. Let us not take pride in appearance or beauty, or in the temptations of riches or gold but in Him who once walked the earth and rose to the Throne of Glory.

AR TÌR 'S NA GAISGICH A THUIT SNA BLÀIR

OUR LAND AND THE HEROES WHO FELL IN BATTLE

Ar Tìr

Iain Rothach, Suardail, Leòdhas

Brat shneachda air mullach nam beann,
currac ceòtha mar liath-fhalt m' an ceann,
feadain is sruthain mòintich
a' leum 's a' dòrtadh,
's le torman a' sporghail measg gharbhlach nan gleann,
a' sporghail air ùrlar nan gleann,
aig còsan 's mu shùilean nam mòr-bheann,
fèidh ruadh', fir na cròice,
air sliosaibh fraoich ruadh-dhonn -
's i Tìr nan Gaisgeach a th' ann,
Tìr nam Beann, nan Gaisgeach 's nan Gleann,
's i Tìr nan Gaisgeach a th' ann.

Na Mairbh san Raoin (Geàrr-luinneag, 1917)

Murchadh Moireach, Am Bac, Leòdhas

Bu shunndach iad a' dol thar raoin na strì
Tha 'n sin nan laighe sìnt' an sàmhchair bhuain,
Bu bhlàth caoin-aiteal gràidh o mhaoin an crìdh'
Mus d' thaom dubh-dhìle bhàis gu shlugadh suas.
Le ùmhlachd dhaibh a thuit an teas a' bhlàir,
Gu socair, sàmhach, cladhaich uaigh ri 'n taobh,
'S nan èideadh-cogaidh adhlaic iad san àit'
An d' thuit ri làr le bàs don nàmh nan glaodh.
Tog tostach iad, do 'm b' euchdan òirdhearc cliù,
'S le mùirn is dàimh leig sìos an ceann san tàmh
Nach crìochnaich tìm tro shìorraidheachd an iùil;
Dùin suas an dachaigh, 's fàg an neòinean àillt
A' seinn am beus san deothaig mhilis chiùin;
'S mar chuimhneachan tog crois air laoich a bha.

Our Land

John Munro, Swordale, Lewis

Mantle of snow on the tops of the hills,
capped with mist like grey hair on their heads,
moorland burns and streams
leaping and gushing.
and noisily rummaging through the wilds of the glens,
rummaging through the floors of the glens,
tucked in the mountains' crevices and rounding their heels;
red deer, antlered stags,
on russet-brown heathered slopes –
such is the Land of the Heroes
The Land of the Mountains, the Heroes, the Glens,
such is the Land of the Heroes.

(Translation by Ronald Black)

The Dead in the Field (Sonnet, 1917)

Murdo Murray, Back, Lewis

With vigour did they cross the fields of strife,
who lie there stretched in eternal repose;
warm was their small portion of love from their heart's
riches before death's black flood overwhelmed them.
With reverence for them who fell in heat of battle,
gently, quietly, dig a grave beside them, and in their
battle-dress bury them where they fell, crying death
to the enemy. Raise them silently, whose wondrous
feats are famed, and with love and kindness lower their
heads into a rest unended by eternity. Close up the
home, and leave the lovely daisy singing their praise
in the sweet gentle breath of wind; and as a memorial
build a cross for the heroes that were.

Ar Gaisgich a Thuit sna Blàir

Iain Rothach, Suardail, Leòdhas

'S iomadh fear àlainn òg sgairteil,
ait-fhaoilt air chinn a bhlàth-chrìdh',
tric le ceum daingeann làidir,
ceum aotrom, glan, sàil-ghlan,
dhìrich bràigh nam beann mòra,
chaidh a choinneamh a' bhàis -
tric ga fhaireach' ro-làimh -
a chaidh suas chum a' bhlàir;
's tha feur glas an-diugh fàs
air na dh'fhàg innleachdan nàmh,
innleachdan dhubh-sgrios an nàmh, a chòrr dheth.

Ged bha cuid dhiubh, nuair bu bheò iad,
tric nach b' mhìn rèidh sinn còmhla,
Ò! thuit iad air còmhnard na strì.
Fhuair sinn sìnt' iad le 'm bàs-leòintean
an dust eu-dreach', na bha chòrr dhiubh,
nan laighe sìneadh mar mheòir-shìnt' -
smèideadh, stiùireadh,
sparradh ùr-oidhirpean oirnne,
strì air n-adhart, strì còmhla,
an taobh a thuit iad dol còmhl' rinn,
null thar còmhnard na strì.

Bi am chuideachd geàrr-ùin',
dùin do rosg-sgàilean air d' shùil
'n seòmar ionmhais do smaoin
's caoin-sholas òg-mhaidne, ciùin-mhaidne, òg-mhèis
ga lìonadh, a' briseadh tre uinneag a' chùil -
'n àite taighe, tadhal d' anma,
fasgadh cuspairean a' mhùirn,
an sin - tog, taisg dealbh orra

Our Heroes who Fell in Battle

John Munro, Swordale, Lewis

Many a handsome young man full of energy
openly welcoming from the warmth of his heart,
so often with step firm and strong,
step light, fresh and clean-heeled,
who climbed the slope of the high mountains
who went to face death –
often sensing it beforehand –
who went up to the battlefield;
and green grass grows today
on what enemy engines left
on what enemy engines of total destruction left over.

Though there were those, when alive,
with whom we often disagreed,
Oh! they fell on the Battlefield.
We found them lying with their fatal wounds
in formless dust, what was left of them,
lying stretched out like pointing fingers –
beckoning, guiding,
spurring us on to fresh efforts,
pressing forward, pressing together,
the very way where they fell when with us
they crossed the Battlefield.

Stay with me for a moment
close the lids on your eyes
in the treasure-house of your thoughts
with the soft light of young-morning, calm-morning,
    June-morning
filling, breaking through the back window –
instead of house, penetrating your soul,
enveloping the objects of love,
then – make, store a picture of them

nan laighe mar thuit san raon,
fairich, cluinn
an smèideadh, an cainnt rinn,
'n rùn-gnìomh air an tug iad an deò
suas, nan càradh
air an àr-làr,
air a ghlèidheadh dhuinn beò
mar gun snaidheadh fear seòlt'
cuimhneachain cloiche-gun-phris:
"Bi'bh deas gu leum 'n-àirde
le 'r ceum gaisgeil, neo-sgàthach, dàna,
bi'bh null Còmhnard na Strì,
na lagaichibh, bi'bh làidir,
bi'bh nam badaibh is pàighibh,
am fèin-mhuinghin leag gu làr dhaibh,
air adhart, air adhart;
seo an rathad,
cuir a' Bhratach an sàs
daingeann àrd
air Sliabh Glòrmhor Deagh-Sìth!"

lying as they fell in the field,
feel, hear
their beckoning, their speech to us,
the reflex in which they
expired, fixed
on the battle-floor,
preserved for us alive
as if some sculptor had hewn
marble memorials:
"Be ready to leap up
with your heroic, fearless, brave step,
cross the Battlefield,
don't weaken, be strong,
get at them and pay them back,
deflate their self-confidence
onward, onward;
this is the way,
plant the standard
firm and high
on the Glorious Hill of Good Peace!"

(Based on the translation by Ronald Black)

Stad Tamall Beag, a Pheileir Chaoil

Murchadh Moireach, Am Bac, Leòdhas

Stad tamall beag, a pheileir chaoil,
Tha dol gu d' uidhe; ged as faoin
Mo cheist – a bheil nad shraon
Ro-ghuileag bàis?
A bheil bith tha beò le anam caoin
Ro-sgart' o thàmh?

An làmh a stiùir thu air do chùrs',
An robh i 'n dàn do chur air iùil
A dh'fhàgadh dilleachdain gun chùl
An taigh a' bhròin,
Is cridhe goirt le osann bhrùit'
Aig mnaoi gun treòir?

An urras math do chlann nan daoin'
Thu guin a' bhàis le d' rinn bhig chaoil
A chur am broilleach fallain laoich
San àraich fhuair?
Na eubha bàis am beil an t-saors'
O cheartas shuas?

Freagairt

Nam shraon tha caoin bhith sgart' o thàmh,
Nam rinn bhig chaoil ro-ghuileag bàis,
'S an làmh a stiùir bha dhi san dàn
Deur goirt don truagh;
Ach 's uil' iad ìobairt-saors' on àird -
Tron Bhàs thig Buaidh.

Stop a Moment, Slender Bullet

Murdo Murray, Back, Lewis

Stop a little, slender bullet,
While speeding to your end; though vain
My question – is there in your wail
The forecry of death?
Is anyone alive with gentle soul
Pre-parted from rest?

The hand that sent you on your way
Was it predestined to put you on a course
That would leave unsupported orphans
In the house of grief,
And a bitter heart with sigh tormented
In a powerless wife?

Is it good surety for mankind
That your slender tip should fatally pierce
Some warrior's healthy breast
In the cold battlefield?
With his death-cry does there come freedom
From judgement above?

Answer

My wail is a keen for being parted from rest,
In my slender tip is forecry of death,
And the guiding hand was predestined to bring
Bitter tears to the damned;
But they are all freedom's sacrifice from above –
For through Death comes Triumph.

(Translation by Ronald Black)

AN COGADH AIG MUIR

THE WAR AT SEA

Òran don Naval Reserve

Aonghas MacEacharna, Haoidhnis, Tiriodh

A Rìgh, tha mi fo smalan dheth,
Gur airtnealach gun sunnd mi,
Bhon chuir mi suas am peitean gorm
'S an ribein dearg ga dhùnadh.

Sgrìob gun tug mi 'n bhaile seo,
Gun thachair orm luchd-dùthcha,
'S gun tuirt iad rium, "On tha thu 'd thàmh,
Gur h-e 'n Reserve is ciùird dhut."

Gun robh na tastain buaireasach,
'S an t-sìd' gu fuachd air tionndadh,
'S gun tuirt mi an guth beag rium fhìn
Gun dèanainn mìos co-dhiù dheth.

Nuair fhuair mi mo chuid phàipearan
Gun chuir mi m' ainm ri cùmhnant
Gun seasainn nàimhdean air a' chuan
Fad 's dhèanadh luaidhe 's fùdar.

Ach 's ann a fhuair mi 'n t-searbhag dheth
Le m' chlaidheamh deàlrach rùisgte,
Ri tionndadh char dhìom air gach làimh
Gus eil gach cnàimh dhìom brùite.

'S e 'n trusgan is neo-thaitneach leam,
Ged 's maidneach nì mi dùsgadh,
Mum faigh mi air gach gàdaig snaoim
Gun caith iad roinn de m' ùine.

Song of the Naval Reserve

Angus Mackechnie, Hynish, Tiree

Lord, I am unhappy ever since I donned the blue tunic with the red cords.

When I visited this town I met fellow Islanders who said to me, "As you don't have a job, you should be in the Reserve."

The money was tempting, and the weather had turned cold: I said quietly to myself that I'd try it for a month.

When I got my papers, I signed an agreement that I would face the enemy at sea as long as the ammunition lasted.

But I'm now sick and tired of it, carrying my unsheathed sword, having to turn this way and that until all my bones are bruised.

I hate the uniform: when I get up in the morning it takes so long to fasten it.

Mas e gun tig le armailtean
Na nàimhdean thoirt dhuinn dùbhlan,
Gur fheudar falbh, ge searbh an càs,
Chur air a' ghràisg ud fùidse.

Ma thèid thu 'n eilean chòmhnard ud
'S an cinn an t-eòrna sùghar,
Dèan innseadh dhaibh mi bhith fo phràmh,
Le gunna ghnàth ga giùlan.

If the enemies challenge us with weapons, one has to go, however hard, to defeat the rabble.

If you visit the low-lying wheat-growing island, tell them I am miserable at always having to carry a gun.

Amhran an Nèibhidh

Murchadh MacLeòid, Murchadh 'an 'ic Dhòmhnaill Bhig, Siabost, Leòdhas

An tèid thu leam air bhàrr nan tonnan
No 'n toir thu dhomh gealltainn,
An tèid thu leam dhan an long-chogaidh
Gus an tog thu m' inntinn.

Saoilidh balaich bhios ri cèilidh
'G èisteachd ris na chluinn iad
Nach eil ceàird as fheàrr na 'n Nèibhidh
Gus an tèid iad innte.

Innsidh mise lagh an Nèibhidh,
'G èirigh feadh na h-oidhche,
Mura freagair thu chiad eubha,
Ceusaidh iad fo chuing thu.

Chunnaic mis' am bruadar cadail
Mo leannan a bhith làimh rium
'S an uair a dhùisg mi às mo shuain
Bha 'n deice chruaidh fo m' ùilnean.

Thoir mo shoraidh gu mo leannan
'S gu gach caileag aoibhneach
Is innis dhaibh ma bhios mi maireann
Nach dèan Sasainn Gall dhìom.

Soraidh leis gach cnoc is leathad
A bha na mheadhan caoidh dhomh,
Far an d' fhuair mi m' àrach òg
An Siabost an Leòdhas.

Song of the Navy

Murdo MacLeod, Shawbost, Lewis

Will you come to sea with me, give me your promise?
Will you come to the warship with me in order to
raise my spirits?

Young lads listening to stories in the ceilidh-house
think the Navy is the best career – until they join.

I'll tell you the law of the navy – getting up during
the night and if you don't respond to the first call,
they clap you in irons.

I dreamed of my beloved by my side but when I
awoke I was lying on the hard deck.

Bear my greetings to my sweetheart and to all
our lovely girls and assure them that, if I live, England
will not turn me into a foreigner.

And greetings to all the hills and braes in the place
where I was brought up - Shawbost in Lewis.

Cabhlach an Rìgh

Uilleam MacCormaig, Muile (HMS Garry, 1914)

Buaidh agus piseach le 'r dùthaich
'S gach tìr tha dlùth dhith an dàimh,
Biodh sìth agus sonas is saorsa
Le saidhbhreas daonnan na làimh,
Gun dìochuimhn' a chur air a' chabhlach
Tha mar chearcall dian àlainn mun cuairt,
Ga dìonadh na cadal 's na dùsgadh
Gach latha 's gach oidhche 's gach uair.

Neo-lochdach mar uain air an achadh
Fhad 's tha sìth ann am beachd ar luchd-fuath,
Ach a leumas mar fhùdar on t-sradaig
Ma rùisgear an claidheamh à truaill.
Faic iad a' gluasad san astar
A' sgoltadh 's a' sracadh nan tonn,
Gach toiseach a' tolladh 's a' gearradh
Mar stiallas crann-àraidh am fonn.

An fhairge mhìn rèidh a tha romhpa
Ag èirigh na cnocan nan dèidh,
Borb-ghoil aig gach deireadh a' seudail
Mar uisgeachan steud-shruth nan leum.
Luchd-faire nan cladach 's nan cuantan,
Fìor bhuadhmhor, neo-luaineach, ro-threun,
Dian-lurach mu bhroilleach na dùthcha
Ga cumail gu cubhaidh, gun bheud.

The Royal Navy

William MacCormick, Mull (HMS Garry, 1914)

Victory to our country and her allies; may she always enjoy happiness, freedom and prosperity. And do not forget the navy, which is like a constant circle round her, protecting her night and day, in waking and sleeping.

They are as gentle as lambs in the field if the enemy chooses peace but they react like gunpowder to a spark once the sword is unsheathed. See them moving at speed, splitting and cutting the waves, their bows like a plough slicing the earth.

The smooth, calm sea ahead of them rises up like hills astern, churning in each ship's wake like leaping horses. The brave, skilful, steadfast men who watch over the shores and seas are devoted to the spirit of their country and to keeping it safe.

Tha bàs anns gach aon dhiubh an tasgadh,
Deas gu spùtadh na fhrasan air nàmh
Ge b' e àit' às an tig a' chùis-chòmhraig
No ged bhrùchdadh iad oirnn às gach àird.
Grad leumaidh iad mach bho 'm buill-cheangail
Mar ghathan an dealain cho clis
Nan tigeadh an t-òrdugh tron adhar,
"Faigh, agus loisg, agus sgrios!"

Sin thòisicheadh bùraich tur oillteil
Is donnalaich dhaoidh air gach taobh,
Ràn agus sgread nan lann-nimhe
Mar gu fosgladh Ifrinn a chraos.
'S bhiodh buaidh leis a' bhrataich ghorm-dhearg-gheal
Nuair thigeadh a' gharbh-chath gu crìch,
Bhiodh cliù agus urram sìor-ainmeil
Aig cabhlach ghrinn mheanmnach an Rìgh.

* * *

Guma fada bhios sìth feadh gach dùthcha,
Biodh an claidheamh na dhùnadh a-ghnàth,
Teann-cheangal air iall nan con bheurra,
Biodh tost air an deileann gu bràth.
Oir is cumhachdach cabhlach Rìgh Deòrsa
Trom-lannach deagh-threòraicht' gun mheang
'S e mo chomhairle dhlùth don Roinn Eòrpa,
Na dùisgibh an leòmhann gu feirg.

Each ship has a cargo of death ready to fire at the enemy wherever the attack comes from, even if it comes from all directions. They rush like bolts of lightning if the order comes over the airwaves to 'locate, fire and destroy'.

Then a terrifying roar and hellish howling begins all around, weapons whining and shrieking as if hell had opened its mouth. And the red, white and blue flag will be raised when the battle comes to an end, with lasting honour for the King's courageous navy.

* * *

Long may peace reign over all countries: may the sword be permanently sheathed, the leash of the shrill hounds tightened and their barking silenced forever. For King George's navy is powerful, well-equipped, well-managed and without fault. This is my solemn advice to Europe: *Do not rouse the lion to anger.*

Òran an Lamington

Gun urra

Tha fonn, fonn, fonn oirnn,
Tha fonn air na balaich seo,
Tha fonn gun bhith trom oirnn
'S sinn Outward Bound sa Lamington.

Is mise bha gu tùrsach
Nuair dhùisg iad às mo chadal mi,
Ag innseadh gun robh U-boat
A' tighinn cho dlùth 's gu stad i sinn.

Sin thuirt Dòmhnall Mhìcheil,
"Gu cinnteach feirear aiste sinn
Is cuirear sinn am prìosan
Gum bi sinn sgìth de Austria."

Fhreagair Gillebrìde,
"Cha toirear fhathast aiste sinn,
Tha bhratach dol gu h-ìseal
Ag innse dhuinn nach fhac' i sinn".

Is fhir a tha gun bhàta
Na tèid gu bràth don Lamington,
Is taigh-nam-bochd air chuan i,
Ò, fanaibh uaithe 's seachnaibh i.

Song of the Lamington

Anonymous

The boys are so happy -
Outward Bound in the Lamington.

I got a shock when they woke me with the news that
a U-boat was close enough to stop us.

Donald Michael said, "We're sure to be captured and
imprisoned till we are sick of Austria."

Gillebrìde replied, "They will not capture us - the flag
is going down, they didn't see us."

You who don't have a ship, don't go to the Lamington.
It is a poorhouse afloat: avoid it if you can!

Fàgail Bharry san Oceana

Iain MacAonghais, Iain a' Bhodaich, Rubha Bàn, Èirisgeigh

Fàgail Bharry san Oceana
Bha mi fo smalan 's cha robh e neònach,
'S ann dh'fhàg mi m' eudail an tìr na Beurla
'S mo chùrs' o Èirinn gu Ceap an Dòchais.

Ochòin, a chiall, gura mis' tha cianail
'S mi seo gam riasladh an iar air Tòraigh,
Le frasan fiadhaich is gèil' on iar-'eas
Is muirean cianail gun dìon gar còmhdach.

'S dol seachad Fastnet 's i cruaidh fo h-astar
Gun robh i marcachd nan tonnan mòra,
Le criutha sgairteal gu dian gabhail aiseag
'S nach bi fo airtneal ga cur an òrdan.

'S an Starboard Lifeboat gun d' nigheadh aist' i
'S cha bhi e cneasta ma bheir i an còrr bhuainn,
Tha bàta Cheusar air feadh Cuan Èirinn
'S an t-'operator' 's e air a 'challadh'.

'S a' dol gu h-ìseal an àm 'relievidh'
'S tu ghaoil, Theresa, cha bhi mi còmh' riut
'S e fàth mo chruadail gur fhada bhuat mi
Air bhàrr nan cuantan a' ruagadh bhòc-thonn.

Gur ann Diciadain a rinn i strìochdadh
'S a 'square' sinn sìos bha gach sian an òrdan
Is i 's a cùrsa air tìr nam Boers
Is mi 's mo chùlaibh ri m' rùn, an òg-bhean.

'S gach nì bha ciatach gun d' ghabh mi fiabhras
'S gun làigh mi sìos ann am piantan mòra
'S a' dol gu tuath nis 's e fàth mo chruadail
Na cnàmhan cruaidhe bhon dh'fhalbh an fheòil dhiubh.

Leaving Barry in the Oceana

John MacInnes, Rubha Bàn, Eriskay

Leaving Barry in the Oceana, I was dejected, and no wonder: I had left my darling in England and I'm now on my way from Ireland to the Cape of Good Hope.

I am miserable, being tossed about by the waves to the west of Tory Island, with squally showers and a south-westerly gale and huge seas soaking us as we have no protection.

Passing Fastnet at speed, she rode the huge waves, with her hardy crew putting everything into the crossing and happily keeping everything shipshape.

The starboard lifeboat was washed away. It will be a serious matter if any more are lost: the Kaiser's ships are in the Irish Sea, with operators on call.

I go down below when relieving and I think of Theresa. My love, I'm so sad that I can't be with you, being far away, racing the huge waves.

On Wednesday when the wind settled, we squared down and put everything in order. We are now on course to the land of the Boers, with my back to my lovely young sweetheart.

When everything seemed favourable I caught a fever and I had to lie down in great pain. Now, as we go northwards, I am in pain because the flesh has wasted away from my hard bones.

SEALLADH BHON DACHAIGH

THE VIEW FROM HOME

Balaich a' Chogaidh

Màiri NicLeòid, Màiri nighean Thormoid Mhòir,
Tolastadh bho Thuath, Leòdhas

Ò, nam bithinn òg, chuirinn òran ann an dàn,
Chuirinn rainn an òrdugh do na seòid a th' anns a' bhlàr,
Tha seasamh taobh na rìoghachd 's na mìltean dol gu bàs
Mar sheirbheisich ro dhìleas 's cha dhìobair iad sa chàs.

Nuair thèid mi don doras 's nì mi seasamh aig a' chruaich
Is a chì mi sràid a' chladaich, tha i leam cho falamh fuar,
Chan fhaic mi fiù 's na h-iasgairean am-bliadhna ri dol suas
'S na h-eathraichean cho cianail 's an siaban orra mun cuairt.

Ach is duilich, duilich, duilich mi 's gur duilich mi gach uair
Is mo smaointean air na gasain chaidh an sgapadh fada
bhuainn,
Is nuair thig a-steach an samhradh, tha e teanntainn oirnn
gu luath,
Cha chuir iad bàt' an òrdugh a nì seòladh air a' chuan.

Ach Ò, gur e an cogadh thug an cadal uam fhèin
Is mi smaointinn air cho àmhghaireach 's tha mac mo bhràthar
fhèin,
Na shìneadh anns na trainnsichean 's na nàimhdean air gach
taobh,
Is e an Tì sin a tha riaghladh a dhìonas tu gu fìor.

Thèid mi cuairt do Shasainn is thèid mi tarsainn don a' Fhraing
A shealltainn air na balaich tha am falach anns an trainns',
Tha mo bheannachd aig na seòid a bhiodh an-còmhnaidh
còmhla cruinn
Mun sgap a' bhiast don Òlaind iad 's don Ghearmailt mhòr
a-null.

Is mo mhallachd aig a' Cheusar!

The Lads at War

Mary MacLeod, North Tolsta, Lewis

If only I were young I'd compose a song, I'd put verses together for the heroes who are fighting for their country, despite so many being killed. They are faithful servants who will not surrender in the face of danger.

When I go outside and stand by the peat-stack, I see the shore road cold and empty. There are no fishermen there now and the boats look forlorn with the seaspray washing over them.

Sad, sad, sad am I, sad at every hour, thinking of the young men who have been scattered far from us. When summer comes as it soon will they will not be here to man the boats or to put them to sea.

Alas, the war has stolen my sleep, as I think about the suffering of my own nephew, lying in the trenches surrounded by the enemy: only the One who rules us all can truly protect you.

I will travel to England and across to France to visit the boys who are concealed in the trenches. My blessing to the lads who used to be together until the beast scattered them to Holland and to great Germany.

Cursed be the Kaiser!

Òran air a' Chogadh 1914-18

Mairead NicLeòid, Tolastadh bho Thuath, Leòdhas

Sèist: *Ò, nach mise tha sgìth, ag èirigh 's a' laighe leam fhìn*
'S nach urrainn dhomh gun a bhith 'g ionndrainn
Gu h-àraid mo chompanach fhìn.

Ò, nach cianail ri aithris san latha sam bheil sinne beò,
Cha chualas a-riamh air an talamh a leithid de chogadh cho mòr,
'S a leithid de innealan sgriosail nach cualas idir an seòrs'
Ach is coltach gur iomadach bliadhna bho bhathas gan dèanamh fo chleòc.

Is tric a chuala mi m' athair ag ràdh nuair bha e beò
Gur h-iongantach mun tigeadh an latha 'm biodh na h-uile fo dhaors',
Ach chaidh e fhèin a thoirt dhachaigh mus tàinig an latha gu crìch,
'S tha e nis sàbhailt' aig caladh 's cha chluinn e claidheamh no strì.

Is ann air feasgar na Sàbaid a chualas an naidheachd le foirm
Gun robhar gur togail 's gach ceàrnaidh gu seasamh bhur n-àit' anns an arm,
Ach is ann am portan an iasgaich bha 'n sealladh bu chianail gu dearbh
An àm do na trèanaichean gluasad 's a bhathas gur fuadach air falbh.

Sibhse tha sgapt' feadh an t-saoghail, anns an Òlaind 's an Sìonaidh tha thall,
Tha cuid dhibh aig' ann am prìosan, glaiste mar chaoraich am faing.
Feuch an gabh sibh bhur tìd' ann, 's an rìoghachd ri strì aig an àm,
Ach Ò, biodh bhur sùil ris an Rìgh aig a bheil iuchair na sìth na làimh.

Ò, ged dh'fhàg mi mo bhràthair, chan e nach cuimhnich mi e
Oir tha e muigh anns gach gàbhadh is cunnart, a ghràidh, às do dhèidh,
Ach is ann air a' mhuir tha mo chrìdh'-sa, is èiginn dhomh innse sin dhuibh,
Ò, gun tilleadh iad sàbhailt' le beannachd nan gràs air an cinn.

Thug sinn ùine bha fada mus d' fhuair sinn facal às àit',
Gun fhios an robh thu beò air do chasan no idir an robh thu nad shlàint',
Ach is ann sna pàipearan-naidheachd a chuala sinn fios mar a bha,
Gur ann aig na h-Eileanan Falkland a bha sibh fo chuing ann am blàr.

Song of the War 1914-18

Margaret MacLeod, North Tolsta, Lewis

Chorus: *I am constantly depressed, going to sleep*
and getting up on my own,
unable to stop thinking of my companion.

This is a melancholy time. Never before has there been such a war, with so many unheard of weapons of destruction, which they had been secretly designing and producing for many a year.

I often heard my father say that we would all be in bondage some day but he himself was taken home before that day came and now he is safely in harbour, unaware of the noise of weapons and war.

It was on the Sabbath evening that we heard you were being called up to the army. It was a sad sight when the trains began to leave the fishing ports, carrying you all away.

You are scattered overseas in Holland and China, some in prison camps, locked up like sheep in a fank. Take your time there since this country is in dire straits: turn your eyes to the King who has the key to peace in his hand.

Although I haven't mentioned my brother, I have not forgotten you, my dear, for you face great danger and suffering. But I confess that my heart is focused on the sea. Oh, may they safely return, guided by the blessing of grace.

We waited so long, not knowing whether you were alive or well. It was from the newspapers that we learnt what had happened, that you were at the Falkland Islands in the yoke of battle.

Ò, cha b' fhair' orm Ceusar a thoirt air a' bhèist mar ainm,
Is iomadh crìdh' rinn e reubadh a bha glè threubhant' a' falbh.
Mas e 's gum faigh sibh gu Berlin 's ur brataichean fhèin chur air seilbh,
Cha chreid mi nach cuir sibh e 'm prìosan às nach fhaigh e ri shaoghal
air falbh.

Is tric mi le smaoin air a' bhanntraich a tha ri caoidh leatha fhèin,
Gun mhàthair, gun chuideachd ach gann aic', b' adhbhar dhi ionndrainn
sin fhèin,
Cha b' iongnadh a cridhe bhith fann nuair a leugh i a sgeul-creiche fèin,
B' ainneamh a chitheadh air sràid a' coiseachd cho àlainn ri cheum.

Nuair a chaidh sibh gu Action is cianail an sealladh a bh' ann,
Bha sibhse air ur sgapadh bho chèile mus biodh sibh fhèin air ur call,
Nuair fhuair sibh òrdugh air losgadh is na nàimhdean agaibh cho cruinn
Is ann sheas gach fear dhibh cho duineil, is e Admiral Sturdee bha leibh.

Ò chàirdean, nach sibh a tha suaimhneach' nur laigh air a' chluasaig tron
oidhch'
An uair a tha balaich ur dùthcha a-muigh fon bhùrn anns an trainns',
Tha cuid de mo nàbaidhean fhìn ann is cuid de mo dhìlsean 's mo dhàimh
Is Ò, gun tilleadh iad sàbhailt' a-mach às gach gàbhadh is teinn.

'S an uair bhios mi fhìn anns an leabaidh a' smaointinn an fhir a tha
bhuainn,
Na laighe gun chluasaig, gun phlaide 's nach fhaigh e an cadal ach gann,
Ach is tric a chuala sinn iomradh air fear glè ghluasdach air chainnt,
Is a dh'aindeoin gach strì agus buaireas cha toir iad a' bhuaidh oirnn
a-chaoidh.

Is truagh nach tigeadh an latha as am bitheadh gach bail' ann an sìth,
Is gun cluicheadh an leòmhann 's an leanabh aig toll na nathrach san raon,
Is gun itheadh a' bhò 's am math-ghamhainn sìol às an amar mar aon,
Is gun sguireadh gach rìoghachd a chòmhstri, is iomradh air cogadh nach bì.

Ged a dh'fheuch mi ri òran, cha b' e gum bu chòir dhomh san àm
Oir cha bu bhàrd mi bho m' òige is chan urrainn mi mòran chur cruinn,
Cha d' fhuair mi sgil air a dhèanamh 's chan eil mi glè gheur na mo
chainnt
Is gun fhios bheil mi ceart na mo chòmhradh chan urrainn mi an còrr
a thoirt dhuibh.

I do not hesitate to call the beast Kaiser by name since he has torn brave hearts asunder. If you reach Berlin, planting your flags to show you are in control, I am sure you will imprison him for life.

I often think of the widow mourning alone, motherless, short of company. No wonder her heart was weak when she read the news that devastated her: rarely could be seen walking the streets a man of such elegant step.

What an awesome sight when you went into action. You were spread out so that you wouldn't all be lost. When you had your enemy surrounded and were ordered to fire, all of you fought bravely, with Admiral Sturdee in command.

Friends, how comfortable you are on your pillow at night, while the boys of your country are soaked in the trenches. Some of my neighbours are there and some of my kith and kin. Oh, may they safely return from all dangers and distress.

And when I'm in bed I think of him who is far away, lying without pillow, without blanket, scarcely managing to sleep. A man very eloquent of speech. Despite all the struggle and torment they will never gain victory over us.

I long for the day when we are all at peace, and the lion and child can play in the den of the serpent, and the cow and the bear will eat from the same trough, and all countries will cease fighting and war is pursued no more.

Although I've tried to write a song, I should not have done so as I'm not a poet. I was not blessed with that skill and my language is not very clever, so I will say no more.

Òran Cogaidh

Raonaid NicFheargais, Tarasaigh, Na Hearadh

Is làithean brònach a th' ann,
Dh'fhannaich gach cosnadh a bh' ann,
Chan fhaic mi an-diugh tighinn don àite
Ach eallaich de phàipearan Galld'.

Cha bheathaich siud mnathan is clann,
Feumaidh sinn Creideamh san àm,
'S iad innleachdan mallaichte a' Cheusar
A tharraing gu lèir oirnn an call.

Chuala sibh uile 's gach àit'
Mun chroich a rinn Hàman mu thràth,
Tha an Ceusar a' togail dhuibh t'èile
Ach chan eil i gu lèir aig a h-àird.

Cha do chruthaicheadh teang' ann an ceann
A dh'innseadh mun chogadh a th' ann,
Na tharraing e dh'olc air gach rìoghachd
Is na dh'fhàg e de dhilleachdain annt'.

Thàinig an glaodh ud chum bàis,
Ràinig e ìosal is àrd.
Dh'fhàg iad an dachaighean rìomhach
Is leagadh na mìltean sna blàir.

Tha iomadh bliadhna is là
Bhon thòisich thu suidheachadh bhlàr,
'S a dh'aindeoin 's na cleachd thu de dh'innleachd
Cha tig thu d' ar rìoghachd gu bràth.

Is iomadh bliadhna is linn
Bhon dh'innis an fhìrinn siud duinn,
Gun èirich cogadh 's gach rìoghachd
Mun ruig sìth sinn a mhaireas a-chaoidh.

Song of the War

Rachel Ferguson, Taransay, Harris

These are sad days. All our sources of livelihood
are diminished: all I see coming to this place now
are bundles of mainland papers.

That will not sustain women and children. We need
faith. It is the Kaiser's cursed plans that have
brought this loss on us.

You have all heard of Haman's gallows:
the Kaiser is constructing another but it is
not yet complete.

There is no tongue that can tell the full horror of his
war, the evil he has wrought on all countries and the
number of orphans he has created.

There came the call to face death. It affected
everybody: they left loving homes and thousands
were killed in battle.

You had planned this war for many years but despite
your cunning you'll never get as far as our country.

We were told long ago in the gospels that wars
would take place everywhere prior to the everlasting
peace.

Na smuainich sibh idir an ràdh
Nach eil iomadh Maois anns gach àit'
Tha tagradh a là is a dh'oidhche,
Cho dìleas ri saighdear aig blàr.

Nach tigeadh an cumhachd bhon Àird
A chaisgeadh na tuinn ann an tràth,
'S gun Aige ach am facal a labhairt
Mar thachair san luing air an t-sàl.

Chuala sibh uile 's gach linn
Am mìorbhail a rinn E san luing,
Nuair bha iad an impis bhith caillte
Chiùinich Esan daibh fairge is tuinn.

Mo chluas ri claistinn gach tràth,
Chluinntinn na sìth tighinn bhon Àird,
Oir cha dèan innleachdan rìghrean
An nàmhaid a chlaoidh anns na blàir.

Is mìorbhail iongantach a th' ann
Ma thilleas sibh thugainn a-nall
Am measg nan lasraichean puinnsein
'S na peileirean dian-ruith mu 'r ceann.

Gur iomadh crìdh' tha fo chàs
Cluinntinn thaighean-leighis bhith làn,
Is a' chuid dhiubh nach gabhadh an giùlan
Chuir an nàmhaid gu brùideil gu bàs.

Cha d' àraicheadh crìdh' ann an com
Nach leaghadh an sealladh tha trom,
Tha spreadhadh nam peilear mòr ùra
A' dùsgadh dhaibh uaighean sa pholl.

Cha chuala mi leithid nam là,
'S mi nise ceithir fichead 's a dhà,
Is m' aghaidh gu dlùth air mo dhachaigh,
A' feitheamh an aiseig gach tràth.

Have you not thought of the saying that there are many like Moses everywhere, praying night and day, as loyal as a soldier in battle?

Oh, would that the order came from on high that would quell the waves. He has only to say the word, as happened in the boat on the lake.

You have all heard of the miracle performed in the boat: when they were about to founder He calmed the sea and the waves.

I constantly listen out for peace coming from on high because all the ingenuity of kings will not by itself overcome the enemy in battle.

It will be a miracle if you get back home from the turmoil of poisonous flames and bullets flashing round your heads.

It is sad to hear about hospitals being full and that those who could not be carried were brutally killed by the enemy.

The sight would melt anyone's heart. The explosions of giant shells create graves in the mud.

I have never heard anything like it, although I am now eighty two and waiting for the passage to my eternal home.

Leòdhas ann an àm a' Chogaidh

Murchadh MacLeòid, Leòdhas

Tha Leòdhas cianail 's chan iongnadh dad deth,
Tha faire 's bròn ann is mòran gearain,
'S tha mnathan òg' ann ri caoidh nam fearaibh
A chaidh don Arm 's nach till air ais thuc'.

Bho mhàs na Càbaig gu sàil na Hearadh,
Bho Rubha an Tiompain 's an taobh an ear deth
Gu cladach Lìonail is sliabh nan Lochan,
Thriall na daoin' às, 's gun sgeul air mac ac'.

Chan fhaic thu càil ann ach mnathan laga
'S bodaich chrom agus clann na sgoile,
'S gach aon a' caoidh dhiubh o dh'fhalbh na curaidh
'S fios is cinnt ac' nach till iad uile.

Air madainn Shàbaid ri dol don choinneamh
Chan fhaic thu càil ann ach òigridh bhoireann
'S gach tè le gruaim oirr' bho dh'fhalbh na gillean
'S eagal mòr orr' nach till iad tuilleadh.

Dar thèid mi 'n-dràsta gu bàrr a' chladaich,
Chan fhaic mi bàta air bhàrr na mara,
'S ann tha iad dìomhain an cliathaich caladh,
'S na fir gun sgeul orr' a bhiodh gam fannadh.

Chan fhaic thu iasgair a' tighinn bho chladach,
Le sgùil is lìon innt' air cùl amhaich,
'S ann tha 'd am-bliadhna sna luingeis-chogaidh,
'S teine nàmhaid chan fhàg e fois ac'.

Lewis in Time of War

Murdo MacLeod, Lewis

Lewis is sad and mournful and that is no wonder. Young women weep for the men who left for the army and will not return.

From the foot of the Càbag to the heel of Harris, from Point to the shores of Lionel and the Lochs moors, they have gone away never to return.

All you can see are helpless women, old men and school children, mourning the heroes who have gone away, knowing they will never return.

On Sunday morning you see only young women going to church, grieving since the lads have gone and afraid they will not return.

When I go to the shore I see no boats on the sea. They are idle in harbour, with no sign of the men who manned them.

You see no fishermen carrying baskets of fishing lines. This year they are in the warships, constantly exposed to enemy fire.

Thuit mòran marbh dhiubh air fairg' 's air fearann,
Ri aghaidh nàmhaid gun sgàth ro theine,
'S a cheart cho cinnteach ri grian is gealach
Bidh iomradh sgrìobhte san tìm tha teachd orr'.

Air oidhche gheamhraidh ged bhiodh i soilleir,
Chan fhaic thu suirghe 's cha chluinn thu fead ac',
'S ann tha iad uile an trainns' a' chogaidh
'S tha iomadh màthair le cridhe goirt aic'.

Chan eil mi 'g ràdh, ma bhitheas tu furachair,
Nach fhaic thu 'n-dràsta fir chràiteach, chiorramach,
'S fear no dhà dhiubh ri falbh na h-ionnaraidh
Le deis' an t-saighdeir bho bhonn gu mullach orra.

Ach 's e mo dhùrachd 's m' ùrnaigh mhaidne
Gun tig iad sàbhailt' dar bhitheas e seachad,
'S gum faigh iad nuairsin an luaidh is math leoth'
Is taighean-còmhnaidh 's pailteas fearainn.

Nì mi dùnadh le dùrachd mhath thuca
Is dòchas dùbailt' gum bi iad flathail ann,
'S gum bi iad ag ùrnaigh ri Ùghdar Flaitheanais
Gum bi iad sàbhailt' nuair thig an aiseirigh.

Many of those who fearlessly faced the enemy on sea and on land are now dead. As sure as the sun and moon, their story will be written in the time to come.

They don't go courting on the winter nights.
You won't hear their whistling. They are all in the trenches of war and many mothers have aching hearts.

If you wait you might see men who've been injured out walking in the evening, some of them in uniform.

But my wish and morning prayer is that they all return safely and that they receive the praise they deserve and the houses and land they have earned.

I end by wishing them well, hoping they will be victorious, and that they pray to the Creator of Paradise that they'll be saved when the resurrection comes.

Eilean Beag Donn a' Chuain

Dòmhnall Moireasdan, Dòmhnall 'an Moireasdan,
Bràgar is Duluth

Hì rì o rì, togaidh sinn fonn
Air eilean beag donn a' chuain,
Eilean beag Leòdhais, dachaigh nan seòid
A chumas an còmhrag suas.
Eilean nan tonn a dh'àraich na suinn
'S a chuidich an Fhraing gu buaidh,
Còmhla ri chèile togaidh sinn fonn
Air eilean beag donn a' chuain.

Bha Ghearmailt ealamh 's i sealladh mun iar
'S an domhain ma b' fhìor na dòrn,
A rùn air cogadh 's i togail a sàth
De chaistealan àlainn ceò.
Clach-stèidh am bunait air gainneamh na tràgh'd,
Am mullach gu h-àrd sna neòil,
'S earball-sàil na h-Iuthairn' a h-àit'
Nuair thig am muir-làn na còir.

A Dhia, bi maille ri muinntir a' bhròin,
'S na fir a tha leòinte tinn
Bho ìnean guineach na h-iolair' a bhòc
Air fuil agus feòil do chloinn.
Tha gaoth an fhir-mhillidh na itean 's a' chròg
A' druideadh mu sgòrnan teann,
Tha 'n leòmhann a' fàsgadh Uilleam a Dhà
Is spiolaidh i chnàmhan lom.

Little Brown Isle of the Sea

Donald Morrison, Bragar and Duluth

Hì rì o rì rì, let us sing the praises of the little brown isle of the sea, the Isle of Lewis, home to heroes who will keep up the fight. This wave-lashed island raised the heroes who are helping France towards victory: together we will sing the praises of the little brown isle of the sea.

Germany was ready, looking to the west, the world apparently in its grasp, seeking war and building beautiful castles in the air. Their foundation was the sand of the beach, their roof was up in the clouds and their final resting place, when the tide comes in, will be hell.

Lord, be with those who are sorrowful and the men who are wounded and sick, all those injured by the venomous talons of the puffed-up eagle which attacked your children. The devil's wind is in its feathers, and a fist tightly clasps its throat; the lion is strangling Wilhem II and will strip his bones bare.

Do làmh, a charaid, gu Eilean a' chuain
'S a h-eallach cho cruaidh is trom,
Tha 'm bàs le cabhaig a' sgathadh 's a' buain
Gun duine nì suas an call.
Tha 'n òigridh sgoinneil a sheòlas na caoil
An àite nan laoch a bh' ann,
Gun bhonaid, gun bhròig a' siubhal nan raon
An Eilean an Fhraoich ud thall.

Ò, 's làidir na bannan gam tharraing a-null
Gu Eilean beag donn MhicLeòid
'S gu stiùir mi gu h-ealamh gu caladh mo long
Nuair ruigeas mi ceann mo lò.
'S ma ghreimicheas m' acair ri Carraig nan Àl,
Bidh m' anam tighinn sàbhailt' beò,
Mo shiùil air am pasgadh am fasgadh Chill Sgàir
Le m' athair 's mo mhàthair chòir.

Give me your hand, friend, for the sea-girt isle carrying a burden so heavy and hard; death in haste is cutting the crop with no-one to make up the loss. The splendid youths who will sail the seas in place of the heroes who have gone are walking the moors without bonnets or shoes over there in the Heathery Isle.

Strong are the bonds which tie me to the little brown isle of the MacLeods and I'll steer my ship to its harbour when I reach the end of my days. And if my anchor clings to Carraig nan Àl, my soul will be safely home and my sails will be furled in the shelter of Cill Sgàir beside my dear father and mother.

Amhran Dhòmhnaill Dhuinn

Dòmhnall MacÌomhair, A' Chnìp, Ùig, Leòdhas

Chaidh Austria 's an Turcach leis an Trustar an co-bhoinn,
'S e an dùil 's gu sgrios e 'n rìoghachd seo le innleachdan 's le foill.
'N sin dh'èirich suas Bulgaria, 's gum b' eucorach siud dhaibh,
A chogadh leis a' Cheusar, ach thèid breunan chur an cuing.

Bha mòran dha mo chàirdean bha sna tìrean fada thall,
'N Ameireagaidh 's an Astràilia, a dh'fheumadh tighinn a-nall
Gu dìon na rìoghachd mhàthaireil nuair bha i ann an teinn,
'S gun tug iad brod an fhàsgaidh orr' sna blàir a bha san Fhraing.

Tha 'n Kent is an Orama le mo chàirdean fada thall
'S gu robh iad anns a' bhatal bh' aig na Falklands a-raoir,
Chuir iad sìos an Dresden nuair bu sgaiteach i gu call
'S gun shinc iad an Navarra - guma slàn thig sibh a-nall.

Chaidh mòran dhe na balaich chur a dh'Antwerp chun an Arm,
Bha am baile dol na thein' orra 's gum b' èiginn teich air falbh,
'S a' chuid a chaidh dhan Òlaind dhiubh, cha mhòr nach robh iad marbh,
'S a' chuid a ghlac an Ceusar dhiubh gun tug e fhèin air falbh.

Tha Arm againn cho snasail 's tha an-diugh anns an Roinn Eòrp',
Na balaich leis na fèilidh 's gum b' e iad fhèin na seòid,
Cho deas air ceann na bèigeileid, 's gach fear le eubha mhòr
Nuair choinnich iad aig Ypres, ged a ghèill iad cha b' e 'n deòin.

'S a' chuid a bha san Fhraing dhiubh, neo-ar-thaing nach robh iad sgìth,
Cogadh anns na trainnseachan ri dìon ar cinn dhuinn fhìn,
'S am beagan bhios air fhàgail dhiubh gus tilleadh beò dhan tìr
Gu lùiginn Crois na Bànrighinn fhaicinn orr' le làmh an Rìgh.

Dòmhnall Donn's Song

Donald MacIver, Kneep, Uig, Lewis

Austria and the Turks allied themselves to the Wretch who expected to destroy this country with his evil plans and guile. Bulgaria also decided, without just cause, to fight with the Kaiser, but the evil one will be defeated.

Many of my relatives in America and in Australia had to come over to defend the motherland when it was in trouble, and they attacked the enemy magnificently in the battles in France.

The Kent and the Orama have my relatives in their crews and were involved in the Battle of the Falkland Islands. They sank the Dresden when it was most dangerous - and the Navarra also. May you return safely home.

Many were sent to Antwerp as part of the army but the city was on fire and they were forced to flee. Those who went to Holland almost died and the Kaiser took away those he captured.

We have an Army as accomplished as any in Europe. The boys in kilts are the heroes. They are skilful with the bayonet, screaming loudly when launching the attack at Ypres: though they retreated, they didn't do so willingly.

Those fighting to protect us in the trenches of France are exhausted: the few who survive to return to this country should receive the Queen's Cross from the hand of the King.

Ach 's ann tha an cliù gu lèir aig an Nèibhidh thug a' bhuaidh
Is a sheatlaig ris a' Cheusar gus na ghlas e fhèin i suas,
Bha iuchair na h-Atlantaig ac', 's i fosgailte dha shluagh,
Ach chan fhaigh e bhuaidh air Breatainn gus am paisgear e san uaigh.

Tha an là a-nis a' tighinn 's gabhaibh misneachd, 'illean chòir,
Nuair bhios gach fear fo sgaoil agaibh 's a gheibh sibh saorsainn mhòr
'S a chluinn sibh gum bi 'n Ceusar le sèineachan mu dhòrn
Ann am prìosan St Helena agus sìth anns an Roinn Eòrp'.

Ged bha an Ceusar brùideil gum b' e a' chuis-bhùirt e fhèin,
Le 'government' de shùlairean, is dùil aige gu lèir
Gun toir e buaidh air Breatainn, ach chan fhaic e sin ri rè,
Is rinn e dùthaich Luther na cùis-bhùirte fon a' ghrèin.

Bheir muinntir Bhelgium fianais air do ghnìomharan gu lèir,
Tha cunntas aig an Trianaid ort, 's e sgrìobht' an Leabhar Dhè,
Chan eil murt a ghnìomhaich thu nach dìolar ort da rèir
Is gheibh thu tron an t-Sìorraidheachd a rèir do ghnìomh'ran fhèin.

But all praise to the victorious navy which got the better of the Kaiser until he locked up his own ships. They possessed the key to the Atlantic but he will not defeat Britain until he is placed in the grave.

Take courage, the day is now dawning when you will have routed them all and won freedom and you hear that the Kaiser is in chains in St Helena and there is peace in Europe.

The Kaiser was brutal: he was a disgrace with his government of gannets. He hoped to defeat Britain but he did not achieve that and he made Luther's land a laughing-stock everywhere.

The Belgians will bear witness to your deeds. The Trinity knows about you, as is written in God's Book. You will be punished for your murderous deeds and you'll pay for your actions throughout Eternity.

Gillean Mhùideart

Iain Dòmhnallach, Gleann Ùig

'Illean Mhùideart, gillean treuna,
Gum bu slàn leibh 's gach àite an tèid sibh,
'Illean Mhùideart a dh'fhàg an dùthaich
Gu cridheil sunndach, nach diùltadh èirigh.

'S iomadh oidhche chridheil, shunndach
A bha sibh còmhla mun d' fhàg sibh Mùideart,
A bhiodh sna bailtean 's a dhannsadh àlainn
'S cha robh an àicheadh a' dol air ùrlar.

Gillean smearail a bha dìleas
Mar bu dual dhaibh a bhith bhon sinns'reachd,
A sheas gu cuanta 's a bha rìoghail,
A' geàird na rìoghachd riamh bhon nàmhaid.

Gillean millteach nach gabhadh strìochdadh
A chùm an Rìoghachd 's gach nì bha riat'nach,
A sheas ri stàirneachd 's iomadh ànradh
'S a chlaoidh an nàmhaid a dh'fhàs ro lìonmhor.

Gillean calma a sheasadh fuaradh
'S a tha daonnan a' siubhal chuaintean,
Tha còmhlan òg dhiubh 's iad aontach còrdte
Fon bhrataich bhòidhich air bòrd san Nèibhidh.

'S e fliot na Gearmailt a fhuair am bualadh,
'S ann aig Iutland a chaidh an ruaig orr',
Bha Beatty 'n òrdugh 's e dol mun cuairt dhaibh
'S gun d' rinn e targaid dhen tè bu luaithe.

The Lads of Moidart

John MacDonald, Glenuig

Brave lads of Moidart, may you prosper wherever you go, sons of Moidart who left the country in high spirits and who'd never refuse to play your part in battle.

Many a happy night we had in the villages round about before you left, dancing lightly and never shy to take the floor.

Strong and brave, as was their heritage, they stood proud, loyally guarding their country against the enemy.

Courageous lads who wouldn't yield in defending their country, standing up to oppression and violence, and matching the increasingly numerous foe.

Strong lads who could weather the storm and who were used to sailing the seven seas, they are now united under the brave banner of the navy.

The German fleet was attacked and put to flight in the Battle of Jutland. Beatty was in command and he surrounded them, targeting the fastest.

Gun toir Breatainn air gun strìochd e
Is gun dèan e suas na fiachan,
Gum bi e searbh dha mum pàigh e 'n t-ainbheach,
'S an St Helena nì e an cunntas.

'S chaidh an Ceusar a chur air fògradh
Às a' Ghearmailt a-nunn dhan Òlaind,
Gur iomadh màthair a dh'fhàg e brònach
Agus tè a chaill a cèile pòsta.

'S bidh sinn beò an dòchas làidir
Gun tèid an Ceusar, e fhèin 's a chàirdean,
A chur an iarainn gun tèid an strìochdadh
San eilean fhiadhaich mun iadh an sàile.

'S e mo dhùrachd gun till sibh sàbhailt'
Dh'ionnsaigh 'n àite san deach ur n-àrach.
Tha cuid diubh ìosal 's iad fuar nan sìneadh
A bha ro dhìleas do thìr nan àrd-bheann.

'S bidh mi tuilleadh gu tùrsach deurach,
A' caoidh na h-òigridh bhiodh leam air chèilidh,
Na gillean òga bha daonnan còmh' rium
A' seinn nan òran 's bu mhòr mo spèis dhiubh.

Britain will force them to surrender and to repay their debts; the Kaiser will suffer by the time he's paid them and in St. Helena he'll count the cost.

The Kaiser has been banished from Germany to Holland. He caused sorrow for many mothers and deprived many women of their husbands.

And we live in earnest hope that the Kaiser and his relatives will be put in irons in that wild sea-surrounded island when he surrenders.

My wish for the lads of Moidart is that you return safely to the place where you were brought up, though some of those who were most loyal have already been killed.

I will forever be sad and mournful, grieving for the youths who enjoyed ourselves together once and whom I so admired.

Gur Bòidheach na Gillean

Seonaidh Caimbeul, Ormacleit, Uibhist a Deas

Gur bòidheach na gillean, na gillean, na gillean,
Gur bòidheach na gillean a dh'imich thar sàl,
Gur bòidheach na gillean a sheòl bhuainn à Uibhist
'S e dùrachd gach fine gun tilleadh 'ad slàn.

Aig Mons ann am Belgium mun do thàrr sibh cead sealltainn
Bha an Gearmailteach trang 's a chuid champaichean làn,
Na milleanan sluaigh aige 's dùil aig' ur cuartachadh,
'S b' èiginn dhuibh fiaradh gu luath chon na Marne.

Cha robh inneal na innleachd a smaointicheadh inntinn
Nach robh 'n Ceusar a' snaoim gus an rìoghachd seo
    chnàmh,
Na stadadh e 'm biadh oirnn 's e rud bu mhiann leis
Is lìon e 'n Cuan Siar le iarainn a' bhàis.

Bha dùil aig' as t-Earrach gum bitheadh e an Sasainn
'S gum bitheamaid aige ann an glacaibh a làmh,
Ach 's beag a bha dh'eagal na chùram do Bhreatann,
Bha saighdearan deiseil 's a h-eathraichean làn.

Na Camshronaich ainmeil bha riamh feadh nan garbhchnoc,
Is fhad on là dhearbh iad gur Albannaich 'àd,
'S mo chridhe bha ciùrrte nuair chuala mi chunntais
A thuit dhiubh aig Loos 's nach dùisg gu Là Bràth.

Le 'n fhèilidhean breaca 's am bonaidean cochte
Bha 'àd-san air thoiseach a' brosnachadh chàich,
'S e sealladh bha cianail na chuir sibh dhan t-sìorr'achd
'S ged chaill sibh na ceudan cha strìochdadh sibh dha.

Handsome are the Lads

John Campbell, Ormiclate, South Uist

Handsome are the lads who went overseas,
the lads who sailed from Uist:
their safe return is the wish of all.

At Mons in Belgium, before you had time to look around the Germans had been busy and had their camps in place. They had millions of troops with which they tried to surround you, so you were forced to retreat to the Marne in great haste.

Every imaginable device and weapon was assembled by the Kaiser to wear down this country. To deprive us of food, he packed the Atlantic with instruments of death.

He thought he'd be in England by the Spring and that we would succumb. Britain had no reason for concern: her soldiers were ready and her ships fully manned.

The Camerons, famous throughout the Highlands, had proved their Scottishness long ago. My heart was broken when I heard how many of them had fallen at Loos, not to waken till the Day of Judgement.

In their kilts and cocked bonnets they were at the forefront, encouraging the rest. It was terrible to see how many were sent to eternity but, though you lost hundreds, you did not surrender.

Admiral Jellicoe, tha e na fhaireachadh,
Tha e na chaithris gach oidhche 's gach là,
Ma chluinneas e fuaim aig luingeas mu thuath air
Gun dèan e dhith gual air uachdar an t-sàil.

Cha tig iad na shealladh, cha ruig iad a leas e,
Tha fios aca cheana nach maireadh iad dha,
Am beagan a th' aca 's ann tha iad am falach,
Gan cumail aig fasgadh aig Heligoland.

Saighdear an Fhuilt Bhàin

Catriona (Ceit) Dhòmhnallach, Port nan Giùran, Leòdhas

Nuair a thèid mi dhan an doras
Nuair a bhios a' ghealach slàn,
Bidh mo smuaintean air na balaich
Tha nochd sgapt' air feadh a' bhlàir.

Nuair a thèid mi dhan a' mhòine
Bidh mo dheòir a' ruith gu làr,
'S ged a lìonadh iad mo bhrògan
Chan innseadh mi mo bhròn do chàch.

Nuair a thèid mi dhan an leabaidh,
Nuair tha càch air dhol fo thàmh,
Bidh mo smuaintean air mo bhràthair,
Sin mo ghràdh, an Saighdear Bàn.

Nuair thig an cogadh-sa gu deireadh
'S gum faigh iad às an trainnse ghrànd',
Bidh sinn ag ùrnaigh ris an Tighearna
Gun tig na gaisgich dhachaigh slàn.

Admiral Jellicoe is watchful. He is awake every day
and night. If he hears a ship to the north of him,
he will reduce it to ashes on the surface of the sea.

They will not come near him: they already know they
cannot stand up to him. The few ships they have
are hiding in the shelter of Heligoland.

The Fair-haired Soldier

Catherine MacDonald, Portnaguran, Lewis

When I go to the door and there is a full moon,
my thoughts are with the boys who are tonight
scattered across the battlefield.

When I go to the peats my tears fall to the ground:
though they were to fill my shoes I won't show my
grief to others.

When I go to bed and the rest are sleeping soundly,
I think of my brother whom I love, the fair-haired
soldier.

When this war comes to an end and they get out
of the filthy trenches, I pray to the Lord that the
soldiers come home fit and well.

Òran eile mun Chogadh

Calum MacFhionghain, Calum Ruadh, Bruairnis, Barraigh

Sheas sibh dìleas mar bhràithrean,
Eagal bàis cha robh ann,
Rinn sibh sgiùrsadh air an nàmhaid
Mach à Paris san Fhraing.
Ged tha an Gearmailteach làidir,
Is mòr an àireamh dhiubh ann,
Fear sa mhìle nithear fhàgail
'S a bheir an cnàmhan don ghleann.

'S iomadh fear nach dèan innse
Is nach cluinnear a chainnt,
Nach dèan litir a sgrìobhadh
Is e na shìneadh san Fhraing,
Is cruaidh a choisinn an dìleab
Ged bhiodh mìltean sa gheall,
Ghlèidh iad onair nan sgeula
Is chuir iad Ceusar an làimh.

Tha mo mhuinntir-s' an Sasann
A' feitheamh batal bhios cruaidh
Còmh' ri Camshronaich ghaisgeil,
Luchd nam breacanan ruadh.
Ach nam faigheadh iad ceartas
Mar a chleachd iad le buaidh,
Bhiodh na mìltean fon casan
Le 'n glas-lannan cruaidh.

Dia chuir sìth feadh an t-saoghail,
'S ann aig a bhios a' bhuaidh,
Gun bhith sgriosadh nan daoine
Na cur sgaoileadh san t-sluagh.
Is olc an dachaigh dhaibh daonnan
A bhith a-muigh an caol-chlaisean fuar
Is truagh an deuchainn do m' dhaoin' e
'S cha bhi h-aon aca buan.

Another Song about the War

Calum MacKinnon, Bruernish, Barra

You stood loyally like brothers, you didn't fear death, as you drove the enemy back from Paris in France. Though the German forces are strong and numerous, only one in a thousand of them will be left to drag their bones back home.

There are many who cannot tell their own story, whose voice won't be heard and who can't write letters because they are lying in France. They have paid dearly on behalf of their country, winning an honourable place in the story and subduing the Kaiser.

My people are in England with the brave Camerons, the red-tartaned brigade, waiting for a battle that will be hard. If justice is done, with victory as is their custom, they will overcome thousands with their steel-grey blades.

May God bring peace to the world - his be the glory - so that people do not continue to be killed and nations divided. The cold narrow trench is a poor home: it is a hard ordeal for my people and none of them will be long-lived.

Òran Molaidh an-t Saighdeir Ghàidhealaich

Iain MacLeòid, Slèite, an t-Eilean Sgitheanach

Sèist: *Seinnibh cliù nam fear ùr,*
Gillean glùin-gheal nam breacan,
B' e mo rùn bhith nan cùirt
'S miann mo shùl bhith gam faicinn.

Seinnibh cliù an Tìr a' Cheò
Do na seòid nach robh gealtach,
Chaidh a-null do Neuve Chapelle
'S cuid cha till dhiubh gu 'n dachaigh.

'S lìonmhor màthair tha fo leòn
Agus òigh tha gun leannan
Leis a' bhatal thug na seòid
Far na dhòirt an cuid fala.

'S truagh nach robh mi leibh san Fhraing,
'S ann am Flànras car tamaill,
Chithinn sin mu 'm faighinn bàs
Gnìomh nan àrmann 's nan gaisgeach.

Chithinn sealladh ann le m' shùil
A bhiodh cliùiteach ri aithris,
'S dh'innsinn ann an cainnt nam bàrd
Gnìomh nan sàr a' dìon nam bratach.

Dh'innsinn dhuibh mar chaidh an leòn,
Mar a dhòirt iad an cuid fala
'S mar a dh'fhuiling iad am bàs
Dìon na dh'fhàg iad aig baile.

Song of Praise to the Highland Soldier

John MacLeod, Sleat, Skye

Chorus: *Sing the praises of the new recruits,*
the white-kneed kilted lads.
Would that I were in their company
and able to witness their exploits.

Let the Land of Mist [Skye] sing in praise of these brave heroes who went over the top at Neuve Chapelle, some of them never to return.

Many mothers are sad, many girls without sweethearts because of the battle in which these warriors shed their blood.

It's a pity I can't be with you in France and in Flanders so that I could witness for myself the bravery of these men.

I would see with my eyes a story of epic grandeur and I could describe in the language of poetry their exploits as they defended the flag.

I would tell you how they suffered, how their blood was shed and how they went to their deaths, defending those they left at home.

Seinnibh cliù do na dh'fhalbh à Slèite,
Gillean treun nach robh meata,
Chaidh a dhìon ar cliù 's ar tìr
Bhon a' mhilltear gun cheartas.

Seinnibh cliù do na dh'fhàg Port Rìgh
Fon cuid phìoban is bhreacain,
Fèile beag os cionn an glùn,
Èideadh sunndach nan gaisgeach.

Biodh ur cliù ga sheinn gu bràth
Fhad 's bhios tonn is tràigh air cladach,
Fhad 's bhios grian air àird nan speur
Biodh cuimhn' le spèis air euchd nan gaisgeach.

Sing the praises of those who left Sleat, strong lads who didn't lack courage, who went to defend our reputation and land from the evil destroyer.

Sing the praises of those who left Portree, led by the pipes and with their kilt worn above the knee, the appropriate dress of heroes.

Let your praises be sung forever, while wave and tide wash the shore, while there is a sun high in the heavens, let the brave deeds of the warriors be remembered.

Ò, Buaidh le Cuideachd mo Ghaoil

Iain MacGriogar, Tolastadh a' Chaolais, Leòdhas

Sèist: *Ò, buaidh le cuideachd mo ghaoil,*
Buaidh le cuideachd mo ghaoil,
Is soirbheachadh math leis na curaidh
Tha cogadh air muir agus tìr.

Bha balaich an Leòdhas bha ainmeil,
Bu chalm' iad air fairg' is air tìr,
Nuair thòisich an cogadh sa Ghearmailt
'S ann dh'fhalbh iad don arm aig an Rìgh.
Dh'fhàg sin muinntir Leòdhais ro bhrònach
'S ri caoidh balaich eòlach tha mì,
Tha cuid ac' a dh'fhalbh ann 's cha phill iad
A dh'ionnsaigh am muinntir an tìm.

Nuair chruinnich iad uil' ann an Steòrnabhagh
'S a sheòl iad a-mach às a' bhàgh,
Bha iomadach màthair fo thùrsa
'S cha b' iongnadh ged ghuil iad le cràdh
Ri faicinn a' bhàt' agus smùid aist'
A' giùlan nam fiùran air sàl,
Ò, 's iomadh mac àlainn bh' air bòrd innt'
Tha 'n-diugh fon fhòid 's chan fhios càit'.

Tha baile beag bòidheach an Leòdhas,
Innsidh mi cò e an-dràst',
Tolastadh a' Chaolais is ainm da
San robh iomadh fear calma ri tàmh,
'S nam faiceadh an Rìgh fhèin na dh'fhalbh às
Bhiodh meas orra 's ainm ac' gu bràth
'S rachadh ceannard an airm ann le carbad
A dh'innseadh mar mharbh iad an nàmh.

Victory to Those I Love

John MacGregor, Tolsta Chaolais, Lewis

Chorus: *Victory to those I love*
and success in all things
to the heroes who are fighting
on land and on sea.

There were lads in Lewis who were famed for their courage on land and on sea and who joined the King's Army as soon as war broke out against Germany. That left the people of Lewis sad, mourning the lads who had gone; some of those who left will not return and will not see their folk again in this life.

When they all assembled in Stornoway and they sailed out of the bay, many a mother was mournful and it is no wonder that they shed a tear as they watched the ship carrying the warriors over the sea. Many a fine son was aboard who today is buried in an unknown grave.

There is a lovely village in Lewis, whose name is Tolsta Chaolais: that is where many of those stalwarts lived. And if the King himself saw the number who left here, they would be honoured forever and the head of the army would go there to tell how they mastered the enemy.

Nam faighinn a-nis mar a b' àill leam,
Bhiodh cìs air an nàmhaid thug bhuainn
Gillean cho tapaidh 's cho àlainn
'S bha idir a' tàmh san taobh tuath.
Thèid innse don ghineal nach tàinig
Mar thug iad sna blàraibh a' bhuaidh
'S a' chuid dhiubh a dh'fhuiling am bàs ann
Bidh cuimhne gu bràth orr' le uaill.

'S duilich 's ro dhuilich mar thà mi
Is m' inntinn an-dràsta fo bhròn,
Gu tric mi a' smuaintinn mo bhràithrean
Tha dh'oidhche 's a là air mì-dhòigh,
'S mi 'n dòchas gum pill iad gu sàbhailt'
Chum tuilleadh bhith tàmh ann an Leòdh's,
An t-eilean ro-rìomhach 's ro-àlainn
'S e lùiginn bhith tàmh ann ri m' bheò.

Chan iongnadh a-nise mo mhàthair
Ged sgàineadh a cridhe le bròn
'S i 'g ionndrainn a mic rinn i àrach,
Tha 'n-dràst' anns gach ceàrnaidh den domh'n.
Mas e toil an Fhir-Riaghlaidh as àirde
An toirt dachaigh sàbhailt' gu Leòdh's
'S E 's urrainn an dìon anns gach gàbhadh
Is Dhàsan gu bràth bheir sinn glòir.

Ò, buaidh le cuideachd mo ghaoil,
Buaidh le cuideachd mo ghaoil,
Is soirbheachadh math leis na curaidh
Tha cogadh air muir agus tìr.

If I could get my wish, the enemy which took away lads as brave and upstanding as ever lived in the North would be sorely punished. Generations yet to come will be told how they won victory in battle and those who suffered death will be remembered forever with pride.

I am sad, very sad and my mind is burdened with sorrow, thinking of my brothers who suffer terrible conditions by day and by night, and I hope that they safely return and come back to live in Lewis, that most beautiful island where I would want to stay for ever.

It is no wonder that my mother's heart is bursting with grief, missing the sons she nurtured who are now travelling the world. If it is the will of the Almighty to bring them back safely to Lewis, He can protect them from danger and to Him we will give the glory.

Victory to those I love and success in all things to the heroes who are fighting on land and on sea.

Gillean an Fhèilidh

Dòmhnall Dòmhnallach, Caolas, Tiriodh

Sèist: *Faicibh a' tighinn na h-àrmainn gun ghiorag,*
Na h-òganaich sgiobalt' is clis thèid nan èideadh,
Faicibh a' tighinn na h-àrmainn gun ghiorag,
Na saighdearan sgiobalta, gillean an fhèilidh.

'S faicheil an coltas, nam breacan 's nan osain,
Pìobairean romhpa le dosan deagh-ghleusta,
Bucaill is criosan mu 'n guaillean 's mu 'm meadhan,
Tha urram an tionail aig gillean an fhèilidh.

'S bòidheach ri 'm faicinn an èideadh a' chath iad,
Fon armachd a' tarraing ri guaillibh a chèile,
Dhìoladh an dlighe don dùthaich 's don cinneadh,
Gur cliù do na fineachan, gillean an fhèilidh.

Shaoil leis a' Ghearmailt an toiseach na h-aimhreit
Nach seasadh na Frangaich ri armailt a' Cheusar,
Chlisg iad nuair chunnaic iad Breatann san iomairt
Is eagal an crìdh' orr' ro ghillean an fhèilidh.

Theich iad nuair thug sibh dhaibh spraidhe de 'r luaidhe,
A' chuid nach do bhuaileadh mun d' fhuair iad gu èirigh,
An ath uair a thig iad gum faigh iad nì 's mios' uainn,
Stobadh de bhiodagan ghillean an fhèilidh.

Faicibh a' turaman Turcaich is Pruiseanaich,
Casag gun chumadh air cuideachd na h-eucoir,
Thug iad ri fireach 's na Gàidheil gan iomain,
Is dusan ri dithis do ghillean an fhèilidh.

Chaill iad am misneachd nuair fhuair iad an liodairt
'S bu deurach an citheal cur fios thun a' Cheusar,
Chlisg iad le tioma ro euchdan nam fineachan.
Buaidh agus piseach air Gillean an Fhèilidh.

The Lads in the Kilt

Donald MacDonald, Caolas, Tiree

Chorus: *See the fearless warriors coming,*
the lively lads who wear the kilt;
see the fearless warriors coming,
that well-equiped force, the lads in the kilt.

They look so fine in their tartan and hose, led by pipers with pipes well in tune; with buckles and belts on their shoulders and waist, the lads in the kilt have the honour of the gathering.

It is a fine sight to see them together in battle dress, under arms to do their duty for country and people: the lads in the kilt are a tribute to the clans.

At first Germany thought France wouldn't withstand the Kaiser's army; they were startled when they saw Britain enter the struggle, greatly fearing the lads in the kilt.

They fled when you gave them a blast of lead, those not struck before they could rise. When next they come, they will face something much worse - the daggers of the lads in the kilt.

See the Turks and Prussians running away in their shapeless cassocks. They fled to the forest driven back by the Gaels, twelve of them against every two kilted lads.

They panicked when they were attacked and tearfully they reported to the Kaiser: they reacted with fear in the face of the clans. Victory and good wishes to the lads in the kilt.

Na Gàidheil mun Cuairt Bratach Bhreatainn

Iain MacIllFhinnein, Iain Dubh Mac Dhòmhnaill 'ic Iain,
Brisbane, Astràilia

Bho Chinn Tìr' gu Taigh Iain Ghròt
Còmhdaichte 's gach seòrsa breacain
Chruinnich Clann nan Gàidheal suas
Dlùth mun cuairt Bratach Bhreatainn.

Sèist: *Chaidh iad suas, bheir iad buaidh,*
Dlùth mun cuairt Bratach Bhreatainn,
Chaidh iad suas, bheir iad buaidh
Mar bu dualach sa bhatal.

Cha d' fhuair nàmhaid riamh fo chìs
Tìr nam beann, nan gleann 's nan gaisgeach,
Ach fhad 's a bhios a' ghrian san speur
Cha ghlac an Ceusar a bratach.

Tha Prionns' a' Chrùin le mòran sluaigh
An dùil gun toir e buaidh air Breatainn,
Ach fhad 's bhios Gàidheil san taobh tuath
Tìr nam fuar-bheann chan fhaic e.

Chaidh na Camshronaich a-null,
Gillean làidir, lùthmhor, tapaidh,
'S gheibh na Gearmailtich an leòr
Mus till na h-òganaich dhachaigh.

Tha Clann Choinnich bhon taobh tuath
D' am bu dualach bhith sgairteil,
Le pìobaireachd 'Chabar Fèidh'
Chaoidh cha ghèill iad sa bhatal.

The Gaels around the British Flag

John MacLennan, Brisbane, Australia

From Kintyre to John O'Groats, dressed in every kind of tartan, the Gaels gathered together around the British Flag.

Chorus: *They rose up, they will win,*
gathered round the British Flag;
they will win as is their wont.

No enemy has ever conquered the land of hills, glens and heroes. And while the sun shines in the sky the Kaiser will never capture their flag.

The Crown Prince with his huge army expects to win against Britain but while there are Gaels in the north he'll not see this country.

The Camerons have gone over, strong, fit and brave; the Germans will be sorely tested before these young men return home.

The MacKenzies have a proud tradition: with 'Cabar Fèidh' on the pipes going ahead of them they will never yield in battle.

Chaidh muinntir Earra-Ghàidheal suas,
'S dlùth ri 'n guaillean na Cataich,
Bidh na Pruiseanaich air ruaig
Nuair a ghluaiseas na gaisgich.

Nuair a thèid iad uile null,
Luaidh is fùdar nan saidseal,
Bidh Von Kluck is Prionns' a' Chrùin
Dol nan crùban gu fasgadh.

Bidh Von Moltke 's Von Bülow
Air an glùinean am Frankfurt
'S gheibh an Ceusar àite blàth,
Thug an Sàtan dha Passport.

The soldiers from Argyll and Sutherland are going forward together: the Prussians will be routed when the heroes start advancing.

When they all go over the top with their weapons, Von Kluck and the Crown Prince will cringe and seek shelter.

Von Moltke and Von Bülow will be on their knees in Frankfurt and the Kaiser will have a warm residence – Satan has given him a passport.

Na Gillean Gleusta

Mòr NicAmhlaigh, Toronto, Canada

Sèist: *Hò na gillean, hè na gillean*
Hò na gillean gleusta
Hò na gillean, hè na gillean,
Nuair chual' iad guth an dùthcha
Le dùrachd dhian gun dh'èist iad.

Is thog iad orra 's dh'fhalbh iad
Gan dearbhadh don Cheusar,

An èideadh tìr nam fraoch-bheann
Gun d' fhalbh na laoich gu h-eutrom,

Ri ceòl na pìoba mhàla
'S ann thog na sàir an ceuman,

Is dh'fhàg iad tìr nam beanntan
Gun sealltainn às an dèidhe.

'S iad aontachd agus dìlse
A thug à tìrean cèin iad,

Iad seasmhach mar bu dual daibh
Ri gualainnean a chèile,

'S gur suairce, seirceil, truasail iad
San uair is motha feum air,

Mar leòmhainn ghuineach, gharga
Mun dearbhteadh orra 'n eucoir,

'S air ruigheachd tìr na Frainge
B' ann gu teanntachd agus èiginn,

The Able Lads

Marion MacAulay, Toronto, Canada

Chorus: *The able lads,*
when they heard their
country's voice
they listened earnestly.

They set off to prove themselves to the Kaiser,

They left willingly, clad in the Highland garb.

The stalwarts marched off briskly to the music of the pipes,

They left the land of the mountains without looking back.

Unity and loyalty brought them from foreign lands.

They stood steadfastly shoulder to shoulder, as was their custom.

They are noble, loving, compassionate when that is required,

They are fierce and wild as lions when they are wronged.

When they reached France, it was to face danger and suffering;

Fo fhrasan teinntidh 's daingeann iad,
Tighinn eadar talamh 's speuran,

Cuid eile air tìr-mòr is cuan
A' fulang cruas luchd-reubainn,

Cuid eile laighe leòinte
A' call na deò chion lèighe,

Fad on dachaigh chliùmhoir
'S a' mhàthair chaomh thug spèis daibh.

Am fuil, ma chaidh a dòrtadh,
Bidh glòir dhaibh ann da rèir siud,

Nuair gheibh an saoghal sìochaint
'S an innsear ceart an sgeula,

'S tha 'n Tì na chathair shuas
A bhios truacanta gun èis riuth',

Ach gus an teich na sgàilean ud
San là an dèan iad èirigh.

They were steadfast in the face of fire showers
coming at them from earth and sky.

They suffer the attacks of the criminals, some on dry
land and some at sea.

Others lie wounded, dying for lack of treatment,

Far from their beloved home and their gentle loving
mothers.

If their blood is spilt, they will be honoured
accordingly,

When the world is at peace and the story can be
properly told.

God on His throne above will be generously merciful
to them.

Until those shadows flee on the day of resurrection.

Canada, a Thìr an Àigh

Ceit NicLeòid, Framboise, Ceap Breatann, Canada

Canada, a thìr an àigh,
Tìr nan craobh, nan laoch 's a' ghràin,
Chan eil mais' air aghaidh nàdair
Nach eil pàirt nad chòir dheth.
Canada, a thìr an àigh.

Chan aithne dhomh àit' is àille,
Gheibhear ann na beanntan àrda,
Aibhnichean is lochan sàmhach
'S glinn tha fàsmhor còmhnard.
Canada, a thìr an àigh.

'S iomadh buaidh a tha ri inns' ort,
Thig an siùcar às a' chraoibh ann
On d' fhuair sinn suaicheantas ar tìr,
A duilleag rìomhach bhòidheach.
Canada, a thìr an àigh.

Canada, a thog na laoich
Nach cuir cruadal gu leth-thaobh,
'S iad nach d' fhalaich ann an cùil
Nuair thàinig glaodh Rìgh Sheòrais.
Canada, a thìr an àigh.

Dh'fhàg an tuathanach an crann,
Leig an clèireach sìos a pheann,
Dh'fhalbh iad bhuainn fon airm dhan Fhraing
'S b' e 'n call nach till na sheòl dhiubh.
Canada, a thìr an àigh.

Canada the Blessed Land

Kate MacLeod, Cape Breton, Canada

Canada, the blessed land, land of trees, heroes
and grain, there is no natural beauty that you
don't have your share of.
Canada the blessed land.

I know of no place that is more beautiful;
there are high mountains, rivers, quiet lakes
and valleys which are flat and fertile.
Canada the blessed land.

There are many useful goods that you produce,
such as sugar from the trees whose beautiful
leaves provide our national emblem.
Canada the blessed land.

Canada, which raised the heroes that will not
avoid hardship; they didn't hide in a corner
when they heard the call of King George.
Canada the blessed land.

The farmer left his plough, the clerk his pen,
they left under arms for France and the sadness is
that some of those who sailed away will not return.
Canada the blessed land.

Nuair ràinig na seòid ud thall,
Cuid dhiubh 'n èideadh tìr nam beann,
Thuirt an Ceusar mòr le greann,
"Tha 'n t-àm bhith dol don Òlaind."
Canada, a thìr an àigh.

Nach e 'n Gearmailteach bha faoin,
'N dùil gun ceannsaicheadh e 'n saogh'l
'S tìr an fhraoich is tìr nan craobh
Fo bhrataich rìoghail Sheòrais.
Canada, a thìr an àigh.

Bheir sinn cliù do Rìgh nan Sluagh
Thug dhan a' cheartas a' bhuaidh,
'S guidheamaid na chaidh dhan uaigh
Thoirt dachaigh shuas an Glòir dhaibh.
Canada, a thìr an àigh.

When these warriors arrived on the other side,
some of them in the dress of the land of glens,
the mighty Kaiser said with a grimace,
"I'd best be leaving for Holland."
Canada the blessed land.

The Germans were foolish, thinking they could
conquer the world, including the land of heather
and the land of trees that are under George's
royal banner.
Canada the blessed land.

We will give the honour to the King of Hosts
who gave justice the victory and let us pray
that those who died are raised up in Glory.
Canada the blessed land.

Trusadh nan Gàidheil à Tìrean Cèin

T. D. MacDhòmhnaill, Gleann Eilge

Thar nan tonn a' seòladh dhachaigh,
Air an t-slìgh' do thìr an fhraoich,
Thar nan tonn a' seòladh dhachaigh
Chuideachadh le tìr an gaoil.
Thar nan tonn a' seòladh dhachaigh.

Tha do mhic, a thìr nan gaisgeach,
Tional à gach dùthaich thall,
'N àm a' chunnairt, 'n àm a' chruadail
Cha bhi h-aon diubh air chall.
Thar nan tonn a' seòladh dhachaigh.

Dh'fhàg iad dachaighean a rinn iad
Ann an ceàrnan fad air falbh
Air son seasamh anns a' chòmhraig,
Air son saorsa, 's air son Alb'.
Thar nan tonn a' seòladh dhachaigh.

Ceòl na pìob' ri tuiream cianail
Air son ainneartan an nàimh'd,
'S ceòl na pìob' ri caithream fiachail
Brosnachadh gu euchd na sàir.
Thar nan tonn a' seòladh dhachaigh.

Cluinn a-nis caithream nan gaisgeach,
Am fèile preasach, coimheadaibh ì,
A' sealltainn uallach anns an astar
Deis' na dreach is bòidhche lìth.
Thar nan tonn a' seòladh dhachaigh.

Cliù an sinnsear toirt daibh misneachd,
Gràdh-na-dùthcha beò 's gach com,
Eud na còrach 's rùn neo-bhristeach,
Gineadh dùrachd anns gach sonn.
Thar nan tonn a' seòladh dhachaigh.

Gathering the Gaels from Foreign Lands

T. D. MacDonald, Glenelg

Over the waves sailing home, on the way to the land
of heather, over the waves sailing home to help their
beloved homeland.
Over the waves sailing home.

Your sons are gathering from countries far away.
In these times of danger and hardship none will
be missing.
Over the waves sailing home.

They left their homes far away to fight in the
battle for freedom and for Scotland.
Over the waves sailing home.

Sad pipe music laments the enemy's oppression
and rousing tunes encourage the heroes.
Over the waves sailing home.

Now hear the heroes cheering and see the pleated
kilts in the distance, looking proud - no uniform is
more attractive.
Over the waves sailing home

Their ancestors' reputation spurs them on; their love
of their homeland is alive and strong. Zeal for justice
and an unbreakable will motivates every warrior.
Over the waves sailing home.

Och mar tha mi 's mi Nam Aonar

Coinneach Màrtainn, Strùparsaig, Na Hearadh

Chaidh am bàrd a leòn dona aig toiseach a' chogaidh is b' eudar dha tilleadh dhachaigh.

Sèist: *Och mar tha mi 's mi nam aonar,*
'S cianail dh'fhàgadh mi seo nam ònrachd,
'S gur beag an t-iongnadh 's gun neach nam dhùthaich
Nach deachaidh null ghlèidheadh crùn Rìgh Seòras.

Nuair thig an t-àm dhomh bhith dol a chèilidh
'S e siud a lèir mi 's an sgeul tha brònach,
Bha uair dha m' shaoghal bha mi cho siùbhlach
Ri fiadh nan caol-chas ri taobh Gil Mhòdail.

'S nuair thig tràigh iasgaich gur mi bhios cianail
'S a chì mi ghrian dol dhan iar a chòmhnaidh,
Thig ùr nam smuaintinn a-steach an uairsin
A liuthad oidhch' fhuar chaidh mi cuairt gun lòchran.

Nuair thig a' Mhàrt oirnn is àm an àitich
Cha dèan mi càil as an tràigh a' còmhnaidh,
Le cliabh ga ghiùlan cha dèan mi sùidseadh,
B' e siud a dhiùlt a' chas chrùbach dhòmhsa.

Alas, to be here all Alone

Kenneth Martin, Struparsaig, Harris

The poet had to return home after sustaining a crippling injury early in the war.

Chorus: *I am dejected and little wonder*
as everyone has gone overseas
to defend King George's crown,
leaving me here all alone.

I am not able to visit my neighbours when I want to, that is what has left me so broken: at one time I was as fit as the the slender-footed deer in Gil Mhòdail.

I am depressed when the time comes for fishing as the sun sinks westward and I remember the many nights I walked out to the lochs without a light.

When March comes and time for spring work, I can gather nothing from the shore as my crippled leg means I can't carry a creel.

Isein Bhòidhich

(Smuaintean an t-Saighdeir an dèidh Blàr Mons)

Dòmhnall MacPhàil, Dòmhnall Choinnich, Grabhair, Leòdhas

B' eudar dhan bhàrd fuireach aig an taigh air sgàth dìth na slàinte is chaochail e òg: na mhac-meanmna tha e ga fhaicinn fhèin an seo mar shaighdear anns na trainnsichean.

Ò, nach robh mi aig mo dhachaigh,
Shadainn m' an-shocair 's mo sgìths
'S chan e laighe sìos an trainnse
'S dùil bhith adhlaicte san ùir.

Chaidh ar tional às gach ceàrna,
Bho gach àird a shèideas gaoth,
Sheinn a' bhiùgail sinn an òrdugh
'S ghoir Mac-talla ceòl na pìob.

Chaidh ar giùlan ann an carbaid
Mach tro bheanntan gorm an fhraoich,
Chuir sinn cùl ri fearann Albann
'S aghaidh air a' bhlàr san raon.

Nuair a dhlùthaich sinn don àraich
San robh nàmhaid air gach taobh,
Rinn sinn iolach dol nan caraibh,
Sgapadh iad leinn mar a' ghaoth.

Cha robh 'n oidhirp thug sinn suarach
Ach gun bhuadhadh bha i faoin,
Dh'aom na nàimhdean air ar beulaibh
Mar sruth lìonaidh anns na caoil.

Pretty Bird

(A soldier's thoughts after the Battle of Mons)

Donald MacPhail, Gravir, Lewis

The poet was a house-bound invalid. Here he imagines that he is a soldier in the trenches.

If I were at home I'd cast off my discomfort and fatigue, rather than lying here in the trench expecting to be buried in the mud at any moment.

We were gathered together from all the corners of the world. The bugle called us to order and the pipe music echoed around.

We were taken in a vehicle through the heather-clad hills. We turned our backs on Scotland and our faces towards the battle.

When we approached the battlefield, the enemy were on all sides. We screamed as we got to grips with them and we scattered them like the wind.

Our effort was not trifling but it was in vain without the victory. The enemy descended on us like a surging tide in the straits.

Toirm nan gunna mòr a' beucail
'S faram bèigeileid ri strì,
Smùid nan 'shellichean' sna speuran
Fhad 's bu lèir dhomh le mo shùil.

Ceò an fhùdair dhubh an iarmailt,
Dh'fhalaich uainn a' ghrian a gnùis
Bha gach gunna 's e ri nuallaich
'S lasair uabhasach na chraos.

Cha robh innleachd chaidh a dhealbhadh
Anns a' Ghearmailt o chionn ùin',
Cha robh puinnsean na bu mharbhtaich
Nach do leig an nàmh ma sgaoil.

B' fheudar dhuinn a dh'aindeoin gèilleadh
Measg na h-èigheach is na gaoir,
Faicinn broillich ghil gan reubadh,
Bha mo chridhe gèill' am thaobh.

Tha mo chompanaich uam sgabte
'S mòr san àraich tha dhiubh sìnt',
Na bha fallain sunndach tapaidh
'S dealt a' bhàis air rosg an sùil.

'S iomadh diùlnach a bha prìseil
Tha na shìneadh anns an Fhraing
A leig sìos am beath' gu dìleas
Mun deidheadh an rìoghachd a chall.

'S iomadh caraid ciatach snasail
Dlùth ri m' aigne 's ri mo chrìdh'
Chunnaic mi le 'n druim ri talamh
'S nach dèan carachadh ri tìm.

Heavy guns roaring and bayonets clanging; the smoke of shells in the air as far as my eye could see.

Gunpowder fumes darkened the sky, hiding the face of the sun from us. The guns roared, spewing terrible flames in the air.

Every implement devised in Germany in recent times and every deadly poison were deployed by the enemy.

We were forced to yield, amidst the uproar. Seeing fair chests torn caused my heart to bleed.

My companions are scattered, many lie on the battlefield who were healthy and happy but who now have the dew of death covering their eyes.

Many excellent heroes lie in France who loyally laid down their lives lest the kingdom be lost.

I saw many decent, worthy friends, men who were close to my heart, lying on their backs on the ground, never to move again.

Bha cuid eile ac' air an leònadh
Le dìth treòir a' tuiteam sìos,
'S iad a' guidh' air an luchd-eòlais,
'G iarraidh cobhair oirnn nach fhaoidt'.

Càit' am bheil na fleasgaich òirdhearc
Leinn a thòisich anns an t-srì,
Rinn na nàimhdean cuid a losgadh
'S tha cuid tostach dhiubh fon ùir.

Bidh guil is rànail 'n iomadh àite,
Caoineadh mhùirneach air na laoich.
Tha mo thruas riut tha nad mhàthair
Faicinn càramh luchd do ghaoil.

'S ged a shireadh tu san uaigh iad
Air son dual den cuailean mìn,
Chan fhaic thu 'n ìomhaigh mu 'n robh uaill ort
'S a chluich uaireigin mu d' ghlùin.

Chan eil baile 's nach bi làrach
'S ainneamh fàrdach 's nach bi caoidh,
Cluinnear an guth a bh' ann an Ràma
Gan caoineadh-san gu bràth nach till.

Ach tha 'n obair a-bhos crìochnaicht'
Chaoidh ri nàimhdean cha bhith 'n strì
Oir bidh nàimhdean mar is miann leinn
Anns an t-sìorraidheachd gun chrìch.

Nuair thig teas na grèin' san t-samhradh,
Nuair thig eòin a sheinn nan craobh,
Bidh na raoin nan tulaich ghorma
Far eil leabaidh fhuar nan laoch.

Others were wounded, falling as their strength failed them, calling on their friends for help which they were unable to give them.

Where are the illustrious heroes who began the struggle with us? The enemy has burned some of them and some are at rest in the earth.

There will be weeping in many places, heartfelt mourning for the heroes. I pity you who are mothers, seeing the fate of your loved ones.

And though you were to seek them in the grave for a lock of their hair, you'd not see the image of which you were proud when they played at your knee.

Every village will be scarred, every household will mourn. The voice heard in Ramah will be heard mourning those who will never return.

But their work in this world is done: they will fight the enemy no more, because the enemies as we desire will be in endless eternity.

When the heat of summer comes and birds sing in the trees, the fields will turn into green knolls covering the cold beds of the heroes.

Isein bhòidhich a nì siubhal
Dh'ionnsaigh nead tha 'n tìr an fhraoich,
Ma thadhlas tu an Eilean Leòdhais,
Thoir mo shoraidh gu mo ghaol.

'S thoir mo shoraidh gu mo mhàthair
'S càirdean tha tìorail caomh,
Innis dhaibh gum bi mo smuain orr'
'N àm bhith cur a' bhlàir san raon.

'S truagh nach b' urrainn dhomh leat amharc
Thar na monaidhean 's nan caol,
Chithinn sealladh air Gleann Ghrabhair
Far na dhealaich mi ri m' ghaol.

Chithinn a' Chàbag, fearann m' eòlais,
'S i le ceò air bhàrr nan stùc,
Far na dh'àraichear o m' òig' mi
'S mi fo bhròn nach fhaic mi thù.

Pretty bird which travels to nest in the land of heather, if you visit the Island of Lewis carry my greetings to my love.

Bear my greetings to my mother and family: tell them I think about them while fighting in the battles.

I wish that, like you, I could see across the moors and straits to Glen Gravir where I parted from my sweetheart.

I'd see the Càbag which I know so well, with mist on the tips of its peaks. This is where I was raised. I am so sad I cannot see you.

Sgaradh ri m' Mhacan 's e Tilleadh gu Blàr a' Chogaidh

Iain MacCormaig, An Ros Mhuileach

'S ann a dh'aingeachd an t-saoghail
Rian-iùil dhol air faontradh
'S fuil fhiùran ga taomadh
Mar chaoir-thuil tro ghleann,
Is treubhan mar fhaolchoin
Le 'n gunnachan caola,
Dian-chogadh mu adhbhar
D' am fòghnadh am peann.

Sèist: *Hill ù ocharainn ò*
A bhreun chogaidh mhòir
Gur tu sgar mi ri m' mhacan,
An t-ùr ghallan òg.

Rìgh! gur mise tha cràiteach
Bhon dh'fhalbh mo mhac àlainn
Thoirt còmhdhail don nàmhaid
Rinn tàir air gach rian.
Nuair shìn mi mo làmh dha
An àm dha bhith fàgail
Chuir taiseachd a bhlàthshuil
Guin-sàthaidh nam chliabh.

Gur mise th' air bheag àbhachd,
Mar dheòraidh san fhàsach,
'S mi fada bho m' chàirdean
Thug gràdh dhomh 's gach àm,
Mi as eugmhais do mhàthar,
D' am bu dùth a bhith làmh rium,
'S a ghiùlaineadh pàirt
De m' chuid àmhghairean leam.

Parting with my Son who is Returning to the War

John MacCormick, Ross of Mull

It is because of the sinfulness of the world that order has broken down and the blood of young men is being shed like a frothing flood through the glens. Tribes armed with guns and as vicious as deerhounds are fighting to the death over matters that should have been resolved by the pen.

Chorus: *Hill ù ocharainn ò,*
this evil war has separated
me from my young son.

Lord, I am stricken by grief since my beloved son left to confront an enemy which has shown complete disdain for law and order. When I gave him my hand as he left, the moistness of his warm eyes sent a painful pang through my heart.

I know no happiness, like a vagrant in the wilderness, far from my friends and kin. I no longer have your mother who was always beside me and who would have shared my sorrow.

Ach nam faighinn mo dhùrachd
Gun leanainn gu dlùth riut,
'S gun rachainn gu sunndach
A-nunn leat don Fhraing,
Dh'aindeoin gaillinn is dùbhlachd,
'S nan canan tha bùirich,
'S nan deatachan tùchail,
Cha diùltainn dhol ann.

Bu leigheas do m' euslaint
Nam faicinn do rèis'meid,
Luchd nan ceum eutrom
Mar fhèidh anns a' ghleann,
Le 'm bonaid 's le 'm fèileadh,
Don nàmhaid nach gèilleadh,
'S mo dheagh mhacan fèin
Le pìob ghleust' air an ceann.

'S ann a thogadh e m' inntinn
Bhith 'g èisteachd do phìoba
Bhon tigeadh ceòl rìomhach
Le innleachd do mheur.
Nàile! chaidh thu ri d' shinnsreachd
Bha eòlach am pìob-cheòl,
'S a chluicheadh na binn-phuirt
Bu chinntiche gleus.

'S e mo dhòchas 's mo ghuidhe
Thu bhith tèaraint' 's gach cunnart,
'S gun till thu gu Muile
Le urram 's tu slàn.
Gheibh thu fàilt' agus furan
'S làmh-blàth o gach duine
'S bidh eòlas ort tuillidh
Mar churaidh san dàn.

But if I had my wish I would follow close behind you to France. Despite storms and cold, the booming cannons and the choking gases, I wouldn't refuse to go.

It would lessen my pain if I could see your regiment, those of light step like the deer in the hills. Clad in bonnets and kilts and with my young son playing the pipes at their head, they would never yield to the enemy.

It would lift my spirits to hear your talented fingers playing sweet music on the pipes, a skill inherited from your ancestors.

It is my hope and desire that you come safely through all dangers and that you will return to Mull healthy and with honour. You will be warmly welcomed, you will receive a friendly handshake from everyone and you will be celebrated in poetry as a hero.

Chan Fhada gu Madainn

Murchadh MacPhàrlain, Bard Mhealaboist, Leòdhas

Chan fhada gu madainn, chan fhada, chan fhada,
Chan fhada, chan fhada gun glasaich an là
'S an cuir iad ri 'n gualainn an gunna gu m' bhualadh
Le peileir luath luaidhe bheir mise gu làr.

Thìm, Ò dèan maille! dèan maille! dèan maille!
Thìm, nach dèan maill' thu, cuim bhiodh tu cho luath?
Air maillead do cheuma 's ro luath tha leam fèin thu,
'S aig èirigh na grèine gam fheitheamh an uaigh.

Nuair bhithinn air faire le m' ghunn' air mo ghualainn
Ceum seilcheig san luachair bhiodh agad, a thìm.
Nise, mo thruaighe, on chladhaicheadh m' uaigh-sa,
'S luaithe na fiadh bhon an ruaig thu leam fhìn.

'S a-màireach, moch màireach, seadh, seisear de m' bhràithrean
Bu tric ri mo ghualainn cur chruaidh-chath san àr,
Gan cur ann an òrdugh - chan ann Ò, d' an deòin-san -
A bheirear Dòmhnall sa mhadainn gu làr.

Saoil nach b' e duais i, b' e chruaidh-bhinn gun truas i,
'S a liuthad latha chruaidh-chath mi 'n seirbheis mo rìgh,
Mo dhìteadh sa chùirte chionn m' fhaighinn air diùtaidh
'S mo shùilean air dùnadh 's mi claoidht' agus sgìth.

Bha strì ann am àrnaibh, lagh rìgh is lagh nàdair,
Ach dhleas i, lagh nàdair, an toiseach a còir.
'N sin dhìt lagh mo rìgh mi do bhrìgh siud, ag ràitinn,
"Is ciont a thoill bàs e, chan fhaod thu bhith beò."

Ged dh'iarr mi orr' armachd 's leis cothrom a dhearbhadh
Nach robh ro mhac Gearmailteach agamsa fiamh,
Do dhiùlt iad mo thairgse, cha leigeadh iad, Albainn,
Mi mheadhan a' ghairbh-chath a thuiteam gad dhìon.

Not Long till Morning

Murdo MacFarlane, Melbost, Lewis

Not long now till morning, not long till dawn,
when they will raise their gun to bring me down.

O time, why do you hurry? No matter how slowly
you pass, you are too fast as the grave awaits me
at sunrise.

You were as slow as a snail when I was on watch
with my gun; now, alas, since my grave has been
dug, you are faster than a deer in the chase.

Early tomorrow six of my comrades, who were often
with me in battle, will be marshalled, unwillingly, to
bring Donald to the ground.

What a merciless reward for all my days in the king's
service to be condemned in court for closing my
eyes on duty when I was exhausted.

In the struggle between the laws of nature and of
the king, the law of nature won. The king's law
condemned me, saying, "It is a crime deserving death:
you cannot be allowed to live."

Though I asked for weapons to prove that I feared
no German, they refused my request, not allowing
me, Scotland, to fall in your defence in battle.

Chan fhada gu madainn, chan fhada, chan fhada,
Chan fhada, chan fhada gun glasaich an lò,
'S tha 'n oidhch' gu bhith thairis, 's fhad' dh'fhairich mi caithris,
Nam inntinn 'n-raoir thairis chaidh gu gleann nam bò.

Thuit mi 'n clò cadail is chaidh mi ann dhachaigh,
Ò, cuig às a' chadal ud idir a dhùisg?
'S mi bruadar bhith 'm bhuachaill' air àirigh nan gruagach.
Chreach! chlisg mi le uamhann nuair dh'fhuasgail mo shùil.

Tha 'n uiseag sna speuraibh le cruit air a ghleusadh,
Na h-eòin air na geugan a' leumnaich mun cuairt,
An crodh 's iad ri trèigsinn far 'n laigh raoir anns an fheur iad,
'G inns' g' eil an oidhch' aig an latha fon ruaig.

'G innse do Dhòmhnall nach fhada bhios beò e
'S nach fhaic e luchd-eòlais an Leòdhas gu bràth
No monadh air am b' eòlach e cuallach nam bò ann
'S nach dìrich ann mòr-bheinn le chù air a shàil.

Tha ghrian 's i ri dùsgadh. Ò, seo iad ri giùlan
Stail gu mo shùilean-sa chòmhdach sa chàs
'S cùird gu mo dhùirn-sa cheangal air mo chùlaibh,
Seadh, mar nach bu dùraig dhomh dhol chun a' bhàis.

Ach saltraim san ùir iad, an stail is na cùirdibh!
Cha toir smal air do chliù-sa mi, dhùthaich nam beann,
Nì mò orm a dh'innsear nuair leagair mi sìnte
Nach robh mar mo shinnsir treun dìleas gu ceann.

Ach innsibh do m' athair, ta 'n dùthaich nan srathaibh,
Gun gheilt is gun athadh gun robh mi gu crìch,
'S ged dhìt iad sa chùirt mi, cha tug iad mo chliù bhuam
'S ged dh'fhàilnich mo shùilean, cha d' fhàilnich mo chrìdh'.

Chan fhada gu madainn, chan fhada, chan fhada,
Chan fhada, chan fhada gun glasaich an lò,
'S tha 'n oidhch' gu bhith thairis, 's fhad dh'fhairich mi caithris,
'S nam inntinn chaidh thairis a ghleannan nam bò.

Not long till morning and daybreak. The night is almost over. I felt it long. Last night the glen was on my mind.

I fell asleep and went home. Oh, why did I waken from that sleep? Dreaming of herding on the sheiling. Alas! I shook with horror when my eyes opened.

The lark sings in the sky, the birds chirp on the branches, the cattle rise from the grass to show that day has chased night away.

And to tell Donald that he hasn't long to live: that he will never again see his Lewis friends or the moorland, never again climb the hill with his dog.

The sun is rising. Here they come with a blindfold and cords to tie my hands behind me as if I dared not approach my death.

Let me trample the blindfold and the cords on the ground! My country, I'll not besmirch your reputation. It cannot be said of me that I was not loyal to the end.

Tell my father that I showed no cowardice. Though they condemned me in court they did not take away my reputation and though my eyes failed me, my heart did not.

Not long till morning and daybreak. The night is almost over. I felt it long. And in my mind I travelled to the glen.

Òran a' Cheusar

Aonghas Moireasdan, Loch Bhraoin is Dùn Èideann

Èistibh, 'illean, ri mo luinneig
Èistibh 's bithibh gleusta,
Togaibh suas i mar bu dual duibh,
Caithreamach le chèile.
Aithris air a' Chogadh Mhòr
Tha cur nan slògh troimh-chèile
'S gu sònraichte am fleasgach
Ris an abair iad an Ceusar.

Gur truagh an nì bhith ga inns',
Gur cràiteach bhith ga leughadh,
'S gur teann e air dà mhìle bliadhn'
On shoillsich grian na Crìosdachd,
Cogadh marbhtach fuilteach garbh
Gan roinn air feadh a chèile,
Chuid mhòr de thìrean na Roinn Eòrp'
Ri sgriosadh, murt is reubadh.

Thug Breatainn ìmpidh don Ghearmailt
Gus an dèanadh iad co-rèite
Eadar Ruisia agus Austria
Gun dhol a ghleachd ri chèile,
Los gach cùis a cheartachadh,
'S a chur an snaidhm gu gleusta
Gach snàthnain grod a bha sa bheairt
Nach robh soirbh ri rèiteach.

Cha robh idir ann a shealladh
Aig mo laoch an Ceusar
Bhith cur chùisean mar bu chòir dhoibh
Rèidh an uilt a chèile.
Mar an sionnach carach bradach
Leigeas air bhith beusach
B' fheàrr leis ruith-leum thar na callaid
Is teicheadh leis a' pheucaig.

Song of the Kaiser

Angus Morrison, Loch Broom and Edinburgh

Listen to my song, listen with respect and sing it loudly together. Sing about the Great War which is punishing so many people, and especially sing about the man they call the Kaiser.

Sad to tell, it is nearly two thousand years since the sun of Christianity first shone and yet now we have a deadly war dividing us, and most of the countries of Europe destroying and murdering and tearing each other apart.

Britain asked Germany to make peace between Russia and Austria in order to avoid war between them: to set matters right, cleverly tying together all the untidy threads in the loom.

The Kaiser had no intention of sorting matters peacefully. Like the sly fox which pretends to be virtuous he preferred to jump over the hedge and flee with the peacock.

An sgeul ga aithris e bhith 'g ullach'
Còrr is fichead bliadhna
Gu bhith goid, bhith murt 's a' claoidh
Is ana-miann gun srian air.
Gu bheil là le cinnt ga fheitheamh
A gheibh e air làn dìogh'ltas,
Bidh e fo smachd gun lùth no taic
'S a chòir an geall bhith riaraicht'.

Dhùisg thu conas, ghoid thu sonas,
Bhrist thu 'n deicheamh àithne,
Shanntaich cuid do choimhearsnaich
Is cuid do sheana-mhàthar,
Chan eil monadh, uisg' no machair
No bàta-smùid air sàile
Aig Breatainn nach do dhùraig thu
An glacadh clis ad mhàgan.

Bu mhiann leat a bhith sìos is suas,
Bhith sealltainn thar na dìge,
'N-ear gu 'n-iar, tuath gu deas,
Mac-samhail coilich-sìde.
Bheir Breatainn fuarag dhuit gun dàil,
Gun geàrr i dhìot do chìrean,
Cha chluinnear goirsinn bho do dhùnan
Fad ro Là Fhèill-brìghde.

Cò is urrainn chur an cèill
No idir bhith ga innseadh
Na chuir thu dhìth air muir is tìr
Le misg is guin do mhì-rùn,
Belgium bhochd 's i trom fo sprochd
A' caoidh na dh'fhalbh 's nach till rith',
Gur mòr am beud mar chaidh a lot
'S gun deach a cur cho ìseal.

He is reported to have been preparing for over twenty years to steal, murder and oppress with unbridled ambition. The day assuredly awaits him when vengeance is visited on him: he'll be in captivity, without strength or support, and justice will be vindicated.

You stirred up disputes; you stole people's happiness; you broke the tenth commandment and you coveted your neighbour's and grandmother's possessions. You dared to try to capture all of Britain's land and ships tightly in your talons.

You liked to be up and down, looking over the ditch, east to west, north to south, like a weather-cock. Britain will blow up a cold breeze without delay and will cut off your crest: there will be no crowing from your dunghill long before Candlemas.

Who can recount what you have destroyed on sea and land because of the depth and bitterness of your anger. Poor sad Belgium is mourning those she has lost: it is shameful how she has been wounded and forced to sink to such depths.

Tìrean beaga na Roinn Eòrpa
Rinn thu cuid dhiubh thàladh,
Le d' dhraoidheachd chuir thu orra sgleò
'S tu gealltainn fearann chàich dhoibh.
An Turcach truagh spàrr thu às lìon,
Gu clis rinn thu na thràill e,
'S na ghille-mirein gu do mhiann
Ga phàigheadh mar is àill leat.

'S tu am burraidh, cha b' e 'n-uiridh
Thòisich thu ri cnuasachd
Clann nan daoine chur gu strì
'S an domhan mhòr a bhuannachd,
Is d' inntinn bhuairte, dhùbailt, bhreun
Mar pholl ro-shalach truaillidh
Gad loireadh ann a dh'oidhch' 's a là
Cleas muc air ghleus 's i duaichnidh.

'S e do shonas bhith ad dhonas
Mach 's a-staigh 's gach àite
Spùtadh teine mar ri deathach
Puinnseanta ro-ghàbhaidh,
Do chlaigeann odhar thèid am fodha
Gun mìr dheth a bhith làthair,
Nuair thèid thu dhìth chan fhios leam fhìn
Cò idir a bhios cràiteach.

Fire! faire! air do chabhlach
Nad amar-mara dùinte
'S gun robh ri bòst nach eil san Eòrp'
Nach cuireadh tu gu dhùbhlan.
Nuair a fhuair thu seòl is cothrom
'S tu gabhail fàth gach taobh dhìot,
Ghoid thu mach 's gu clis air d' ais
Is Breatannaich gad sgiùrsadh.

You wooed some of the smaller European countries. You hoodwinked many of them with your sorcery, promising them the land of others. You got round the poor Turk, quickly enslaving him and making him a puppet at your command, paying him back as you wished.

You are a bully. It wasn't last year that you started planning to stir mankind to strife and to conquer the whole world. Your troubled, dishonest, corrupt mind is like filthy mud in which you wallow like a grotesque pig.

You delight in being a devil, marching in and out of other countries, spouting fire and dangerous gases. Your dun skull will submerge and disappear without a trace and I do not know anyone who will be sorry when you are destroyed.

Your navy is trapped in an enclosed sea-channel though you had boasted there was no navy in Europe that could challenge it. When you got an opportunity, looking furtively in all directions, you stole away but you dashed back quickly, pursued by the British.

Nach ann ort tha 'n sgleò gun choimeas,
Gun mìr lainnir boillsgeadh,
Com gun sonas, làn de chonas,
Gun dad comas soills' ann,
Cheart cho math dhuit bhith san t-sabaid
Ri do fhaileas oillteil
Ri cur nan cath nach tig gu rath
Ri Breatainn nach d' rinn foill ort.

Gheibh, mo laochan, thusa fhathast
Fastadh nach cur spìd ort,
Cuiridh sinn thu ghearradh connaidh
Gu coilltean Saint Helena.
No thèid thu chìreadh asgairt ghreannaich
Sìos an doimhneachd prìosain,
Cha tig thu às, do làimh no d' chas,
Gus am pàigh na chuir thu dhìth oirnn.

Gu bheil acaid air do shiubhal,
An nì tha soilleir dearbhta,
Thèid thu dhìth, cha mhair thu 'd rìgh,
Gur fìrinn stèidh mo sheanchais.
Aon nì a fhuaireadh riamh fon ghrèin
Le foill, le breug is earraghloir,
Dh'aindeoin d' innleachd bhuat na chugad
Bidh bhlàth 's a bhuil na shearbhad.

'S mairg a fhreastail air do thogail,
'S mairg a dh'àraich òg thu,
'S mairg a chuireadh ùidh nad ghealladh
Breugach, briste, breòite.
Ged bhithinn sgrìobhadh là 's a dh'oidhch'
Bho Dhiluain gu Dòmhnaich,
Chan fhaigheadh m' ìot' ach bloigh a sàth
De ùmaidh na Roinn-Eòrpa.

Darkness surrounds you, without a glimmer of light. Yours is a body without joy, full of evil, lacking in enlightenment. It would be better for you to fight with your own dreadful shadow than fighting unsuccessful battles with Britain who did you no wrong.

You, my friend, will get a job that will shame you: we'll send you to chop firewood in the forests of Saint Helena or to comb rough cloth in the depths of a prison from which you won't be released till you pay for what you took from us.

You are a sick person, something that is clear to see. You will be destroyed. You'll not remain a king, that is the truth. Experience tells us that when something is achieved by deceit, lies and arrogance, its reward, despite your ingenuity, will a bitter one.

I pity whoever reared you and whoever has paid attention to your false and rotten promises. Though I were to write from Monday till Sunday, my thirst for vengeance against the fool of Europe would only be slightly assuaged.

An Saighdear Leòdhasach

'Leòdhasach'

Chan eil mòran den òigridh
Ann an Leòdhas nach d' fhalbh às,
Cuid an loingeas mòr an Rìgh
Is cuid air tìr dhiubh anns 'an t-seirbheis'.
Dh'fhàgadh bodaich de mo sheòrsa
Gu bhith còmhnaidh leis na cailleachan,
Sin ar cuid de chath na rìoghachd
Gus an cìosnaichear a' Ghearmailt.

Choinnich saighdear mi Dimàirt
A dh'fhàg an t-àite seo na òige,
Dh'aithnich mi mar a bha làmh
An crochadh àrd, gun robh i leònta,
Stiallan òir a bh' air a ghàirdean
Nochdadh àrdachadh an òigeir,
Buinn de airgead is de phràisteach
Air a bhràigh air son gach còmhraig.

Rug e orm gu fearail càirdeil
Leis an làimh a bha gun phianadh,
Ghabh e naidheachd bhuam mun àite
'S mu na càirdean – 's beag an t-iongnadh,
'S iomadh là on a dh'fhàg e.
Sheall e làmh dhomh, gun deach sian air,
Toll a' pheileir anns a' ghàirdean,
Sgreab an dèidh an t-àit' a lìonadh.

The Lewis Soldier

'A Lewisman'

There aren't many young folk in Lewis who haven't left it, some to be in the king's great navy and some in the services ashore. Old men like me are left living among old women: that will be our lot in the country's war until Germany has been conquered.

I met a soldier on Tuesday who left here when young. I knew from his arm being in a sling that he had been wounded; gold stripes on his sleeve indicated he had been promoted and there were silver and brass medals on his chest from his various campaigns.

He shook my hand in a manly and friendly fashion, using the unwounded arm. He asked me about the place and about his friends, unsurprisingly as he had left a long time ago. He showed me his arm - he had been lucky – there was a bullet-hole in it, now covered by a scab.

Thàinig Murchadh, mac mo nàbaidh,
Spaideil, stàideil na ur còmhdhail,
Dh'iarr e naidheachd mu na blàir,
'S an robh na Frangaich càirdeil, dòigheil,
Ciamar thuigeadh iad an cànan
'S an robh Gàidheil anns an Òlaind
'S an robh uile shluagh na Gearmailt
Anns an arm airson am beòshlaint?

Sheall an saighdear ris san aodann
'S thuirt e, "Ghaolaich, tha thu sòghail,
Tha thu 'n taice ri do mhàthair,
Saoil am b' fheàrr thu bhith le còta?
Tha thu 'n crochadh air do chàirdean
'S tha thu làidir, làstail, òigeil,
'S ma tha naidheachd mun a' bhlàr uat
Ruig an Seàirdseant 's gabh na bòidean.

"Tha do dhùthaich ann an èiginn
'S tha thu fèin gu làidir calma,
'S ann an-diugh a chuirear feum
Air fuil nan Gàidheal ann an Albainn,
'S ma tha sradag na do chrè
De nàdar spèis dith, bidh ri falbh aist'
'S seas ri taobh nan laoch 's nan seòid
A tha ri còmhraig ris a' Ghearmailt.

"Tha do dhachaigh, tha do chàirdean
An cunnart gach là o nàimhdean,
Theagamh mun èirich thu màireach
Gum bi pàirt dhiubh aig do theinntean.
Cha dèan clach mhòr Creagan nan Cnàmh
A bheag de sgàth dhut on a' mhuinntir,
Sgriosaidh iad gach sliabh is còmhnard,
Taighean 's na tha chòmhnaidh annta.

Murdo, my neighbour's son, arrived, elegant and handsome as usual. He asked about the battles; whether the French were friendly; how could they understand the language; were there Gaels in Holland; were all those in the German army professional soldiers?

The soldier looked him in the eye and said, "Friend, you are fortunate, supported by your mother. Should you not be in uniform? You depend on your relatives, though you are strong and young. If you want news of the battle go to the sergeant and take the oath.

"Your country is in trouble and you are strong. Today the blood of the Gaels of Scotland is required and, if you have a spark of regard for it, take your leave of it and take your place beside the heroes in combat against Germany.

"Your home and relatives are in constant danger from the enemy. When you waken tomorrow some of them may be at your fireside. Creagan nan Cnàmh will be not protect you then, big as it is: they will destroy every village, the houses and their inhabitants.

"Cò tha dol a dhìon nam fàrdach
Anns na dh'àraicheadh nad òig' thu?
Cò tha dol a dhìon do mhàthar
Ma thig nàmhaid on a' mhòr-thìr?
Tog do shùilean on làr,
Thoir dhomh do làmh 's gum fàg sinn còmhla,
'S bheir sinn buaidh air sluagh a' Cheusar
Anns an trainns no air a' chòmhnard."

Thàinig biorgadh ann am Murchadh,
Thog e shùil gu colgail duineil,
Thug e làmh dha anns a' bhargan
Gum biodh e ri falbh na chuideachd.
Sibhs' tha fuireach ann an Leòdhas
Ma tha aois no òig' gar cumail,
Earbaibh sinne na ur n-ùrnaigh
Ris an Ùghdar aig a' chruinne.

Freagairt le 'Leòdhasach Eile'

Is mise Murchadh, mac do nàbaidh,
Rinn thu chàineadh ann ad òran,
Mur do chuir mi suas an khaki
Nach eil àireamh dhe mo shèorsa
Thall 's a-bhos air feadh na rìoghachd
Leis an fheàrr an t-sìth na chòmhrag,
Faicibh na tha measg nan Gall diubh,
Ged a tha iad gann an Leòdhas.

Ged a dh'fhalbhainn anns an t-seasamh
A ghabhail an tastan àirleis,
'S ann a bhios a' chliù aig Sasainn,
Gach gaisgeadh a nì na Gàidheil.
Riamh o thàinig sgoilean Gallda
Dhubhadh a-mach cainnt ar màthar.
Iomradh air Sir Cailean Caimbeul?
Cha chluinn mi ach "English Army".

"Who will protect the homestead in which you were raised? Who will protect your mother if the enemy comes from the continent? Raise your eyes from the ground. Give me your hand and we'll leave together. We will conquer the Kaiser's army in the trench or on the plain."

Murdo reacted quickly. He raised his eye in a smart and manly fashion; he shook his hand as a sign that he'd leave with him. You who live in Lewis, whether it is age or youth that keeps you there, commend us in your prayers to the Creator of the universe.

Reply by 'Another Lewisman'

I am Murdo, the son of your neighbour, whom you criticised in your song. If I didn't don the khaki there are many like me throughout the land who prefer peace to war: see how many Gaels are among them, though admittedly not so many in Lewis.

Were I to leave this minute to take the King's shilling, England will take the glory for all the brave deeds done by Gaels. Ever since English schools began our language has been wiped out; mention "Sir Colin Campbell" and all you hear is "English Army".

Cha chuala sinn gun d' rinn thu fèin
A bheag de threubhantas sna blàraibh.
Carson a sheachain thu am fèileadh
Mar èideadh a chur an-àirde,
Dhol a dhìon do rìgh 's do dhùthaich,
Do shaorsa 's cliù nan àrmann
Choisinn iomadh buaidh do Alba,
A h-eachdraidh, a h-ainm 's a cànan?

Ged tha thu 'n-diugh nad bhodach,
Bha thu roimhe seo nad òigear,
'S uaireannan feum air do leithid
Na loisgeadh tu peilear còmhnard.
Carson nach robh thu 'n Omdùrman
Fo stiùireadh Shir Eachainn MhicDhòmhnaill,
Cha b' iongnadh ged chuireadh e sìos
Air fear nach dìonadh dachaigh òige.

'S iomadh saighdear tha tighinn leòinte
Nall do Leòdhas aig an àm seo
'S do gach ceàrnaidh eile dh'Alb',
Ach 's iomadh fear a dh'fhalbh 's nach till ann.
'S lìonmhor mac fhuair àrach mùirneach
Tha 'n-diugh an ùir na Frainge,
'S ciamar phàighear nis na pàrantan
A dh'fhàg iad aig an teintean?

Chan urrainn iad ruamhar a dhèanamh,
Chan fhaod iad iarraidh na dèirce,
Cha mhòr is urrainn na càirdean
A phàirteachadh riutha nan èiginn.
Ged robh a' mhòine na càrn
Am Buaile nan Cnàmh air a stèidheadh,
Cha toir iad ach tearc de dh'fhàdan
Às a chumas blàth an èibheil.

We have not heard that you yourself ever showed courage in battle. Why did you not don the kilt to defend your king and country, your freedom and the reputation of the warriors who won many victories for Scotland, her history, name and language?

Though you are now an old man, you were young once and there were times when your like was needed, if you could aim a gun. Why were you not in Omdurman under the command of Sir Hector MacDonald: it is no wonder that he criticised those who wouldn't defend the home of their youth.

There are many soldiers returning wounded to Lewis and to many other parts of Scotland at this time and many who will never return. There are many sons who had a happy childhood here who today lie under French soil, and how will the parents whom they left at their firesides be repaid?

They cannot till the land, they will not beg for alms nor are their relatives in a position to help them in their distress. Although the peats were to be piled high at Buaile nan Cnàmh, they couldn't take them home to keep their fires going.

Cia meud a dh'fhalbh à Daile Beaga
A chumail aghaidh ris na nàimhdean?
Bheil mòran a mhuinntir na Riofa
Sìos gu 'n iosgaidean san trainnse?
Cia meud a thàinig dhachaigh leòint'
A Dhaile Mòra no do Ghabhsann,
Ged tha annta caoraich bhrògach
Le 'n uain mu chòir lic an teinntein?

'S truagh nach robh Ceusar na mallachd
Air a losgadh eadar theintean
No air a reubadh le eachaibh
On is peanas ceart a thoill e.
Ma gheibh na rèisimeidean againn
Greim air amhaich air an t-slaighteir,
Chan fhaic e gu bràth St Helena,
Thèid a chur fo bhinn am Belgium.

How many left Dalbeg to go to face the enemy? Are there many from Reef submerged to their thighs in the trenches? How many have come home wounded to Dalmore and Galson, though they are like lame sheep with their lambs beside them at the fireside?

It's a shame that the accursed Kaiser has not been burned in a fire or torn apart by horses, since he deserves a fitting punishment. If our regiments get the blackguard by the throat, he will never see St Helena but will be tried in Belgium.

Crìoch Deireanncah a' Cheusar

Niall MacIllEathain, Caolas, Tiriodh

Thuirt Aonghas ris a' Cheusar, "'S tu 'n aimlisg gun tùr,
'S an gnìomh rinn thu 'm-bliadhna cha mheudaich do chliù,
Thug Bernhardi dhuinn fianais air gach miann bha nad dhùil,
Gach rìoghachd fon iarmailt bhith fo riaghladh do chrùn."

Thuirt an Ceusar ri Aonghas, "Cha robh iorghail nam bheachd
Ach tha Breatann seo daonnan a' caonnag le feachd,
Togail chìsean neo-dhìreach bhar rìoghachdan lag,
Ach tha mis' ann am aonar cumail an t-saoghail seo ceart".

Aonghas:
Chan eil thu idir nad aonar, aig an t-saoghal tha fios
Gun robh an Donas gad sheòladh, gealltainn glòir dhuit is meas,
Gus an d' fhuair e fo spòig thu le seòltachd a chleas,
Cha bu leir dhuit, a bhrònain, e bhith 'n tòir air do sgrios.

An Ceusar:
Tha mòran den fhìrinn 's gach nì tha thu 'g ràdh,
Gheall e dhomh gum biodh sibhs' agus Èirinn aig blàr,
'S gun gluaiseadh e strì dhomh sna h-Innsibh an Ear,
'S gu robh 'n rathad gu Paris dhomh sàbhailt' gu beachd.

An Donas:
Ò, Uilleim! Ò, Uilleim! a bhurraidh gun ghò,
Na creid thusa duin' thig à Eilean a' Cheò.
Ma sheasas tu dìleas 's nach dìobair thu chòir,
Nì mis' thu nad Ìompair' air gach mìr den Roinn Eòrp'.

Aonghas:
'S iomadh fear chuir thu gòrach le mòrchuis is uaill,
Siud am fasan a bh' agad cur cagar nan cluais
'S tu gealltainn an-còmhnaidh dhaibh sòlas bith-bhuan,
Siud an nì nach gabh faotainn an taobh seo den uaigh.

The Kaiser's Ultimate Downfall

Neil MacLean, Caolas, Tiree

Angus said to the Kaiser, "You stupid fool, what
you did this year will not enhance your reputation.
Bernhardi has shown that your intention was to rule
every country on earth."

The Kaiser said to Angus, "I had no thoughts
of battle, but Britain and its armies were always
aggressive, imposing unfair taxes on weak countries,
but I alone can keep this world right.'

Angus:
Not you alone: the world knows the devil guided you,
with promises of power and glory, till he got you
under his thumb with his guile. You did not see,
you poor soul, that he wanted to destroy you.

The Kaiser:
There is much truth in what you say: he promised
that you and Ireland would be at war, that he'd
instigate a campaign for me in the East Indies and
that the road to Paris would be mine for the taking.

The Devil:
William! you guileless simpleton, don't believe anyone
from the Misty Isle. If you remain loyal, and don't
forsake your rights, I'll make you Emperor of all
Europe.

Angus:
You've driven many mad with pride; it's your
custom to whisper to them, promising them eternal
happiness, something which can't be delivered this
side of the grave.

An Ceusar:
'S mòr tha ormsa de dh'aireach' gun thachair sinn riamh,
Ach, eudail nan gillean, na innis do Niall,
Tha fios gun deach mise air sligheachan fiar
Ach cha toil leam na bàird a bhith 'n sàs ann am bhian.

An Donas:
Tha thu gearain an-còmhnaidh 's tha mòran ga d' dhìth
Ach shaoilinn gum fàgadh tu pàirt agam fhìn.
Ged tha 'm fuachd ort an-dràst' sa chlais-bhlàir 's tu gun dìon
Tha teas agus blàths anns an àit' a tha shìos.

Gheall thu dhòmhsa le bòidean mun do thòisich an strì,
Gum biodh murt agus reubadh is lèirsgrios san tìr.
Tha seo agams', a charaid, le barantas sgrìobht'
'S cumaidh mis' thu ri d' fhacal 's an t-slat air do dhruim.

An Ceusar:
Air d' athair, a fhleasgaich, dèan beagan de d' bhòst,
Nuair a gheibh mis' an cumhachd 's iad uile fo m' sgòid,
Bidh do rìoghachd-sa cuideachd an cunnart gu leòr
'S air son sgrìobhadh air pàipeir na earb ris ri d' bheò.

An Donas:
Bha fios agam riamh gun robh thu breugach ad dhòigh,
'S e sin chuir mi, laochain, 'n gaol ort cho mòr.
Tha do thuarastal cinnteach, chaidh a sgrìobhadh le Pòl,
'S ma leughas tu 'm Bìoball gum mìnich e 'n còrr.

Aonghas:
Cha chreideadh tu mise, tha thu nis aig' an sàs
Le teadhair mu d' mhuineal, a bhurraidh gun stàth,
Thoill do ghnìomharan breuna do cheusadh gu bàs
'S chan aithne dhomh duine tha duilich mu d' chàs.

The Kaiser:
I greatly regret we ever met; but, darling of men, do not tell Neil. I have certainly gone astray but I don't like poets attacking me.

The Devil:
You always complain, and you want too much, but I thought you'd leave something for me. Though you are now cold and defenceless in the gutter of battle, there is heat and warmth down below.

You promised me before the struggle began that there would be murder and destruction in the land. I have this on your written authority and I'll keep you to your word with a rod on your back.

The Kaiser:
Less of your boasting, my lad. When I get power, with everyone under my sway, your kingdom will also be in danger. As for promises written on paper, I just ignore them.

The Devil:
I always knew you were a liar: that is why, my boy, I loved you so much. Your reward is assured: it was written by Paul and the Bible will explain the rest to you.

Angus:
You wouldn't believe me. He now has hold of you with a tether round your neck, you useless fool. Your corrupt deeds mean you will die and I know of nobody who is sad about your plight.

An Donas:
Thuirt an Donas ri Iùdas, "Tilg an diùlnach gun dàil
Eadar chorp agus anam anns an teine nach cnàmh.
Cha robh neach air an t-saoghal a thug gaol dhomh cho tràth
'S gheall mise air m' onair gum biodh oisean-san blàth.

An Ceusar:
Nach ann dhòmhsa, a chuideachd, a bha 'n tubaist san dàn,
Dol don t-slochd tha gun ìochdar measg mhìltean de ghràisg,
Ò, nach bochd an ceann-crìch' e do rìgh bha cho àrd,
Far 'm bi gul agus gìosgan air m' fhiaclan gu bràth.

The Devil:
The Devil said to Judas, 'Immediately cast him, body and soul, into the eternal fire. No-one on earth loved me so readily as you and I gave my word of honour that your corner will be warm.'

The Kaiser:
What a miserable fate has been set out for me - in a bottomless pit with the rabble in their thousands. With weeping and gnashing of teeth. What a poor end for a king of my importance.

Cion an Tombaca

Iain Mac an Aba, Cille Mhoire, an t-Eilean Sgitheanach

Le mo spliùchdan o hì
Le mo spliùchdan o hò
Ruith air bùithnean o hì
'G iarraidh lùban gu ceò.

Fir a chleachd iad o hì
Mur bi aca o hò
Pìob 's tombaca o hì
'S beag an tlachd a bhith beò.

Sgrìob mi 'n dùthaich o hì
H-uile cùil dhith ho rò
Suas gu Ùige o hì
Sìos gu Bùth Nigh'n Iain Hòil.

Ceann Sàil Eighre o hì
Cha robh grèim ann ho rò
Null gu Steidhseal o hì
Tron a' bheinn 's mi gun treòir.

Siubhal aonaich o hì
Fann 's mi 'm aonar ho rò
'S mi cho slaodach o hì
Ri bla-laoghain air snòd.

Chaidh mi chàidseadh o ì
Suas a dh'Eàrlais ho rò
Bhon a b' àbhaist o hì
Rob is Dànaidh bhith còir.

Lack of Tobacco

John MacNab, Kilmuir, Skye

With my pouch o hì, with my pouch o hò, I tour all the shops o hì, looking for a 'twist' to smoke.

Those whose habit it is, if they do not have their pipe and tobacco there's little pleasure left in life.

I scoured every part of the district, from Uig to Iain Hòil's daughter's shop.

Kensalyre, not a morsel. Across to Stenscholl over the hill. I am at my wit's end.

Across the moorland, weak and lonely, as slow as a calf on a tether.

I tried to cadge some in Earlish because Rob and Danny are kind.

Choinnich ceàrd rium o hì
'S bun siogàr aige beò
'S thuirt mi, "Nàbaidh," o hì
"Leig a' fàileadh nam chòir".

Mi cho gruamach o hì
'S gun tuirt Luath-bheul ho rò
"Fhaic sibh Ruairidh o hì
'S fada-cruaidh air a shròin".

Biadh cha chòrd rium o hì
Fìon chan òl mi ho rò
Smocadh mònadh o hì
Mar bu nòs dhomh 's mi òg.

Aig an teinntean o hì
Mi cho millteach ho rò
Bristeadh thruinnsear o hì
Cnapadh cinn na cloinn' òig.

Mìle marbhphaisg o hì
Air a' Ghearmailt ho rò
'S a cuid armachd o hì
Rinn an aimlisg seo oirnn.

Crocht' an Ceusar o hì
Mar a thoill e ho rò
'S cuiridh Maileas o hì
Dul is snaidhm air a' ròp.

Le mo spliùchdan o hì
Le mo spliùchdan o hò
Ruith air bùithnean o hì
'G iarraidh lùban gu ceò.

I met a traveller with a lit cigar stump and I said,
'Friend, let me have a whiff of its smell.'

I was so gloomy that the Witty One said,
"See Ruaraidh with a rainbow on his nose."

I don't enjoy food, I don't drink wine, I smoke peat
as was my habit when young.

I am niggly at home, breaking plates, rapping the
heads of children.

A thousand deaths to Germany with its weapons
which has brought about this calamity.

May the Kaiser be hanged as he deserves: Maileas
will put a loop and a knot on the rope.

With my pouch o hì, with my pouch o hò, I visit shops
o hì, looking for a 'twist' to smoke.

’Illean, na Biodh Oirbhse Smalan

Iain Caimbeul, Seonaidh Mòr Mac ’ain Chaimbeil, Ùige, an t-Eilean Sgitheanach

Tha am bàrd a’ freagairt ghearainean air saighdearan a bha air an deoch a ghabhail ann am Port Rìgh às dèidh dhaibh tilleadh às a’ chogadh.

’Illean, na biodh oirbhse smalan,
Fhearaibh, na biodh oirbhse gruaim,
Mas e nì gun gabh sinn drama
’S ann uair ainneamh thèid sinn suas.

Gu bheil gach cailleach anns an àite
Ga ar càineadh feadh na tìr
Bhon a ghabh sinn smùid an ànraidh
Là a bha sinn am Port Rìgh.

Gu bheil ceistearan na dùthcha
Anns a’ chùbaid ag ràdh rinn,
“Nach e balaich òga Ùige
Chaill an cliù an Arm an Rìgh.”

Sibhse ’s motha nì de bhòilich
Là ur n-òig’ bu ghòrach sibh,
Bheil cuimhn’ agaibh bhith sna claisean
Ga ur dalladh leis an sprì.

’S ann their cuid gu bheil sinn cracte,
’S dòch’ nach eil iad fada ceàrr,
Nam faiceadh iad na chunnaic sinne
’M biodh iad idir dad na b’ fheàrr?

’S bheirinn comhairl’ air gach cailleach
’S air gach bodach anns an àit’
Gun iad bhith cruaidh air na balaich
Sheas cho fearail anns gach càs.

Lads, do not be Gloomy

John Campbell, Uig, Skye

The poet answers complaints against soldiers who got drunk in Portree on their return from the war.

Lads, do not be gloomy. If we happened to have a dram, it isn't often we go up to town.

All the old women everywhere criticise us because we got drunk one day in Portree.

The catechists tell folk from the pulpit, "The young Uig men have lost their reputaton in the King's Army."

You who engage in idle prattle, were you not foolish yourselves when you were young; do you not recall being blind drunk in the ditches?

Some will say that we are mad – perhaps they are not far wrong. If they had seen what we have seen would they be any better?

And I'd advise every old woman and old man not to be hard on the lads who stood so manly in the face of danger.

CALL

LOSS

Marbhrann do Dhòmhnall Iain

Seonaidh Caimbeul, Taobh a Deas Loch Baghasdail, Uibhist a Deas

Do Dhòmhnall Iain Mac-a-Phì a dh'èirich suas còmhla ris a' bhàrd ann an Uibhist.

B' e seo foghar mo sgaraidh
A dh'fhàg mi airtnealach tùrsach,
Chuir e maille nam lèirsinn
'S chan eil ceum agam sunndach,
Bhon chuala mi 'n naidheachd
Gun thu aca sa chunntais
Nuair a bhuail iad ri àireamh
Na bha air an sàbhaladh dhiùbhsan.

Is goirt an naidheachd a fhuair mi
'S mi san uair gu math sunndach,
Gu robh thus' air do bhàthadh,
Sgeul mo chràidh tighinn dha m' ionnsaigh.
'S ann a-mach bho Cheann Èireann
Fhuair an t-eug thu ri d' chunntais,
Is gura mise tha gu deurach
Chaill mi, m' eudail, mo dhùil riut.

Chan e airgead no òr
'S chan e stòras no ionntas,
Ged a gheibhinn e còmhla,
Dh'fhàg mi brònach gad ionndrainn,
Bha do chridhe cho blàth dhomh
'S bha do nàdar cho ciùin rium
Is bha thu coibhneil nad inntinn
A h-uile nì tighinn le d' dhùrachd.

Elegy for Donald John

John Campbell, South Lochboisdale, South Uist

For Donald John who was brought up with the poet in Uist.

This is the autumn of my discontent which has left me sad and broken. My sight is dim and my step heavy since I heard that you were unaccounted for among the survivors.

I got the news that you had drowned at a time when I had been happy and it is a source of great sorrow to me. It was in the Irish Sea that death caught up with you, leaving me, my dear friend, tearful without you.

It isn't loss of gold or silver or other possessions that has left me so sad. Your heart was so warm towards me and your nature so gentle; you were generous in your thinking, doing everything with good humour.

Is beag an t-iongnadh sin dhòmhsa
A bhith cho brònach gad ionndrainn,
Cha tug thu dhomh nàire,
Rud a dh'fhàgadh air chùl mi,
Bha thu aoidheil ri d' chàirdean
Is cha robh càch ort an diombadh,
'S bu mhòr do theist aig gach nàbaidh
A bh' anns an àite seo dlùth dhut.

Is bidh mi smaointinn gu tric,
A Dhòmhnaill Iain, gach àm ort,
Gura sibh bh' anns an èiginn
An àm dhan bhèist bhith tighinn teann dhuibh,
Ach le toil Rìgh nan Gràsan
Nuair a thàinig an t-àm, Ò!
Gun do theirig an ùine,
'S i 'n dèidh a cunntais gu ceann dhuibh.

Bhon a tha thusa dhìth oirnn
'S nach fhaigh sinn thu le ionndrainn,
'S iomadh fear agus tè, Ò!
Dh'fhàg an Ceusar gu tùrsach,
A chuir e an cadal a dhìth orr'
Is iomadh oidhche nan dùsgadh,
'S e rud is urrainn dhuinn fhìn
A bhith ort cuimhneach nar n-ùrnaigh.

It is no wonder that I miss you so badly: you never shamed me or did me wrong. You were generous to your family, and everyone liked you; all your neighbours speak highly of you.

I often think, Donald John, of the dire straits you were in when the beasts closed in on you. But it was the will of God that the time had come; your life had run its course and had come to its end.

You are lost, and mourning cannot bring you back to us. There are so many men and women that the Kaiser has left heartbroken, unable to sleep, lying awake in the night, and all we can do is to remember you all in our prayers.

Cumha Alasdair

Donnchadh MacIain, Ìle.

Don Chaiptean Alasdair MacArtair à Rèisimeid Earra-Ghàidheal a chaidh a mharbhadh aig Beaumont Hamel air 16 Samhain 1916.

'S truagh mi fo ghruaim, chan eil sùgradh air m' aire,
Ged fhuaireadh a' bhuaidh 's daor a chuireadh an latha,

Ged fhuaireadh a' bhuaidh 's daor a chuireadh an latha,
'S iomadh fiùran òg suairc' anns an uair seo nach maireann,

'S iomadh fiùran òg suairc' anns an uair seo nach maireann
Agus gaisgeach mòr cruaidh o gharbh-chrìoch nam
 beannaibh,

Agus gaisgeach mòr cruaidh o gharbh-chrìoch nam
 beannaibh.
Thuit MacArtair, mo thruaigh! an curaidh uallach deas
 fallain,

Thuit MacArtair, mo thruaigh! an curaidh uallach deas
 fallain,
Fear a b' àille measg cheud, cha sgeul-brèig' e ri aithris,

Fear a b' àille measg cheud, cha sgeul-brèig' e ri aithris,
Ceannard cliùiteach nan laoch o Aora nam bradan,

Ceannard cliùiteach nan laoch o Aora nam bradan,
Mar'aisg air a' mheur rinn an teine siod fhadadh!

Mar'aisg air a' mheur rinn an teine siod fhadadh!
An teachdaire breun rinn an treun-fhear a leagail,

Lament for Alasdair

Duncan Johnston, Islay

For Captain Alasdair MacArthur of the Argyll Regiment who was killed at Beaumont Hamel in November 1916.

I am sorrowful and joyless. Though victory has been won
it has been at a high price.

Though victory has been won it has been at a high price,
there are many fine young men who are no longer with us.

There are many fine young men who are no longer with
us, many a big strapping warrior from the Highlands.

Many a big strapping warrior from the Highlands.
Alas, MacArthur has fallen, that proud and brave hero.

Alas, MacArthur has fallen, that proud and brave hero,
that most handsome of men and that is no exaggeration.

That most handsome of men and that is no exaggeration,
the renowned leader of men from Inveraray of the salmon.

The renowned leader of men from Inveraray of the salmon.
A curse on the finger that fired that shot!

A curse on the finger that fired that shot, the wretched
messenger of death who felled the warrior.

An teachdaire breun rinn an treun-fhear a leagail,
Aig Hamel nan euchd 'n àm froiseadh nam peilear,

Aig Hamel nan euchd 'n àm froiseadh nam peilear,
'S luchd breacan an fhèil' le 'n geur-lannaibh tana,

'S luchd breacan an fhèil' le 'n geur-lannaibh tana
Dol bras anns an t-sreup, a' toirt Bheaumont gu talamh.

Dol bras anns an t-sreup, a' toirt Bheaumont gu talamh.
Gu deireadh mo rèis cha tèid e às m' aire,

Gu deireadh mo rèis cha tèid e às m' aire.
Mo chreach is mo lèir nach tig Alasdair dhachaigh!

The wretched messenger of death who felled the warrior
at heroic Hamel when the bullets were flying.

At heroic Hamel when the bullets were flying and the
tartan-clad troops with their thin sharp blades.

The tartan-clad troops with their thin sharp blades rushed
into the attack, razing Beaumont to ground.

Rushed into the attack, razing Beaumont to ground.
Till the end of my days I will never forget.

Till the end of my days I will never forget the devastating
news that Alasdair is not coming back.

Tha mi Duilich, Duilich, Duilich

Catriona Mhoireasdan, BhPh NicAoidh, Brèinis, Ùig, Leòdhas

Dha bràthair, Dòmhnall, a chaidh a bhàthadh sa Ghiblean 1917 nuair a chaidh HMS Jason a chur fodha le mèinn faisg air Eilean Chola.

Tha mi duilich, duilich, duilich,
Duilich airson mo bhràthair,
Tha mi duilich, tùrsach, cianail,
Làn de chianalas a tà mi.

Bha thu measail anns gach baile
'S aig gach banabaidh is nàbaidh.
Fichead mìle mach à Èirinn
Anns an Jason chaidh do bhàthadh.

Ach cha tèid sinn dh'ionnsaigh d' uaighe,
Fada bhuainn sa chuan a tà i,
Ach nam biodh tu ann an Crìosda
Bhiodh sinn riaraicht' leis an àmhghair.

Nuair a thèid mi chun an dorais
'S a chì mi na feannagan àitich,
Liuthad latha bha thu sgìth dhiubh
Mus do thaom thu iad an-àirde.

Nuair a thèid mi gu do leabaidh
'S a bheir mi làmh oirr' gus a càradh,
'S a chuimhnicheas mi do leabaidh fhuar-sa
Anns a' chuan a-chaoidh nach blàthaich.

Nuair a thèid mi chun an dorais,
Oidhche ghealaich 's i na h-àirde,
Cianalas a' tighinn air m' inntinn
Nuair a chluinn mi fuaim na tràghad.

I am Sad, so very Sad

Catherine Morrison, Breanish, Uig, Lewis

For her brother, Donald, who was lost when HMS Jason was sunk by a mine near Coll in April 1917.

I am sad, so very sad about my brother. I am lost without him and I miss him dearly.

You were popular with all your neighbours, men and women. Twenty miles out from Ireland you were drowned in the Jason.

We can never get to your grave: it is far from us in the ocean. But if you were in Christ we could bear the agony.

When I go to the door and look at your croft, I think of all the days you tired yourself out tilling it.

When I go to your bed and start to make it, I think of your cold bed in the ocean that will never get warmer.

When I go to the door, on a night when the moon is full, nostalgia fills my mind when I hear the sounds of the shore.

’S e thubhairt thu ri Calum do charaid
Nach deigheadh talamh gu bràth ort
Is nach fhaiceadh tu tuilleadh Ùige
’S nach fhaiceadh tu a-chaoidh do chàirdean.

You told your friend Calum that you would never be buried in the earth and that you would never again see Uig or your family.

Cumha do dh'Alasdair Mac an Rothaich

Dòmhnall MacLeòid, Cataibh

Do Alasdair Mac an Rothaich, Druim Beag, Cataibh, a bha na oifigeir sna Scottish Rifles.

Chaidh ghrian fo sgòth 's tha ceò air Cuinneig,
Tha gàir sna glinn 's na h-uillt ri tuireadh,
Tha toirm na tràigh gu dubhach àrd,
'S mo lèir mar tha, 's nach till thu rinn.

Tha muir is beinn fo theinn 's fo mhulad,
Tha eòin an t-slèibh' gun ghleus, gun luinneag,
On thàinig sgeul tha guineach geur,
A' cur an cèill nach till thu rinn.

Tha iomadh buadh ri luaidh mu d' phearsa,
Thu fearail, stuama, suairce, snasta,
Bu mhàlda, ciùin do shealladh sùil,
'S ann oirnne dhrùidh nach till thu rinn.

Bu lìonmhor sàr dhut fàilt' is furan,
Bhiodh gean is àgh nad àite-fuirich,
Do theachd 's do thriall bha maiseach riamh,
'S on ear no 'n iar cha till thu rinn.

Bu shunndach gleust' do cheum sa mhonadh
'S tu cur nan ruaig daimh ruadh a' choire,
Thu sgaiteach calm' an ciùin no 'n stoirm,
Ò, 's cruaidh an t-seirm nach till thu rinn.

Ged bha thu òg, bu bheò do ghaisge,
Bu deas do lann air ceann a' cheartais,
Tha d' chadal sèimh san eilthir chèin,
Mo bhròn 's mo lèir nach till thu rinn!

Elegy for Alasdair Munro

Donald MacLeod, Sutherland

For Alasdair Munro, Druim Beag, Sutherland,
who was an officer in the Scottish Rifles.

The sun is behind the clouds and there is a mist on
Cuinneag, there is a moaning sound in the glens as
the streams lament and the roar of the sea is high.
I am bereft that you won't be coming back to us.

Sea and hill are sad and mournful, the birds of the
moorland lack music and song since the news came
that is so sharp and hurtful, reminding us that you
won't be coming back to us.

There are many virtues to list in your character.
You were manly, respectful, refined and skillful.
Your demeanour was gentle and calm. It saddens
us that you won't be coming back to us.

Men of high rank welcomed you. Your home was
always full of kindness and warmth. Your comings
and goings were always exemplary. From east or
from west you won't be coming back to us.

Your stride on the hill was energetic and experienced
as you chased the red deer in the corries. You were
strong and brave in calm and in storm. It's a sad
refrain that you won't be coming back to us.

Though you were young, your courage was strong;
your arm was ready in the cause of justice. Your sleep
is peaceful in your distant exile. I am grief-stricken
that you won't be coming back to us.

An dèidh na h-oidhch' thig soills' na madainn,
An dèidh na dùbhlachd dùsgaidh earrach,
Ge dorcha 'n speur thig deàrrsadh grèin',
Ach dh'fhalbh an treun 's cha till e rinn.

An Saighdear nach Till

Dòmhnall MacAoidh, Bàrd an Ach, Leòdhas

Tha an saighdear na chadal 's a ghunna ri thaobh,
Tha an saighdear na chadal, cha dhùisg e sa mhadainn,
Tha an saighdear na chadal, cha phill e an taobh-s'.

Ged a b' aotrom a cheum anns a' mhadainn an-dè
Dol an aghaidh na nàimhdean air àrdaibh an t-slèibh,
Gunna mòr na lasair dhonn a' tuiteam gach taobh,
Ged bhuinig e 'm batal tha fhuil anns na raoin.

Tha mhàthair rinn àrach ri gul is ri caoidh,
Tha bhanntrach le naoidhean ri tuiream san oidhch',
Gu dè bhuannachd tha dhaibhsan gun choisinn e blàr,
'S e litir a charaid a tha 'g innse mar bha.

Tha moit air an rìoghachd a choisinn am blàr
'S saighdearan fearail chuir ruaig air an nàmh,
Airson tastan san latha taomadh fal' air gach taobh,
Na mìltean nan cadal 's an gunna ri 'n taobh.

Bha luchd-riaghlaidh an t-saoghail nam brùidean bho chèin
Ri marbhadh an t-sluaigh airson buannachd dhaibh pèin,
Ò, greasadh an latha 's am bi sìth fon a' ghrèin
'S nithear coltairean treabhaidh de na claidhmhean gu lèir.

After the night comes the brightness of morning; after dark winter spring awakens; the sun will shine through however dark the sky. But the warrior has gone and will not be coming back to us.

The Soldier who will not Return

Donald MacKay, Achmore, Lewis

The soldier sleeps with his gun by his side; he'll not wake in the morning; he'll not return.

Light was his step yesterday morning, attacking the enemy on the slopes while the big guns spewed out flames on every side. Though he won the battle he shed his blood in the field.

The mother that raised him mourns; his widow weeps at night with her child beside her. What benefit is it to them that the battle was won? His friend's letter tells what happened.

The country is proud to have won the battle, its manly soldiers routing the enemy. They shed their blood for a shilling a day, thousands of them now asleep with their guns by their side.

The rulers of the world have always been brutal tyrants, killing people for their own ends. May peace come soon and may all the swords be turned into ploughshares.

Marbhrann do dh'Alasdair MacLeòid, Alasdair Dhòmhnaill Òig

Eachann MacFhionghain, Port, Beàrnaraigh Na Hearadh

Tha an t-òran mar gum b' ann air a dhèanamh le màthair Alasdair.

Gur e mise tha gad chaoidh
Gach là is oidhche leam fhìn,
Is chan annasach sin leibh
Gu bheil falt mo chinn air gealadh.
Ò, 's ann tha mo ghaol-sa thall.

Mi air gealadh mar a' chaor',
Mar an sneachd' air feadh an raoin,
No mar cheò a chì thu sgaoilt'
Air an aonach moch sa mhadainn.
Ò, 's ann tha mo ghaol-sa thall.

Gu bheil m' inntinn-sa fo leòn
Is cha dùisg i suas ri ceòl,
'S mi ri ionndrainn a' ghill' òig
Nach fhaic mi ri m' bheò tighinn dhachaigh.
Ò, 's ann tha mo ghaol-sa thall.

Chan fhaic mi gu bràth a ghnùis,
Aghaidh shìobhalta bha ciùin,
Sùil a' chalmain fo rosg dlùth
'S pearsa chùbhraidh mar an canach.
Ò, 's ann tha mo ghaol-sa thall.

Tha do leabaidh fada bhuainn
Far a bheil thu sìnte fuar,
Gur e dìthean gorm is uain'
Tha ri còmhdach d' uaigh san talamh.
Ò, 's ann tha mo ghaol-sa thall.

Elegy for Alasdair MacLeod

Hector MacKinnon, Ferry, Berneray, Harris

The song is written as though spoken by Alasdair's mother.

I weep for you night and day when I'm alone: it will
not surprise anyone that my hair has turned white.
My beloved one has gone.

White as sheep or snow or as the morning mist on
the hill. *My beloved one has gone.*

My mind is gloomy and is not lightened by music.
I sorely miss the young man whom I'll never see
coming home. *My beloved one has gone.*

I'll never see his calm gentle face, his dove-like eye
and a nature as fragrant as a flower. *My beloved
one has gone.*

Your bed is far from us where you coldly lie;
blue and green flowers cover your grave in the earth.
My beloved one has gone.

Gur e mhiannaichinn às ùr
Bhith nam sheasamh os a cionn,
Gus am faicinn le mo shùil
Far 'n do chuir iad thu air d' aineol.
Ò, 's ann tha mo ghaol-sa thall.

Tha do dhealbh agam air càrd,
'S anns a' chèis ud gu Là Bràth,
'S tric mo shùilean air an àird,
'N ùine gheàrr a bhios mi fantainn.
Ò, 's ann tha mo ghaol-sa thall.

Sin an ìomhaigh a bha blàth,
Air nach fhacas gruaim no pràmh,
'S nach dìochuimhnich mi gu bràth
Gus an càirear mi san anart.
Ò, 's ann tha mo ghaol-sa thall.

Nuair bhios càch nan cadal suain,
'S iad mo nàbaidhean mun cuairt,
'S ann bhios mise trom fo smuain,
Cuimhneachadh do shnuaidh nach dealaich.
Ò, 's ann tha mo ghaol-sa thall.

Cuimhneachadh nuair bha thu òg,
'S tu cho aotrom ris na h-eòin,
'S tu ri mireag feadh nan lòn,
Làithean sòlasach a bh' againn.
Ò, 's ann tha mo ghaol-sa thall.

Ach tha caochladh air an tràth,
Sgaoil am bròn air feadh an àit',
Tha gach inneal-ciùil na thàmh
Is cha dùisg iad 'n-àird gu h-ealamh.
Ò, 's ann tha mo ghaol-sa thall.

I wish I could stand over it to see where they laid you in a foreign field. *My beloved one has gone.*

I will keep your photo in a frame forever: I will keep looking up at it during the little time I have left.
My beloved one has gone.

A warm face, never surly, which I will not forget till I am placed in the shroud. *My beloved one has gone.*

When my neighbours round about are sound asleep, I am deep in thought, remembering your ever-present face. *My beloved one has gone.*

Remembering when you were young, as carefree as the birds, playing in the meadows: these were happy days. *My beloved one has gone.*

But times have changed: sorrow is everywhere; all musical instruments are silent and they will not readily awaken. *My beloved one has gone.*

’S lìonmhor màthair tha ri caoidh
’S tha ri ionndrainn rùn a crìdh’,
Rinn i àrach air a cìch,
Tha na shìneadh ’n-diugh gun anail.
Ò, ’s ann tha mo ghaol-sa thall.

’S lìonmhor maighdeann feadh gach àit’
Bhios gun leannan gaoil gu bràth
Bhon a thuit e anns a’ bhlàr
Leis an nàmhaid tha ro charach.
Ò, ’s ann tha mo ghaol-sa thall.

’S tric mi cuimhneachadh leam fhìn
Air an fhiùran a bha grinn,
’S bhon a sheòl e às an tìr
Gu bheil m’ inntinn-sa fo smalan.
Ò, ’s ann tha mo ghaol-sa thall.

Tha mo shùilean mar an t-allt,
Mar an t-uisge ruith tro ghleann,
’S tha mo cheum air fàs cho mall
’S nach dìrich mi ’n gleann gun anail.
Ò, ’s ann tha mo ghaol-sa thall.

’S ann ro ghoirid bhios an ùin’
Gus an tèid mi leat a-null,
Bhon tha ’n t-eug a’ tarraing dlùth
Chan eil dùil agam ri fantainn.
Ò, ’s ann tha mo ghaol-sa thall.

Dol dhachaigh dhan Dhachaigh Bhuan
Às na h-àmhghairean bha cruaidh,
A bha againn tro ar cuairt
Anns an fhàsach thruagh a’ fantainn.
Ò, ’s ann tha mo ghaol-sa thall.

Many a mother mourns, missing her heart's desire whom she reared at her breast but who now lies dead. *My beloved one has gone.*

Many a maid will never get her sweetheart back as he fell in battle to the cunning enemy. *My beloved one has gone.*

Often I think of that comely young man. Since he sailed away my mind has been full of sorrow.
My beloved one has gone.

My eyes are like a stream, like water flowing through the glen. My step is so weak that I cannot climb the glen without resting. *My beloved one has gone.*

Very soon I will join you yonder. Death approaches and I do not expect to be here much longer.
My beloved one has gone.

I will go to my eternal home far from the afflictions which have beset us on our journey and which are still with us in this wretched wilderness. *My beloved one has gone.*

Cumha Iain 'ic Neacail

Teàrlach MacMhathain, Teàrlach a' Phosta,
Am Bràighe, an t-Eilean Sgitheanach.

Bha Iain 'ic Neacail, Seonaidh Iain Duibh, ann an Arm Astràilia agus chaidh a mharbhadh air an aon latha is a chaidh e air tìr ann an Gallipoli.

Tha 'n dùthaich seo uile fo ghruaim
'S tha m' aigne-sa truagh fo leòn,
Thàinig naidheachd a-nochd gu m' chluais
An eilean beag uaine cheò,
Am fiùran bu shuilbhire snuadh,
Bha ceanalta suairce na dhòigh,
An-diugh bhith na laighe sa bhàs
'S nach cluinnear ghuth blàth nas mò.

Chan iongnadh ged shileadh mo dheur,
Ged nach togainn mo ghleus ach fann,
Ged theirigeadh gleus mo bheul,
Ged nach gearrainn mo cheum ach mall,
'S mi 'g ionndrainn an diùlnach bu ghleust'
Is minig a dh'èist ri m' rann,
Nach b' uallach a chàirdean gu lèir,
'S bu lùthmhor mi fhèin 's tu ann.

Nach duilich gun do sheòl thu à Cluaidh
Air iùbhraich nach gluais gun cheò,
Cur cùlaibh ri d' chàirdean 's do shluagh
'S tu gabhail a' chuain fo d' shròin,
'S tu 'n dòchas gun tachradh riut buaidh
San dùthaich san d' fhuaireadh òr.
An àite sin uile 's e fhuair
Sinn achmhasan cruaidh a' bhròin.

Lament for John Nicolson

Charles Matheson, Braes, Skye

John Nicolson was in the Australian Army. He was killed on the afternoon of the day he landed in Gallipoli.

The whole island is sad and I am likewise since the news reached Skye tonight that this handsome young man is dead and that his voice will be heard no more.

No wonder I mourn and that my spirit is downcast, that I cannot speak and that my step is slow. I miss the able hero who so often listened to my songs. Your relatives were proud of you and I was at my most cheerful when with you.

A pity that you sailed from the Clyde, leaving your relatives behind as you took to the seas, hoping for success in the land where gold had been found. Instead of that, we received this harsh and grievous rebuke.

Dh'fhàg thu sinn uile a d' dhèidh
Mar aiteal den ghrèin air tràigh,
Bu tùrsach do chàirdean gu lèir,
Bu tùrsach mi fèin thar chàich.
Do bhràithrean rùnach le chèil',
Cha bhi 'n lotan 's an creuchdan slàn,
Chan iongnadh an cridhe bhith reubt'
Le saighead cho geur on bhàs.

Chan fheàirrde mi idir mo dhàn,
Cha dèan e dhomh stàth am bhròn,
Cha toir e dhuinn dhachaigh na dh'fhàg,
Cha toir e on bhàs a chòir,
Ach tha duilichinn is mulad ga m' chràdh,
Gun d' rinn e ar fàgail òg.
'S e mo dhòchas sa Bhritheamh as àird'
Gu bheil e aig tàmh an glòir.

You left us all behind like a flicker of sun on the shore. All your relations are sad, I the saddest of all. Your brothers' wounds will not heal; no wonder their hearts are broken by such a sharp arrow of death.

My song is no cure for my sorrow; it will not return those who have gone; it will not take away from death its just reward. I am left heart-broken that he died so young. My hope rests in the Supreme Judge that he is at rest in glory.

Òran mar Chuimhneachan air Call na h-Otranto

Teàrlach MacNimhein, Cill Chomain, Ìle

Chaidh am bàta-cogaidh Ameireaganach, Otranto, fodha faisg air Ìle san Dàmhair 1918 le call-beatha mòr.

Air mìos deireannach an fhoghair,
An siathamh latha mas maith mo chuimhne,
Nuair a thàinig an Otranto
'S iomadh gaisgeach a bha innte,
Dhol a sheasamh saors' an t-saoghail,
Chan e mhàin air raoin na Frainge,
Air gach uile cheàrn ga sgaoileadh
Bratach shaors' o dhaors' a nàimhdean.

Bu bheag a shaoil nuair rinn iad fàgail,
Seadh, gum b' ann air tràigh an Ìle
A thachradh Rìgh Fuar a' bhàis orr'
Chum am fàgail ann nan sìneadh.
Is ged nach d' fhuair iad cùis air Nàmhaid,
Fhuair iad bàs a cheart cho dìleas,
Fhuair gach aon dhiubh bàs mar ghaisgeach
Fad o dhachaighean a shinnsear.

Thiodhlaic sinne iad leis gach urram
A b' urrainn sinn a chur air saighdear,
Chaidh am pasgadh mar bu mhiann leoth'
Anns a' Bhrataich Stiallaich Reultaich,
Is am beagan a bha beò dhiubh
Nochdadh coibhneas mòr is bàidh dhoibh,
Fhuair iad dìon is blàths is fasgadh
'S tric a thaisbeanaich na Gàidheil.

Song in Memory of the Loss of the Otranto

Charles MacNiven, Kilchoman, Islay

The American warship Otranto was lost in October 1918 near the coast of Islay.

In the final month of autumn, the sixth day if I remember, when the Otranto arrived here it was full of soldiers who had come to defend liberty, not only on the fields of France but across the world, and to unfurl the banner of freedom from the enemy's bondage.

Little did they think when they left home that they would encounter the Cold King of death on a shore in Islay and that it would leave them lying here. Though they did not meet the enemy face-to-face, they died just as patriotically: they died as heroes, far from the homes of their people.

We buried them with every honour we could bestow on a soldier, swathed as they would have wished in the Stars and Stripes. And the few who were alive were shown great kindness and respect - the support, warmth and shelter characteristic of the Gaels.

’S iomadh màthair ’s màitht’ glè aosta
Chaill a h-aon mhac mùirneach gràdhach,
’S iomadh nìghneag bhòidheach bhanail
A chaill a leannan air an tràigh ud.
Is Ò! cha till, cha till a h-aon dhiubh
Dh’ionnsaigh na dùthcha rinn iad fhàgail,
Tha iad tostach fuar nan cadal
Fad o dhachaighean an càirdean.

A-chaoidh bidh blàths gus ’n là mu dheireadh
Aig Ameireaga ri Ìle
Oir tha còrr is ceithir cheud dhiubh
Air an tiodhlaiceadh ann gu dìlinn,
Fo thulaichean gorma Chille Chomain
Tha na h-òganaich nan sìneadh
’S los gun dùisgear o na mairbh iad
Ghiùlan arm do dh’Ìosa Crìosda.

Many a mother, perhaps aged, lost her only happy, loving son; many a womanly, beautiful girl lost her loved one on that shore. None of them will ever return to the country they left behind; they sleep in cold and silence, far from their families.

There will always be a bond of warmth between America and Islay, for more than four hundred of them are laid here forever. The young men lie beneath the green knolls of Kilchoman, so that they can be awoken from death to bear arms for Jesus Christ.

Laoidh Fhearchair Eòghainn

Alasdair MacFhearghais, Bàrd Chliuthair, Na Hearadh

Gur toilichte sinne
Bhon rinneadh an tilleadh,
Gur toilichte sinne
Bhon thilleadh am blàr,
Gur toilichte sinne
Bhon rinneadh an tilleadh,
Ged nach leasaichte am fine
Aig duine anns na blàir.

'S iomadh balach bòidheach
San Fhraing air a' chòmhnard,
Tha 'n càirdean fo bhròn
Agus leòinte air an sgàth,
Nach èirich ri 'm beò às
Gun dùisgear iad còmhla,
'S bidh Fearchar Beag Eòghainn
San dròbh am measg chàich.

Bu mhòr a bha dhùil 'am
Ri d' fhaicinn san dùthaich,
An gàire air do ghnùis
A' tighinn dlùth don A' Bhàrd,
Chan fhaigh thu ga m' ionnsaigh
Bhon dh'fhàilig a' chùis ort,
Mo bheannachd a-null
Chon na h-ùir 's bheil thu cnàmh.

'S e dh'fhàg mi cho cianail
Bhith cuimhneachadh d' ìomhaigh,
Do ghruaidhean bha brèagha
Agus sgiamhach le càch,
Nach fhaic mi gu siorraidh
Air sàillibh an diachair,
Bha mhòr-fhear gur h-iarraidh,
Chuir ceudan gu bàs.

Hymn for Fearchar Eòghainn

Alasdair Ferguson, Cluer, Harris

We are happy that they were turned back and the battle turned round, though families have suffered grievously.

Many a fine lad lies on the battlefield in France, their parents mourning because they will not see them until the final day. Young Fearchar Eòghainn is one of that number.

I expected to see you soon, coming towards me with a smile on your face. Since you cannot now come I send my blessings to the earth in which your body is decaying.

I am despondent, remembering your handsome appearance which many admired: I'll never see it again on account of this sorrowful loss. Their leader who has killed hundreds wanted your life.

An 'trap' chuir thu 'n òrdugh
Leis an glacadh tu Seòras,
A shuidhich thu seòlta
Mus do thòisich am blàr,
Chuir thu do bhròg innt'
'S gun dhùin i mun spòig ort,
An-diugh anns an Òlaind
Gad leòn leis a' chràdh.

Ach sguiridh an Ceusar
Dha innleachdan gleusta,
Tha balaich na dhèidh
Chuireas e ann an sàs.
Nuair shuidheas na treubhan
'S an cinn chur ri chèile,
Bidh litir sa phàipear
Ga leughadh m' a bhàs.

Ged dh'fhàg iad thu dhìochuimhn',
Gun fhios dè bu chrìoch dhut,
Chan fhàgar le Dia thu
Nuair dh'iarrar thu 'n-àird,
Gun èirich ro d' ìomhaigh
Mar chunna' mi riamh thu
Do nàimhdean le fiamh
A' toirt fianais mu d' bhàs.

Nam bithinn-sa dlùth dhut
Nuair thàrr iad ga d' ionnsaigh,
Le gunna 's e dùbailt
Is e ùr na mo làmh,
Bhiodh frasadh le fùdar
Fo bhèigeileid rùisgte
Mas faicinn thu, rùin,
Is do chùl ris an làr.

The trap which the Kaiser laid to capture King George had been secretly put in place before the war started but he put his foot in it and it closed round his paw. Today he is in Holland, suffering in pain.

But the Kaiser will stop his plotting: young men are pursuing him who will put him in chains. When the nations consider matters and put their heads together, news of his death will be read in the papers.

Although people have forgotten you [the Kaiser], not knowing your final fate, God will not forget and you will be called up on high. Your enemies will rise up in front of your familiar image and with a smile will bear witness to your death.

Had I been near you, Fearchar, when they attacked you and had a gun in my hand, shots would have been fired and the bared bayonet employed before I let them leave you with your back to the earth.

Cumha do Mhurchadh MacÌomhair / Caoidh an aona-mhic

Alasdair MacÌomhair, Alasdair Mhurchaidh Bhàin, Am Bac, Leòdhas

Do aon mhac a' bhàird a chaidh a mharbhadh anns a' Bheilg ann an 1915.

Nuair bhios càch nan cadal 's srann ac'
Bidh a' chluasag fliuch fo m' cheann-sa
'S mi ri smaoineachadh do chaoimhneis
'S tu ann am Belgium nad laighe.

Ò, cò thogas dhìom an t-eallach?
Cha dèan càil ach gràs do m' anam.
Ò, cò thogas dhìom an t-eallach?

'S ann againne bha an luibh-sgàile
Nach d' fhairich sinn ri tighinn an-àirde,
Bha a dhuilleach fàs cho blàth dhuinn
'S gun robh sgàth againn fo fhasgadh.
Ò, cò thogas dhìom an t-eallach?

Bha e mar luibh-sgàile Iònah
On a dh'fhàs e suas bho òige
'S nuair bha dùil againn ri chòmhnadh
'S ann a chaidh e oirnn a ghearradh.
Ò, cò thogas dhìom an t-eallach?

'S ann againne bha 'n saighdear àlainn,
Bha e grinn o cheann gu shàilibh,
Cha bhiodh e gun fhiamh a' ghàir' air
'S a bhilean gràidh mar chìrean-meala.
Ò, cò thogas dhìom an t-eallach?

Lament for Murdo MacIver / Lament for the only son

Alasdair MacIver, Back, Lewis

For the poet's only son who was killed in Belgium in 1915.

When others are sound asleep my pillow is wet with tears as I think of your kindliness and the fact that you are lying dead in Belgium.

Oh, who will remove my burden? Nothing but grace for my soul. Oh, who will remove my burden?

What a gourd we had, which grew up unawares;
its foliage kept us warm and its shade sheltered us.
Oh, who will remove my burden?

He was like Jonah's gourd to us while he grew up but when we expected his support he was cut off from us. *Oh, who will remove my burden?*

He was a handsome soldier, comely from head to toe, always smiling, with loving lips as sweet as honeycomb. *Oh, who will remove my burden?*

’S iomadh caisteal chur mi suas leat
Ged nach robh e dhuinn na bhuannachd,
Gum bitheadh tu againn mar chluasag
Gu ’r cumail suas ’s thu an taic rinn.
Ò, cò thogas dhìom an t-eallach?

Nuair a thug iad do an Fhraing thu
’S a stiùir iad thu rathad Bhelgium
’S tric a thubhairt mi nam inntinn
Nach tigeadh tu chaoidh nar n-amharc.
Ò, cò thogas dhìom an t-eallach?

’S ann ort a bha calpa an fhèilidh
Le bonaid bhreac is dealbh an fhèidh air,
Bha thu sunndach air blàr rèise
’S ann agad fhèin a bha ’n ceum snasail.
Ò, cò thogas dhìom an t-eallach?

Bha thu sgoinneil air na raointibh
Gu bhith seasamh còir na rìoghachd,
’S ann ri dìreadh suas gu Ìopras
Chaidh mo ghaol-sa shìor-chasgadh.
Ò, cò thogas dhìom an t-eallach?

Murchadh Alasdair is Seòras,
Chaidh an dithis leagadh còmhla,
Cha b’ e dìth tuigs’ neo eòlais
Chuir na seòid ud thar an casan.
Ò, cò thogas dhìom an t-eallach?

Fhuair sinn sgeul o Mhurchadh Ruaraidh
Gun chuir iad comharra air ur h-uaighean,
Cha dèan e dhuinne stàth no buannachd
O nach fhaigh sinn cuairt gan amharc.
Ò, cò thogas dhìom an t-eallach?

Many a castle we built in the air, though that has brought us no support. *Oh, who will remove my burden?*

When they took you to France and sent you on to Belgium, I often thought you would not return to see us. *Oh, who will remove my burden?*

You were suited to Highland dress and, smart of step, you were happy on the field of competition. *Oh, who will remove my burden?*

You excelled in the battlefield, standing up for the country's rights. It was on the way up to Ypres that my beloved was slaughtered. *Oh, who will remove my burden?*

Murchadh Alasdair and Seòras were killed together: not for lack of understanding and knowledge were they brought down. *Oh, who will remove my burden?*

We were told by Murchadh Ruaraidh that they marked the graves. That will not help us because we cannot travel to see them. *Oh, who will remove my burden?*

Mur b' e giorrad na làimhe
'S nach leigeadh na càirdean ann mi,
Rachainn thar Caolas na Frainge
'S ruiginn Belgium le mo chasan.
Ò, cò thogas dhìom an t-eallach?

Cha robh oifigear na 'private'
Bha le bonaid breac is fèileadh
Nach do chruinnich nuair a phill iad
Airson amhlacadh nam balach.
Ò, cò thogas dhìom an t-eallach?

Ach mìle beannachd air ur càirdean
'S air na balaich rinn ur càradh,
Ged bu chruaidh e, dh'fheumte 'r fàgail
Ged nach robh sin le pàirt dhiubh furast'.
Ò, cò thogas dhìom an t-eallach?

Murchadh Ruaraidh, balach dòigheil,
Bha e sa Phlatoon ribh còmhla,
Tha e fhathast sàbhailt' beò
Is dòchasach gun till e dhachaigh.
Ò, cò thogas dhìom an t-eallach?

Iain Mhurchaidh, balach càirdeil,
Cha b' e idir bu chòir fhàgail,
Bha sibh 'g èirigh suas mar bhràithrean
Gus na rinn am bàs bhur sgaradh.
Ò, cò thogas dhìom an t-eallach?

'S cianail duilich mar a dh'èirich
'N dèidh dhuibh èirigh suas am foghlam,
Chaidh sibh null a choinneamh Cheusar
'S cha phill sibh le bhur sgeulachd dhachaigh.
Ò, cò thogas dhìom an t-eallach?

Were it not for the distance and that my relatives would not permit it, I would cross the English Channel and travel to Belgium on foot. *Oh, who will remove my burden?*

Every officer and private in Highland garb gathered round to bury the boys when they returned from the front. *Oh, who will remove my burden?*

A thousand blessings to the friends and the others who laid you to rest. Hard as it was, they had to leave you there, although some of them didn't find that easy. *Oh, who will remove my burden?*

Murchadh Ruaraidh, a good lad, was with you in the platoon. He is still safe and well and hoping to come home. *Oh, who will remove my burden?*

Iain Mhurchaidh, another friendly boy, should not be forgotten: you grew up as brothers till death separated you. *Oh, who will remove my burden?*

What happened was particularly sad in the light of your progress in education. You went to confront the Kaiser and you will not return. *Oh, who will remove my burden?*

Nam b' aithne dhomh dèanamh òrain
'S air mo chainnt a chur an òrdugh,
Air bhur modhalachd 's bhur stòldachd
Nar suidhe aig bòrd sa Cholaist'.
Ò, cò thogas dhìom an t-eallach?

Sinne tha gu dubhach deurach
Dh'fhàg thu lionn-dubh air ar ceum dhuinn,
Chan fhaic sinn ach dealbh air pàipear
'S chan eil ann dhuinn fèin ach faileas.
Ò, cò thogas dhìom an t-eallach?

Sinne tha gu dubhach cràiteach
Air an tulach seo mar tha sinn,
Tha e duilich leis na càirdean
A bhith faicinn d' àite falamh.
Ò, cò thogas dhìom an t-eallach?

Tha mo mhallachd air a' Cheusar,
Dh'adhbh'raich an Cogadh èigheachd
'S a thug gu dùthchannan cèine
Mòran Ghàidheil a bha gaisgeil.
Ò, cò thogas dhìom an t-eallach?

'S ann againn a tha 'n t-adhbhar ionndrainn
Air na dh'fhalbh de bhalaich Leòdhais
'S mòran aca nach toir cunntas
Ach a dh'fhuirich thall nan laighe.
Ò, cò thogas dhìom an t-eallach?

Is iomadh gille tapaidh àlainn
A chaidh thabhairt uainn thar sàil ann
Nach fhaic an athair no am màthair
Chaoidh gu bràth ri tilleadh dhachaigh.
Ò, cò thogas dhìom an t-eallach?

If I was able to write songs and put my words in poetic form I would describe your good character and dedication, sitting at a table in College. *Oh, who will remove my burden?*

We are downcast and full of melancholy. We only see a photo on paper and it is for us but a shadow. *Oh, who will remove my burden?*

We are sad and painful in this world. It is difficult for your family to see your empty place. *Oh, who will remove my burden?*

I curse the Kaiser who was responsible for the declaration of war and who brought many heroic Gaels to foreign lands. *Oh, who will remove my burden?*

We have good reason to mourn for all the Lewis boys who departed. Many of them will not tell their own stories as they have been laid low overseas. *Oh, who will remove my burden?*

Many strong, personable youths were taken from us across the sea, whom neither mother nor father will see returning home. *Oh, who will remove my burden?*

Tha mi meas mi fhèin bhith gòrach
Bhith feuchainn ri dèanamh òran.
Cha dhìochuimhnich mi do dhòighean
Cho fad 's a bhios mi beò air thalamh.
Ò, cò thogas dhìom an t-eallach?

Feumaidh mise nis co-dhùnadh
Ged tha mi gu cianail, tùrsach.
Nam b' urrainn sinn le mòr-chùram
Righ nan Dùl a bhith na thaic dhuinn.
Ò, cò thogas dhìom an t-eallach?

Ò, cò thogas dhìom an t-eallach?
Cha dèan càil ach gràs do m' anam.
Ò, cò thogas dhìom an t-eallach?

I think myself foolish trying to compose a song. I will not forget you as long as I live. *Oh, who will remove my burden?*

I must now conclude, though I am sad and dejected. If only we could have the King of Heaven to support us. *Oh, who will remove my burden?*

Oh, who will remove my burden? Nothing but grace for my soul. Oh, who will remove my burden?

Marbhrann

Coinneach MacCoinnich, Grabhair, Leòdhas

Tha mi duilich, 's mi tha duilich,
'S duilich leam na thàinig oirnn,
Gillean a bha calma, fìnealt
'N-diugh nan sìneadh fo na fòid.

Theàrlaich òig à Baile an Truiseil,
'S duilich leam an-diugh mar tha,
Nach eil sùil ri d' fhaicinn tuilleadh
Chionn 's gun thuit thu anns a' bhlàr.

Bha thu dìreach, àrd ad sheasamh,
Flaitheil, leathann rinn thu fàs,
Àlainn, eireachdail am pearsa,
Tearc do leithid falbh air sràid.

Cha robh buaidh a ghabhadh innse
Nach robh dìreadh riut an-àird,
Ciùin 'us modhail na do ghluasad,
Spèiseil uasal na do ghnàths.

'N iongnadh ged robh d' athair brònach
'Us do phiuthair òg gad chaoidh,
Chaill iad fèin an deagh chùl-taice,
Tha iad lag an-diugh dha d' dhìth.

'S mòr an ionndrainn ort san àite
Far na dh'àraicheadh thu suas,
Far na dh'fhàg thu mòran chàirdean
Gun aon nàmhaid thug dhuit fuath.

Elegy

Kenneth MacKenzie, Gravir, Lewis

I am sad because of all that has befallen us, strong handsome lads today lying beneath the turf.

Young Charles from Ballantrushal, I grieve for you: I have no hope of seeing you again since you have fallen in battle.

You were upright and handsome and your character was admirable. There were few like you.

You possessed all the highest attributes: gentle and dignified in your actions, respectful and gentle of disposition.

No wonder your father was sad and that your young sister mourns you. They lost their support and they have been diminished by your loss.

You are greatly missed in the place where you were brought up, where you left many friends and no enemies.

Null air sàl chaidh sàr nan gillean,
Murchadh Smith am measg na bh' ann,
'S ged nach tuiteadh thall ach esan
'S mòr don bhaile seo an call.

Bha thu measail aig gach nàbaidh,
Ri do chàirdean bha thu caomh,
'S bha cho liutha buaidh a' fàs ort
'S duilich dhomh an àireamh inns'.

Bha thu maith aig leughadh Gàidhlig,
'S ga cur àlainn sìos le peann
'S cha robh neach an seo thug bàrr ort
Labhairt cànain cruaidh nan Gall.

Tha nì 's feàrr na sin ri inns' ort,
Chunnaic thu sa Bhìoball luach,
Moch 'us anmoch rinn thu leughadh
'S bha do spèis dha domhainn buan.

Le do ghliocas 's buadhan nàdair,
Dòchas àrd bha dha do thaobh
Ach a-nise tha sinn cràiteach
O chaidh d' fhàgail air an raon.

Tha cuid ann 's chan fhaod mi 'n dearmad,
Dh'aithnichinn iad san oidhche dhuirch.
Cò iad sin? their fear 'am èisteachd.
Cò iad fèin ach Greumaich Bhuirgh.

Dhòmhnaill Dhuinn, cha robh thu cearbach,
Bha thu dealbhach, sunndach, slàn,
Ann an tapachd, lùths is calmachd
'S tearc a dh'fhalbh bhuainn thug ort bàrr.

Some excellent lads went over, among them Murdo Smith, and even if no one else had fallen that would have been a great loss to the village.

All the neighbours respected you; you were kind to your relatives; you had excellent qualities, too many to list.

You could read and write Gaelic well and nobody surpassed you in speaking English.

Better still, you recognised the value of the Bible and you frequently read it with deep devotion.

There were high hopes for you because of your wisdom and natural gifts but now we are grief-stricken since you have been left on the battlefield.

There are others I must not forget: I would recognise them on a dark night. Who are they, you may ask? Who but the Grahams of Borve.

Dòmhnall Donn, you were not lacking in any way. You were strong, fit and energetic. Few who left us surpassed you.

Cha robh leisge na do nàdar,
'S mòr gum b' fhèarr leat obair chruaidh
'S a bhith cuideachadh do mhàthar
Gus na pàistean chumail suas.

Chaill thu d' athair làithean d' òige,
'S lìonmhor dòigh san robh sin cruaidh,
Thug e ortsa tràth gun sheòl thu
Sìos air bòrd gu Abhainn Chluaidh.

Dh'obraich thu an sin le d' làmhan
'S na do chnàmhan cha bhiodh sgìths
Gu bhith cuideachadh do mhàthar
'S gu bhith pàigheadh dhi gach cìs.

Tha i nise dubhach, brònach
Chionn ri beò nach faic i thù
'Us nach cluinn i fuaim do chòmhraidh,
Tighinn thoirt sòlas dhith na cùis.

Uilleim Ruaidh, bu mhòr mo spèis dhuit,
'S mòr am beud gun deach thu dhìth,
Chaill do chàirdean luach gun àireamh
Nuair a dh'fhàilnich thu san t-srì.

Air do phearsa bha gach àillteachd
B' urrainn nàdar a chur innt',
Bho do shàilean bha thu àillidh
Suas an-àird gu bàrr do chinn.

Teaghlach d' athar bha na uallach
Air do ghualainn fad do bheò,
Ach chuir thu aghaidh air gach cruadal
Gu bhith fuasgladh orr' le lòn.

You weren't lazy by nature: you loved hard work, helping your mother to support the children.

You lost your father when you were young, which was hard in so many ways: it forced you to seek work on the Clyde at a young age.

You laboured tirelessly there to help your mother and to pay all the expenses.

Now she is sad because she will never see you in this life: it grieves her that she will never again hear you coming to cheer her up.

Uilleam Ruadh, I thought highly of you, it's so sad that you are gone. Your family suffered a grievous loss when you gave up the struggle

You possessed all of nature's best attributes: you were attractive in every aspect from head to foot.

Your father's family was your responsibility during your lifetime: you faced many hardships to support them.

Aon nì eile dh'fhaodainn àireamh
'Us a chur am bàrdachd sìos,
Ceangal àraidh ri do mhàthair
Nach do dh'fhàilnich gus a' chrìoch.

'S mòr an call rinn Clan MacNaughton,
Gillean tapaidh thug air falbh,
'S còir dhomh cliù fear dhiùbh a thogail,
Dòmhnall Moireasdan à Borgh.

Bha thu na do mharaich calma,
'S tric a dhearbh thu sin bho d' òig',
Bha thu cruaidh nuair bhitheadh i gailbheach
'S an uair bhitheadh an fhairge mòr.

Anns gach dàimh sna rinn thu seasamh
Bha thu dleastanach thar chàch,
Bha thu measail air do chèile,
Ged a b' fheudar dhuit gun d' fhàg.

Fòghnaidh seo dhomh innse 'n-dràsta
Thaobh do nàdar is do chliù
Gur e neach a b' fheàrr ort eòlas
'S mò gu mòr bha saoilsinn dhiùbh.

'S truagh leam suidheachadh do phàistean,
Iad gun mhàthair ac' ri 'n taobh,
B' òg a chaill iad caoimhneas chàirdean
A bha bàidheil riuth' is caomh.

Dh'fhaodainn mòran tuilleadh ràitinn
Mu na h-àrmainn chaidh a dhìth,
Ach is feàrr dhomh fhìn an-dràsta
Mo chuid bàrdachd thoirt gu crìch.

Another thing I would mention is the special bond with your mother, which never broke.

The 'Clan MacNaughton' caused great suffering by taking the strong lads from us. I should sing the praises of one of those, Donald Morrison from Borve.

You often proved in your youth that you were a strong seaman and brave in stormy seas.

You were loyal in all your relationships. You loved your spouse till death took her from you.

That is enough to say about your nature and reputation: you were highly respected by those who knew you best.

I am sorry for your children, without a mother by their side and now losing their father also.

I could say much more about the heroes who were lost but I must bring my poem to a close.

Caoidh

Gormal NicÌomhair, Borgh, Leòdhas

Do Iain, an duine aice, a chailleadh aig muir air SS Main san Dàmhair 1917.

'S ann an toiseach mìos October
Fhuair mi an naidheachd a leòn mi,
'S tu ri thighinn air fòrladh
Ach cha robh e òrdaicht' dhut tigh'nn dhachaigh.
Ò, mar chuir mi 'n geamhradh seachad,
Às do dhèidh an dèidh na bh' ead'rainn.

Cha b' e athair 's cha b' e màthair
'S cha b' e piuthar 's cha b' e bràthair,
Ach mo chompanach gràdhach
Rinn mo chràidh is m' fhàgail falamh.
Ò, mar chuir mi 'n geamhradh seachad.

Cha tug sinn ach an ràithe pòsta
Gus an deach thu a sheòladh
'S nuair a bha thu tighinn air a' bhòidse
'S ann a thòisich an Cogadh.
Ò, mar chuir mi 'n geamhradh seachad.

Bha d' athair ort cho gràdhach
Agus Seumas bràthair do mhàthar
'S Rob d' uncail sa Bhail' Àrd
Is Màiri piuthar do mhàthar sa bhaile.
Ò, mar chuir mi 'n geamhradh seachad.

Chan urrainn fios bhith aig mo mhàthair
No a dhol a-steach nam àmhghair,
Mur tig furtachd bhon Tì as àirde
Chan fhaigh mi càil bho neach air thalamh.
Ò, mar chuir mi 'n geamhradh seachad.

Lament

Gormal MacIver, Borve, Lewis

For John, her husband, who was drowned on
SS Main in October 1917.

It was early in October that I got the news that has left me desolate. You were due home on leave but it wasn't ordained to happen. *Oh, how I spent the winter, left on my own after our time together.*

It isn't a father or mother, a sister or brother but my loving companion who has left me grief-stricken. *Oh, how I spent the winter, left on my own after our time together.*

We were only married for a few months when you went to sea and it was when you were coming back from that voyage that the War began. *Oh, how I spent the winter, left on my own after our time together.*

Your father loved you so much, as did James, your mother's brother, Rob your uncle in Bail' Àrd and Mary your aunt in this village. *Oh, how I spent the winter, left on my own after our time together.*

My mother cannot know or understand my anguish. Unless support comes from God I cannot get any help from anyone. *Oh, how I spent the winter, left on my own after our time together.*

Bheir mi sùil air mo chiabhag
Ach a bheil i ri liathadh,
Mar tha mo chridhe air a chriathradh
A-riamh bho fhuair mi an naidheachd.
Ò, mar chuir mi 'n geamhradh seachad.

Dh'fhalbh m' fhalt leis an deuchainn
'S cha b' e idir leam na iongnadh,
Ri cuimhneachadh air do bhriathran
A bha riamh leam cho taitneach.
Ò, mar chuir mi 'n geamhradh seachad.

Bha toil agad dha mo chàirdean,
'S ann a' dol nas motha bha i,
'S gun tugainn thu à uchd Abr'àim
Leis na bha de ghràdh ead'rainn.
Ò, mar chuir mi 'n geamhradh seachad.

Cha robh dithis fon a' ghrèin
A bha saoilsinn barrachd dhe chèile,
Tha sin an-diugh ga mo cheusadh
'S ga mo lèireadh air an talamh.
Ò, mar chuir mi 'n geamhradh seachad.

Tha mo thruas ris a' bhanntraich,
'S ann oirre lùiginn a dhol a shealltainn,
Mar an Nèibhidh no a' Fhrainge,
Chrom a ceann leis an eallach.
Ò, mar chuir mi 'n geamhradh seachad.

Chan fhaic mi tuilleadh ri m' bheò thu,
Chaidh sin innse dhomh còmhladh,
Ged as tric a bhios mi dòigheil
Riut ri còmhradh ann am aisling.
Ò, mar chuir mi 'n geamhradh seachad.

I keep examining my hair to see if it is going grey because of the harrowing experience I've been through. *Oh, how I spent the winter, left on my own after our time together.*

I've lost my hair though shock and it is no wonder as I remember your words, which I always found so loving. *Oh, how I spent the winter, left on my own after our time together.*

There were no two people under the sun who thought more of each other than we did. I would take you from the bosom of Abraham because of the love between us. *Oh, how I spent the winter, left on my own after our time together.*

I pity the widow and I would like to visit and comfort her. Like the Navy or France her head is bowed with sorrow. *Oh, how I spent the winter, left on my own after our time together.*

I know that I will never again see you in this life but I am happy when I'm with you in my dreams. *Oh, how I spent the winter, left on my own after our time together.*

Ach an uair a nì mi dùsgadh,
Bidh na deòir a' ruith bho m' shùilean
Agus osnaich a bhitheas brùiteach
A nì an dùsgadh às an cadal.
Ò, mar chuir mi 'n geamhradh seachad.

Ach is sona dha mo ghràdh-sa
Bhon a thug e fainear àithntean,
'S bidh a shìth mar an abhainn
Is fhìreantachd mar thonn na mara.
Ò, mar chuir mi 'n geamhradh seachad.

Cha tilleadh tu 'n-diugh chum an t-saoghail
Ged a dh'fhàg thu mi nam aonar,
'S ann tha thu snàmh an cuan A ghaoil-san
Am measg nan naomh anns na Flaitheas.
Ò, mar chuir mi 'n geamhradh seachad.

Cha robh thu mar a bha na h-òighean,
Cha robh ola aca nan lòchrain,
Nuair a thàinig E nan còmhdhail
Cha robh na lòchrain aca laiste.
Ò, mar chuir mi 'n geamhradh seachad.

Bidh mi nis co-dhùnadh m' òran,
'S cha tog sin dhìomsa am bròn seo,
An cupan a chaidh dhòmhsa dhòrtadh,
An eadh gun òladh tè eile e?
Ò, mar chuir mi 'n geamhradh seachad.

When I wake up, though, the tears run down
my face and my painful sighs waken the others.
*Oh, how I spent the winter, left on my own after
our time together.*

But it is fortunate for my beloved that he kept the
commandments. His peace will be like a river and
his righteousness like the wave of the sea. *Oh, how
I spent the winter, left on my own after our time
together.*

You wouldn't return to the world today, although
I've been left on my own. You are swimming in the
ocean of His love among the saints in Paradise.
*Oh, how I spent the winter, left on my own after
our time together.*

You weren't like the foolish virgins who didn't have
oil in their lamps: when he came to call them their
lamps were not lit. *Oh, how I spent the winter,
left on my own after our time together.*

I will now conclude my song, though it will not lessen
my grief. The cup that was poured for me, would
any other willingly drink it? *Oh, how I spent the
winter, left on my own after our time together.*

Mar Chuimhneachan air Murchadh MacIllFhinnein

Catrìona NicLeòid, Leòdhas

Chaidh Murchadh MacIllFhinnein a mharbhadh aig Blàr Loos san t-Sultain 1915. Chaidh am marbhrann seo a dhèanamh le a leannan.

Thug mi gaol, thug mi gaol,
Thug mi gaol agus gràdh,
Thug mi gealladh do mo ghaol
'S an-diugh chan fhaod mi bhith slàn.

Anns a' mhadainn moch Dihaoine
Bha mo smaointean ort tràth
Gus an d' fhuair mi litir dhùint'
A bha giùlain do bhàis.

Air Disathairn' chaidh do leòn
Mar chaidh mòran de chàch
'S cha do rinn na lighichean feum
Gus thu fèin a thoirt bhon bhàs.

Chaidh am peilear na do cheann,
Mallaichte gun robh an làmh
Leag cho ìosal ris an uaigh
Dosan dualach mo ghràidh.

'S beag a shaoileadh leam fhèin
Lath' a dh'èigheadh am blàr
Gum biodh tu air do sgathadh sìos
Measg nan ceudan bha 'n sàs.

Bho nach fheumadh tu dhol ann
B' e siud m' aoibhneas gach là
Gus an d' fhuair mi do làmh-sgrìobht'
'S tu ann an aodach a' bhlàir.

In Memory of Murdo MacLennan

Catherine Macleod, Lewis

Murdo MacLennan was killed at the Battle of Loos in September 1915. The elegy was composed by his fiancée.

I gave my love and my promise to my sweetheart
and today that leaves me heartbroken.

You had been in my thoughts early on Monday
morning when I got the sealed letter with news of
your death.

On Saturday you were injured along with many others
and the doctors were unable to save you from death.

You were shot in the head: cursed is the hand which
struck the curly-haired head of my beloved.

I little thought on the day war was declared that you
would be mown down with hundreds of others.

Since you didn't need to go, I didn't worry until I
got your handwritten letter saying that you were in
uniform.

Bha thu modhail suairc nad dhòigh
Ri luchd-eòlais 's ri càch,
Cha robh buaidh a ghabhadh inns'
Nach robh air mo ghaol-sa fàs.

Sùil bu chiùin' a sheall a-riamh,
Bu tric a lìon mi le gràdh,
Beul bu bhòidhche labhradh cainnt
Anns a' Fhraing an-diugh na thàmh.

Tha mo chridhe air a leòn,
Chan fhaigh mi sòlas bho nì
Mura tig Crìosd na ghràdh
A chur plàst orm às ùr.

'S e saoghal tha dorch' dhomh fhèin,
'S ann agamsa tha feum air gràs
Bheireadh orm bhith sealltainn suas
Ris a' bhuachaille as àird'.

Tha mi tinn, tha mi tinn
Air gach oidhche agus là
'S chan eil nì a tha fon ghrèin
A nì feum dhomh ach gràs.

You were polite and gentle in your ways towards both your friends and others. There is no virtue that can be told that my beloved did not have.

The gentlest eyes that so often filled me with love, the mouth that spoke the sweetest talk, is today lying in France.

My heart is broken. Nothing can make me happy unless Christ in his loving kindness comes to heal my heart.

The world to me is in darkness. I need divine grace which will make me look up to the Shepherd on high.

I am sick, night and day: there is nothing under the sun that can help me but God's grace.

Marbhrann do m' Bhràthair a Chaidh a Mharbhadh anns a' Chogadh Mhòr

Ruairidh MacAoidh, Bard Iollaraigh, Uibhist a Tuath

Do Niall MacAoidh a chaidh a mharbhadh sa Ghearran 1917.

'S tìm dhomh mosgladh bhon smuair' seo,
Tha meud mo thùrsa gam lagadh,
Chan e tiormad mo shùilean
A dh'fhàg dùint' o chionn fhad iad
Ach mo chridhe bhith tùrsach,
Briste brùite bhon mhadainn
Fhuair mi naidheachd a chiùrr mi
Mun fhear nach dùisg às a chadal.

Siud an naidheachd a leòn mi
'S a rinn mo chiabhag a ghlasadh,
A thug asam na fiaclan
'S a thug droch neul air mo chraiceann.
'N dara mìos dhen a' bhliadhna
Naoi ceud deug agus seachd-deug
Thug am peilear caol Niall bhuainn,
Leam is cianail mar thachair.

B' e mo chreach do chorp glè-gheal
Bhith aig bèistean ga shracadh,
A' call na fala fo d' lèine
Gun na lèighean bhith faisg ort.
'S bochd nach d' fhaod thu air èiginn
Cothrom èirigh bhith agad,
Fear ri fear 's mun do ghèill
Gum biodh treud dhiubh gun ghabadh!

Elegy for my Brother Killed in the Great War

Roderick MacKay, Illeray, North Uist

For Neil Mackay who was killed in February 1917.

It is time for me to waken from this grief: the depth of my sorrow has left me weak. It is not a lack of tears that has left my eyes closed so long but that my heart is broken and bruised ever since I got the painful news that he will never rise from his sleep.

That was the news that has pained me and turned my hair grey, that has left my body failing and my appearance sickly. In the second month of the year nineteen hundred and seventeen the slender bullet took Neil from us, leaving me distraught.

I am grieved that your fair-white body has been torn apart by beasts, blood oozing through your shirt with no doctors to help. It is a pity that you weren't able to get up: man-to-man, before you yielded, many of them would have been left without the power of speech!

B' e siud corp an duin' uasail
A bha gun truailleadh, gun ghaiseadh,
Modhail, fìrinneach, stuama
'S air am bu shuarach droch ath-sgeul.
Riamh chan fhacas ort gruaman
No fiamh tuasaid air d' aigne,
Socair sèimh mar an t-uan thu,
'S bochd nach d' fhuair thu na b' fhaide.

'S cianail tùrsach do chàirdean,
'S bu mhòr an àireamh dhiubh bh' agad,
'S goirt a' bhuill' thug do bhàs dhaibh
'S dùil sa Mhàrt riut thigh'nn dhachaigh.
Bhrist e cridhe do mhàthar,
Cha robh 'n dàil aice fada
Gus 'n do thriall i gu Pàrras
'S tha sòlas Gràidh a-nis agaibh.

An àm gabhail ma thàmh dhomh
No èirigh tràth anns a' mhadainn,
Bidh air m' aire mo bhràthair
Gu Là-bràth nach bi agam,
Liuthad sùgradh is mànran,
Spòrs is àbhachd bhiodh againn
'S riamh bhon bha thu nad phàiste
Gu robh thu 'm pàirt rium mu m' leabaidh.

Nuair a chruinnicheadh na treun-laoich
A' cur an spèirid an cleachdadh,
Bhiodh gach fear as a lèine
Cur an cèill gun robh sgairt ann,
Nuair a sguireadh an t-sreup
Bhiodh aig buidheann ghleusta na cloiche,
Bu leat toiseach an treud sin,
Bhith nan dèidh cha b' e d' fhasan.

That was the body of a gentleman, without fault or blemish, polite, truthful and modest, who wouldn't speak ill of anyone. You were never bad-tempered or given to argument; you were gentle as a lamb. It is a tragedy you weren't spared for longer.

Your many friends and relatives are mourning. Your death was a sore blow for them as you were expected home in March. It broke your mother's heart: it wasn't long till she went to Paradise and you are now enjoying God's love together.

When I go to bed and when I get up early in the morning, my brother is always on my mind, although I'll never again have him with me. I'll never forget the companionship, laughter and the sport we shared.

When the young and fit gathered to put their strength to the test, stripped to their shirts, all of them showed what they were made of. When the competition for putting the shot ended you were always the champion: being second was not your style.

Thugadh cupa dhen òr dhut
Mar dhearbhadh sònraichte air gaisge,
'S e na chuimhneachan bòidheach
Aig na h-eòlaich gus fhaicinn.
Chuir thu 'n cuspair ro luachmhor
Nall thar chuan bhuat air astar,
Spionnadh gàirdein is gualainn,
Ghlèidh thu bhuaidh 's thug thu leat e.

Mallachd shean-duine 's leanaban
Aig na Gearmailtich ghartach,
'S clìceach, innleachdach, cealgach
An dòigh marbhaidh a bh' aca.
'N tuill 's an cùiltean sa ghainmhich,
Mar bhrùid anagrach na machrach,
'S tigh'nn bho 'r cùlaibh le failmse
Cùis le 'n dearbhar an gealtair.

Clann nan Gàidheal, na fiùrain
Bu ghlainne giùlain is pearsa,
Nuair a thòisich an ùpraid
Chaidh gu sunndach fon bhrataich,
Sheasamh onair na dùthcha
Cruaidh air chùlaibh nan glaslann
'S 'n àm nan arm bhith gan rùsgadh
Cha b' e sùgradh tigh'nn faisg dhoibh.

Sìol nan cuileanan teòma
Nach do dh'fhoghlaim a' ghealtachd,
'S tric a fhuair iad an leòbadh
Ann an obair a' cheartais.
Nuair bha 'n Fhraing ann an dòrainn
'S Belgium brònach ga saltairt,
Mar mhaoim tuile gun d' dhòirt sibh
Thogail tòrachd na lag-chùis.

You were given a gold cup to mark your prowess and it is a beautiful memento for your friends to remember you by. You sent the precious object over the sea. You had shown strength of arm: you won the prize and took it with you.

The curse of old and young be on the vicious Germans: they kill in stealthy and cunning ways, hiding in holes and tunnels under the sand like the wild beasts of the field and coming behind you unawares - a sure sign of the coward.

The Highland heroes, pure of conduct and person: when the turmoil began they willingly joined up under the banner to defend the honour of their country with their grey blades. And when weapons were bared it was no sport to be close to them.

Descendants of the brave war-hounds who have never embraced cowardice, they often suffered great losses when standing up for justice. When France was in dire straits and Belgium being trampled underfoot, you poured forth like a flood to defend the oppressed.

Sliochd nan curaidhean calma
Ghlèidh do dh'Alba na th' aice,
'S iad bhon thòisich an arg'maid
Chùm a' Ghearmailt à Sasainn.
Nuair bhiodh cruadal ri dhearbhadh
Gum feumte armailt nam breacan
'S thèid a' chùis ud a dhearbhadh
Nuair sgrìobhar seanchas an eachdraidh.

Chuir e 'n tainead bhur n-àireamh
Meud bhur n-àrdain 's bhur braisead,
Dol air thoisich sna blàraibh
'N coinneamh nàmhaid nach fhaicte,
Ged a rinn sibh an sgiùrsadh
Às gach cùil agus claise
'S na bheil beò dhiubh ri 'n cunntas
'S e chuid bu shiùbhlaiche casan!

'S iomadh athair is màthair
A dh'fhàg siud cràiteach fon aisne
'S piuthar òg tha gun bhràthair
Bha gach là na chùl-taic' dhi.
Cha ghalair aon neach an iorbhail,
Mìltean 's ceudan fo acaid,
Ach 's fheudar uile bhith strìochdte
Don Tì tha riaghladh nam Feartan.

Cha dèan e feum dhomh bhith 'g àireamh
No caoidh na dh'fhàg sinn nas fhaide,
'S iomadh aon tha mar thà mi
A chaill bràthair san tapaid.
Sinn a' triall mar tha 'n dàn dhuinn
Nan dèidh gun tàmh chun an aiseig,
Mo dhùil le còmhnadh an Àrd-Righ
Gum faigh sinn sàbhailte seachad.

Descendants of the brave warriors who protected Scotland in the past: since the fighting started they are the ones who kept the Germans from invading England. When courage was needed, the kilted regiments were called for: that will be confirmed when the history of the conflict is written.

The extent of your determination and ardour has thinned out your numbers, always going forward first in the battle against an enemy you couldn't see. You drove them out of every hole and ditch: those of them who survived are those who could run fastest!

Many a father and mother has been left with a sore heart, and many a young sister has lost the brother who had been her support. This tragedy has not just affected a few; many hundreds and thousands are in anguish, but we must submit to the will of Him who rules the universe.

It would serve no useful purpose to continue listing and mourning those who have left us. There are many like me who have lost a brother in the fighting. It is our destiny to follow after them: it is my wish with the help of God that we get safely across to the other side.

An Leave mu Dheireadh

Mairead NicLeòid, Tolastadh bho Thuath, Leòdhas

Chaidh an duine aig Mairead a chall aig Blàr Jutland air bòrd HMS Invincible ann an 1916. Chaidh a dà bhràthair-chèile a mharbhadh anns an Fhraing.

B' iongantach mar a dh'òrdaich thu, 's gun deònaicheadh dhut e,
Is tu sealltainn air do charaid 's tu aig an taigh air Leave,
Is e thuirt thu nuair a dh'fhàg thu e gum b' fheàrr gun robh thu fhèin
Còmhla ris a' bàsachadh nam biodh d' àit' air Nèamh.

Is ann mar sin a thachair, chaidh a choileanadh dhut fhèin,
Bha e rèir nam briathran mar a dh'iarr thu às do bheul,
Cha robh ach beagan uairean anns a' cheum bha sibh bho chèil'
Gus an robh sibh anns an t-sìorraidheachd 's gun dh'iadh oirbh an t-eug.

Nuair a bhios càch nan cadal cha bhi mise na mo thàmh,
D' uaigh is i cho fada bhuam 's nach stad mi anns an àit',
Nam faighinn do an ùir thu is ciste dhùinte ort, a ghràidh,
Gun tugadh sin dhomh saorsa gun mo shùil bhith air an tràigh.

Is iomadh gasan àlainn chaidh a chàradh anns an Fhraing,
Bha mùirneach aig am pàrantan a dh'àraich iad nan cloinn,
Ach is ann chaidh thusa fhàgail measg an àireamh chaidh don ghrunnd
Is chan fhaigh mi fhèin gu bràth leac an-àirde ri do cheann.

Tha crìdh' an-diugh do phàrantan a-nis air fàs cho fann,
Tha 'n cridhe lag air fàilneachadh is na h-àrmainn air an call,
Tha thu fèin air d' fhàgail measg an àireamh anns na tuinn
Is tha dithis de do bhràithrean air an càradh anns an Fhraing.

The Final Leave

Margaret MacLeod, North Tolsta, Lewis

For her husband who was killed on HMS Invincible at the Battle of Jutland in 1916. His two brothers were killed in France.

It is strange how you wished for this and how your wish was granted: visiting your friend while home on leave you said that you'd happily die alongside him if your place in heaven was assured.

Your wish came true as you had expressed it:
you were apart for only a short time until you were together in eternity, having been overcome by death.

When others sleep I cannot rest. Your grave is so far away that I cannot relax. If I could place you in the earth in a closed coffin, my love, that would give me peace, instead of always looking towards the shore.

Fine young men, beloved by their parents, are entombed in France but you are among the number consigned to the bottom of the sea and I can never erect a headstone over you.

Your parents are dejected and their spirit is broken because of the loss of the heroes. You are with others in the waves and two of your brothers are buried in France.

Nuair a bhios mi staigh leam fhìn bidh mi smaoineachadh,
a ghràidh,
Cho òg a chaidh air dealachadh ann an toileachas ar là,
An cupan a chaidh a lìonadh dhuinn air iarraidh a bhith
tràight'
Is gun dh'òl mi deoch bha searbh dheth 's cha chaill mi bhlas
gu bràth.

Ò, tha mis' an dòchas nach robh do lòchran gann
Is gun d' fhuair thu measg nan òighean steach còmh' ri
fear-na-bainns',
Is ma fhuair thu 'n aiseag shòlasach a thug do Ghlòir thu null,
Cha chaoidh thu gun do dh'fhàg thu an saoghal ànradhach seo
tha ann.

When I'm alone, my love, I think about how young we were when we parted in happy times. Our cup of joy has been drained. I drank a bitter draught from it, never to lose its taste.

I hope your lamp was full and that you went in to the feast with the wise virgins and the groom. If your journey to Glory was a happy one, you will not regret taking your leave of this troubled world.

SÌTH

PEACE

Cumha nan Gillean 1920

Ciorstaidh NicLeòid, Pabail, An Rubha, Leòdhas

Istibh! Tha iad a' tighinn,
Poball a' Bhròin.
Cromaibh ur cinn is silibh na deòir,
'S ann air bhur sgàth-se uile tha beò
A tha iad a' tuireadh
'S an cridhe fo leòn.

Ach cò e a' chuideachd
Tha tighinn air an sàil,
An culaidhean geala ri sìoladh gu làr?
Sin agaibh na feara a bhuadhaich sa chàs
'S tha 'n-diugh anns na flaitheas
An comann nan sàr.

Ciod e an ceòl
Tha tighinn on phìob
'S tha drùidheadh air m' anam mar naidheachd na sìth?
Sin naidheachd nan gaisgeach gu càirdean an gaoil,
"Tha sinne gun mhulad
Am baile na saors."

"Na bithibh a' tuireadh
Is sguireadh na deòir,
Tha sinne sàbhailt' gun dochann gun leòn,
Is tha sinn gar feitheamh aig cachlaidhean òir
Gu giùlan bhur spiorad
Gu dachaigh na glòir".

Elegy for the Lads 1920

Christina MacLeod, Bayble, Point, Lewis

Quiet! They are coming – the People of Sorrow.
Bow your heads and weep; they lament with
sorrowful hearts on behalf of all you who are alive.

But who are those who come behind them, their
white garments sweeping down to the ground?
Those are the victors who now are in heaven
with the blessed.

What music do the pipes play, engulfing my soul like
the news of peace? That is the heroes' message
to their beloved relatives: 'We are without sorrow
in a haven of peace'.

"Do not lament, let the tears cease, we are safe
without harm or wounds and we await you at golden
gates to carry your souls to the home of glory."

Sìth

Niall Caimbeul Colquhoun, Caolas, Tiriodh

Air 11 Samhain 1918

Sìth ! Sìth ! Sìth ! Ach dhòmhsa chan eil sìth,
Tha iomairt ann am uchd is ionndrainn ann am chrìdh'
A dh'fhaicinn gnùisean gaoil is gàire caoin
A mheal sinn sealan 's a tha nis san Aog.

Sìth ! Sìth ! Sìth ! Tha goimh mar shleagh nam fheòil,
Mo mhac an cadal buan san Fhraing fon fhòid,
Tha chompanaich a' tilleadh dhachaigh oirnn
Gu càirdean gràidh, 's chan fhàg iad sinn nì 's mò.

Sìth ! Sìth ! Sìth ! Bu daor a cheannachd ì
Le beatha phrìseil threun nach till,
A ghleachd nar saorsa, is a chath nar còir,
Is ann an lànachd neirt a thuit fo leòn.

Sìth! Sìth! Sìth! Tha 'n chrìoch a' teannadh oirnn
'S an còmhlaidh sinn a-ris san Àros Ghlòir,
Is sìth bhios sìorraidh cuiridh fiamh air chùl
Am fianais thèarainte ar Slànaigh'r chaoimh.

Peace

Neil Campbell Colquhoun, Caolas, Tiree

November 11 1918

Peace! Peace! Peace! But for me there is no peace: there is unease in my breast and a longing in my heart to see the faces of loved ones and the pleasant smiles we enjoyed for a short time but which are now lost in death.

Peace! Peace! Peace! This anguish is like a spear in my side. My son lies in his eternal rest under the soil in France and his companions are coming back home to their loving families and will not leave any more.

Peace! Peace! Peace! A high price has been paid for it in the precious blood of the warriors who will not return; warriors who fought for our freedom and our rights and who fell injured in the fullness of their strength.

Peace! Peace! Peace! The time is nigh when we will meet again in the Palace of Glory and everlasting peace will banish fear in a secure testimony to our blessed Saviour.

AN IOLAIRE

Chaidh An Iolaire air na creagan faisg air Steòrnabhagh air Latha na Bliadhn' Ùire 1919 is chaidh 205 a bhàthadh, a' chuid mhòr dhiubh seòladairean a bha tilleadh dhachaigh às dèidh a' chogaidh.

THE IOLAIRE

His Majesty's Yacht The Iolaire struck rocks and sank near Stornoway on January 1st 1915. 205 of those on board were drowned, most of whom were sailors who had survived the war and were returning home.

Raoir Reubadh an Iolaire

Murchadh MacPhàrlain, Bàrd Mhealaboist, Leòdhas

'S binn sheinn i, a' chailin,
A-raoir ann an Leòdhas,
I fuineadh an arain
Le cridhe làn sòlais
Air choinneamh a leannain
Tha tighinn air fòrladh,
Tighinn dhachaigh thuic' tèaraint',
Fear a gràidh.

Tha 'n cogadh nis thairis
'S a' bhuaidh leis na fiùrain
Tha nochd ri tigh'nn dhachaigh,
Tha 'n Iolaire gan giùlan.
Chuir mòine mun tein' i
'S an coire le bùrn air,
Ghràidh, chadal cha tèidear
Gus an lò.

Bidh iadsan ri 'g aithris
'S bidh sinne ri 'g èisteachd
Ri euchdanaibh bhalaich
Na mara 's an fhèilidh
'S na treun-fhir a chailleadh,
A thuit is nach èirich,
Ò, liuth'd fear deas dìreach
Chaidh gu làr!

Last Night the Iolaire was Torn Asunder

Murdo MacFarlane, Melbost, Lewis

Last night in Lewis the maiden sang tunefully, happily baking bread in anticipation of her sweetheart who is coming on leave: coming home to her safely, her loved one.

The war is now over, the heroes victorious, coming home tonight; the Iolaire carries them. She put peats on the fire and a kettle of water: my dear, we'll not sleep till daybreak.

They will be talking and we will listen to the feats of the sea-faring Gaels; and the brave ones who were lost, who fell and won't rise – so many upright, handsome men felled to the ground!

Cluinn osnaich na gaoithe!
O, cluinn oirre sèideadh!
'S ràn buairte na doimhne,
Ò, 's mairg tha, mo chreubhag,
Aig muir leis an oidhch' seo
Cath ri muir beucach.
Sgaoil, Iolair', do sgiathaibh
'S greas le m' ghràdh.

Ri 'g èirigh tha 'n latha
'S ri tuiteam tha dòchas,
Air an t-slabhraidh tha 'n coire
Ri pìobaireachd brònach,
Sguir i dhol chun an dorais
'S air an teine chuir mòine,
Cluinn cruaidh-fhead na gaoithe
A' caoidh, a' caoidh.

Goirt ghuil i, a' chailin,
Moch madainn a-màireach
Nuair fhuair i san fheamainn
A leannan 's e bàthte,
Gun bhrògan mu chasan
Mar chaidh air an t-snàmh e,
'N sin chrom agus phòg i
A bhilean fuar.

Raoir reubadh an Iolair',
Bàtht' fo sgiathaibh tha h-àlach,
O na Hearadh tha tuireadh
Gu ruig Nis nam fear bàna.
O nach tug thu dhuinn beò iad,
A chuain, thoir dhuinn bàtht' iad,
'N sin ri do bheul cìocrach
Cha bhi ar sùil.

Hear the wind sighing! Oh, hear it blowing! and the troubled cry of the sea – pity, my goodness, those at sea this night fighting a roaring ocean: Iolaire, spread your wings and make haste with my loved one.

Day is breaking and hope is fading; the kettle on the chain-hanger piping sadly; she stopped going to the door and putting peat on the fire; hear the wind whistling loudly mourning, mourning.

The maiden wept bitterly the following morning when they found her loved one drowned in the seaweed, no shoes on his feet as he had taken to swimming; then she crouched and kissed his cold lips.

Last night the Iolaire was torn asunder, her brood drowned beneath her wings; there is mourning from Harris to Ness. Since you did not deliver them alive, Oh sea, give them to us drowned, then from your ravenous mouth we'll expect nothing.

Òran na h-Iolaire

Iain MacLeòid, Iain Tharmoid Bhig, Siabost, Leòdhas

Air mosgladh dhomh air là Bliadhn' Ùir
Bu tùrsach bha mo sgeòil,
Na laochain ris an robh mo dhùil
Gun sùil bhith riuth' nas mò,
An dachaigh feitheamh riuth' cho blàth
'S gach nì mar b' fheàrr air dòigh
'S ann leamsa 's duilich nis an call
'S ann gann a gheibht' an seòrs'.

'S e toiseach bliadhn' thug sileadh shùil
'S trom thùrs' air Eilean Leòdh'is,
Chan e creach a h-aoin a bh' ann,
Bho cheann gu ceann bha bròn.
Nam b' ann sa chath a bhiodh na trèin,
Le faobhar geur nan dòrn
Gu ùmhlachd bheireadh iad an nàmh,
Ach bàs chan fhaigh sinn fòdh'inn.

Tha gaoir nam chluais aig bròn an t-sluaigh,
Chan urrainn gluas'd dhomh ach mall,
Mar pheileir on adhar shuas
Ar n-eilean ghluais o ghrunnd,
Na laoich a fhuair cead tighinn air chuairt
Le uaill gu 'm bean 's gu 'n clann
Mu leth-cheud ceum on talamh fhèin
Na ceudan dhiubh sa ghrunnd.

Song of the Iolaire

John MacLeod, Shawbost, Lewis

Awakening on New Year's Day I received the heart-rending news. The heroes who had been due home were expected no more. Their warm homes were ready for them and everything was prepared. To me it is a grievous loss for their kind was rare.

The New Year brought pain and grief to the Island of Lewis. It was not one person's loss: there was sorrow from end to end of the island. Had the heroes been in battle with weapons in their hands, they would have brought the enemy to submission, but we cannot defeat death.

The people's mourning is painful to my ears. I can hardly move. Like a shell from the skies above this has shaken our island to its foundations. The heroes had been given leave to visit their wives and children but fifty yards from their own homes hundreds of them drowned.

Maighdeannan le aghaidh chiùin
A' feitheamh rùin am pòig,
Mnathan is an clann ri 'n glùin
Le sùil ri fearaibh pòst',
Leigeadh fuasgailt' orr' am bàs
Mar mhèirleach air an tòir,
Na nithean ris nach eil ar sùil
Mar is tric is dlùth tha oirnn.

Creach gun chobhair sa mhuir bhàn
Ged bu làmh-charach na seòid,
Gun sùil gam faicinn anns a' chàs
Neo làmh a thilgeadh ròp,
A' ghaoth a' sèideadh cruaidh le stoirm
'S an oidhche dorch le neòil,
Cò thogas dealbh de Rubha Thuilm
Gun ghoirseachadh na fheòil?

Thàinig ciocras air an uaigh,
An tè gun truas ri bròn,
'S ann am mionaid bhig na h-uair
An cuan o ghrunnd do bhòc,
Onfhadh fairge air cùl nam Biast
A' riasladh fola is feòil,
Neo-fhiosraichte do chàirdean gaoil
Na laoich thug suas an deò.

Na cheannsaich iad air tìr no cuan
Cha d' fhuaireadh san Roinn Eòrp',
Ann an gailleann is am fuachd
Cha lapadh cruas an dòrn,
Am fear as trèin' cur cath a' bhàis
Chan fheàrr na 'm fionnan-feòir,
'S ged thigeadh sìth cha till na mairbh
'S an seirbheis cha phàigh òr.

Girls quietly waiting for their beloved's kiss, women with children waiting for their husbands: death was let loose on them like a rampaging thief. The unexpected is often closer than we think.

There was utter mayhem in the white-crested sea, despite the heroes' hardiness. There was no-one to see them in their plight, no help at hand, nobody to throw a rope; just the storm raging and the night dark with cloud. Who can see Holm Point now without his flesh trembling?

The grave became ravenous, with no sympathy for the grieving. In an instant the sea surged up from its depths, creating a raging storm behind the Beasts and tearing flesh and blood asunder, unknown to the loving relatives of the heroes who were dying.

They were defeated by no-one on land or sea in Europe. In storm and cold the firmness of their fists did not weaken. But he who most bravely fights death's battle is no better than the grasshopper. Though peace has come, the dead will not come back, and gold cannot pay for the service they gave.

Am flùr as àille chì an t-sùil
Ri ùin' tha call a bhlàth,
An làn is àirde thèid don tiùrr
Ri chùl tha muir a' tràgh'dh,
Ach gaoir nan dilleachdanan fann
Is banntraichean sa chàs
A' dol nas ùir' fo bhròn 's fo thùrs'
Gun dùin an sùil sa bhàs.

Ò, 'n spiorad thugadh dhuinn on Àird
Gu cumail blàth na crè,
Bha àm gu tighinn 's àm gu falbh
'S bidh sinne dealbh dhuinn fhèin,
Cha luaithe ar dòchas bhith ri shealbh
Na stoirm a' bhròin na dèidh
'S nach duilich dhuinn chur suas a-nochd,
"Do thoil-sa gun robh dèant'!"

The loveliest flower loses its bloom through time, the highest tide gives way to the ebb but the cry of weak orphans and widows in distress will be renewed in sorrow until they die.

Oh, spirit given us from on high to sustain our life, there is a time for coming and a time for going. We make plans for our lives but no sooner are we happy than the storm of sorrow follows. And so, hard it is for us to say tonight: "Let Thy will be done."

Call na h-Iolaire

Aonghas Caimbeul, Am Bocsair, Nis, Leòdhas

'S mi 'g amharc air na Biastan
'S am fiacla corrach cruaidh
Le an-iochd an dùbhlain
Tha 'g ùrachadh am smuain
An oidhche dhubh Bliadhn' Ùire
Chuir driùchd air iomadh gruaidh,
An Iolair' cha do ràinig i
'S ràn-bàis aic' air do ghruaig.

Cò thuigeadh meud an gàirdeachais
'N Caol Àcainn dol air bòrd,
Thug ceithir bliadhn' an àmhghair
Fo sgàil a' bhàis d' an deòin,
An leas an Rìgh 's an dùthaich,
A' dìon a cliù 's a còir,
Is dhòirteadh fuil nam mìltean
San ìobairt a bha mòr.

Bha an t-athair caomh san àireamh
A sgaradh tràth bho chlann,
Le taingealachd don Àrd-Rìgh
Gun robh gach cìs aig ceann,
'S e dèanamh dealbh na smaointean
Air bean a ghaoil sa ghleann
'S mar phògadh e gu gràdhach i,
'S gach cridhe làn san àm.

Bha aon mhac na màthar ann
'S a dealbh air clàr a chrìdh',
'S e deiseil gu a fàilteachadh
O thobar làn a ghaoil,
'S e cuimhneach' sgiath a càirdeis
'S a gràdh nuair bha e maoth
'S a deòir bha goirt nuair dh'fhàg e i,
'S e leath' mar chlach a sùl.

The Loss of the Iolaire

Angus Campbell, Ness, Lewis

As I look at the Beasts with their hard, jagged teeth, so cruel and defiant, it brings back thoughts of that dark New Year's Eve which brought grief to many, the Iolaire not reaching harbour but coming to rest on your head with the screech of death.

Who could imagine their thankfulness as they went aboard in Kyleakin, having suffered four years of torment, under the shadow of death, for the sake of king and country and in defence of its reputation and rights? The blood of thousands was spilt in that great sacrifice.

There was the loving father, separated early from his children, thanking God that hostilities had ceased and conjuring up a picture in his mind of his beloved wife and how he would lovingly kiss her, their hearts full of joy.

There was the mother's only son, her image engraved on his heart, getting ready to greet her from the full well of his love, remembering how she loved and shielded him when he was young and helpless and her tears when he, the apple of her eye, left for war.

'S e seo am fuidheall thill dhiubh
On chuibhreach a bha mòr,
Seòl'dairean is saighdearan
'S gum b' aoibhneach iad air bòrd.
Bha dìochuimhn' ac' an oidhche sin
Air iomadh teinn is leòn
Is cùrsa dìreach cinnteach ac'
Air bhàrr nan tonn gu Leòdh's.

A Leòdhais, bha thu mùirneach
Is d' ionndrainn tighinn gu ceann,
Bha iomadh bean an oidhch' ud
'S a cridhe seinn le taing,
A' sileadh deòir an aoibhneis
'S a' cuimhneachadh d' a clann
Gu faiceadh iad a-màireach iad
Tighinn sàbhailt' gu luchd-dàimh.

Bha peathraichean is màthraichean
Cur fàrdaichean air dòigh,
Ag ullachadh gu mànranach
Gach nì a b' fheàrr fo 'n còir.
Bha iomadh bodach liath-ghlas
Gu briathrach dèanamh spòrs,
Dol faoin le meud an gàirdeachais
Gu robh na h-àrmainn beò.

Mo chall! mo chall! An cuala sibh
An èighe chruaidh gach taobh?
An Iolair' air a cliathaich
Fo riaghladh mara 's gaoith,
Na sìneadh ris na Biastan,
Gun do shiabadh i o cùrs',
Toirt uaigh sàil do cheudan
Am fianais tìr an gaoil.

This was all that was left of the large contingent that had gone - the sailors and soldiers - all of them now happily on board. They forgot that night about the suffering and injuries, being now on course for Lewis.

Lewis, you were joyful as your waiting was coming to its end. Many a woman's heart that night was singing with gratitude, shedding tears of joy and reminding their children that they would see their fathers tomorrow, back safely with their loved ones.

Sisters and mothers were getting their homes ready, singing as they prepared the best welcome possible. Grey-haired old men joked verbosely, overcome by joy that the warriors were alive.

Alas! Alas! have you heard the loud cry on all sides? The Iolaire has been blown off course and is lying on its side on the Beasts at the mercy of wind and sea, imposing a watery grave on hundreds within sight of their beloved land.

Mo thruaighe, cha b' sgeul dhìomhain i,
Nach cianail bhith ga h-inns',
Bha tost an-iochdmhor dubhachais
Is bior an grunnd gach crìdh',
Bha gul an àit' a' ghàirdeachais
'S an dòchas àrd gun chlì,
A' cluinntinn guth na h-èiginn,
"Mo chreach! Tha 'n sgeula fìor."

Is iomadh òigear calma bh' innt'
Nach tug an stoirm air smaoin,
Na sruthan toinnt' 's an onfhadh
Is gorm-thuinn dol nan smùid.
'S ann bha 'n cridhe 's aiteas orr'
Tighinn faisg air Tìr an Fhraoich,
A' faicinn solais Steòrnabhaigh
Cur sòlas air gach gnùis.

'S ann bha 'n sealladh uabhasach
Nuair fhuair i buille bhàis,
Snasail air na cruaidh-sgeirean,
Muir fuaraidh tighinn na làid.
Gu beucach, dos-cheann, bruailleanach,
Neo-thruasail bha do nàmh,
Cur crìdh' a' ghaisgich luaisgeanach
Is gruaidhean a' dol bàn.

Cò 'n crìdh' tha blàth a' bualadh
Nach leagh le truas ri 'm beud?
Cò an t-sùil a chunnaic luaidh
Air nach sileadh bhuaip' an deur?
An uair bu chinnteach sàbhailteachd
'S iad làmh ri 'n dachaigh fèin,
'S e am bàs a rinn am fàilteachadh
'S a bhàth iad ris a' Bhèist.

Alas, it was no rumour, sad to say. The cruel silence of sorrow descended, every heart feeling a pang of grief. Joy gave way to weeping and high hopes were dashed on hearing the unwelcome words, "Alas! The news is true."

There were many hardy youths on board who thought nothing of the storm or of the rough swells and currents. Their hearts were happy, approaching Lewis and seeing the lights of Stornoway.

What a terrible sight when the death-blow struck, the ship resting firmly on the hard reef and the sea to windward coming at it in shoals. Your foe was roaring, foam-topped, tumultuous and merciless, unsettling the heart of heroes and turning their faces pale.

What beating heart is not affected by their loss? Who could hear a description of it and not weep? When safety seemed assured, so close to home, it was death that welcomed them and which drowned them at the Beasts.

An Iolaire

Tormod MacLeòid, Tarmod Bàn Aonghais 'ic Thormoid, Cuidhdinis, Na Hearadh

Nuair a dh'fhuasgail iad na ròpan
'S a sheòl i às a' Chaol,
'S e 'n Iolair' 'm bàt' bu luaithe
Dh'aindeoin luaisgean muir is gaoith.
Is iomadh òigear fuasgailt' bh' innt'
An uair sin nach do shaoil
Cho goirid 's a bha chuairt ac',
Beagan uairean anns an t-saogh'l.

Chaidh a h-uile nì cho fàbharach
Gun tàinig meadhan-oidhch'
Nuair bhuail i air na creagan grànd'
A bha neo-bhàidheil greann.
Fhuair an Iolair' buille bàis
'S na ràin a' tighinn o com,
'S ged bha fearann làmh rithe
Rathad teàrnaidh cha robh ann.

Cha b' fhada sheas a' chliathaich aic'
Ri biastan biorach Thuilm
'S an Iolair' chaidh i sìos leotha
San oidhche fhiadhaich dhorch'.
B' e siud an sealladh cianail,
Bha na ceudan ghillean calm'
A' strì ri 'm beatha dhìon
Am measg siantannan is stoirm.

The Iolaire

Norman MacLeod, Quidinish, Harris

When the ropes were cast off and it sailed out of Kyle, the Iolaire was the fastest, despite the stormy sea and wind. There were many carefree youths on board who never thought then that their sojourn in this world was going to be as short as a few hours.

Everything went favourably until midnight when it struck rocks of the most dangerous kind. The Iolaire received a death blow and its body screamed. Although land was near them, there was no means of escape.

Its hull did not long survive the sharp Beasts of Holm and the Iolaire sank with them in the dark and stormy night. It was a horrific sight to see hundreds of strong lads struggling to survive in the storm and wild sea.

An oidhch' ud thall an Steòrnabhagh
Gun chòmhlaich mòran sluaigh,
Dùil ac' ris na h-òigearan
Bh' air fòrladh bhar a' chuain.
Bha athraichean 's bha màthraichean
Is bha pàistean beag' gun ghruaim,
Bha peathraichean 's bha bràithrean ann
Gus fàilt' chur orr' san uair.

Mo chreach, mo chreach-sa thàinig,
Chaidh an gàirdeachas gu tùrs'!
Mun d' èirich grian a-màireach
'S iomadh gàirdean bha gun lùths.
Chaidh fios air feadh gach àite
Gun robh na h-àrmainn ri robh dùil
Air cladach tìr an àraich
Air am bàthadh anns a' ghrunnd.

Cha shaoilinn-sa cho brònach e
Nan òrdaicht' e le Dia
Gun tugaist suas an deò leoth'
Ri aghaidh còmhstri dhian.
Nuair shaoil leotha a bhith sàbhailte
Bho gach gàbhadh agus pian,
'S ann ghoid a-staigh am bàs orra,
'S neo-bhàidheil a bha Bhiast.

'S iomadh caileag àlainn
Bha 's a leannan gràidh ga dìth,
Piuthar a chaill bràthair,
Chaill a màthair mac a cùim.
O, 's iomadh bean tha 'n-tràth seo
Le pàistean beag' a' caoidh
Na dh'fhalbh 's nach till gu bràth thuca,
'S an osann chràidh nach cluinn.

That night across in Stornoway a large crowd had gathered waiting for the youths who were on leave from the sea. There were fathers and mothers and happy young children, sisters and brothers, all eager to greet them.

Alas, to our great sorrow, the joy turned to grief. Before the sun rose next day many had lost their lives. Word went round the place that the heroes who were expected were lying on the shores of their native island, having drowned in the sea.

I wouldn't have thought it so sad had it been ordained by God that they would die in combat. Instead, when they thought they were free from danger, death caught them unawares on the fearsome Beasts.

Many a beautiful young woman has lost her loving sweetheart, many a sister has lost her brother, many a mother her son. Women with young children mourn those who left and won't return and who won't hear their sighs of sorrow.

Tha Leòdhas is na Hearadh,
Tha 'd an-diugh fo sprochd 's fo ghruaim,
Caoidh nan gillean tapaidh,
'S ann dha 'n aindeoin chaidh toirt bhuap'.
'S e dithis a b' aithne dhòmhsa
Dhe na seòid ud chaidh dhan chuan,
Mac Nèill Choinnich às an t-Òb
'S mac Dhòmhnaill san Taobh Tuath.

Nis crìochnaichidh mi 'n còmhradh seo
Bhon 's sgòideach cainnt mo bhèil,
Cha bhàrd gus dèanamh òran mi
Ged is còir dhomh dhol na ghleus.
Ach innsidh na tha beò an-diugh
Dhan òigridh thig nan dèidh
Mar dh'èirich dha na seòid ud
A bh' air bòrd an 'Iolaire'.

Today Lewis and Harris are sad and low in spirit. Many are heartbroken and many weep. I knew two of the heroes who drowned in the sea - Niall Choinnich's son from Leverburgh and the son of Donald from Northton.

Now I'll conclude what I have to say as my verse is unpolished, I am no poet although I've made the effort. Those alive today must tell the young who come after them what happened to those heroes who were on board the Iolaire.

Cumha nan Leòdhasach an Dèidh Call na h-Iolaire

Niall MacIllEathain, Caolas, Tiriodh

Thàinig naidheachd bhon tuath, dhùisg gu mulad bhios buan
'S a dh'fhàg mòran dhen t-sluagh fo èislean,
Gun robh Gàidheil mo rùin 's iad nan sìneadh sa ghrunnd
'S iad gun chlaistneachd, gun lùth, gun lèirsinn.

'S ann an Leòdhas tha 'm bròn, 's iomadh cridhe tha leòint
'S iad a' sileadh an deòir gu deurach
Mu na gillean bha còir bhith nan sìneadh gun deò
'S gur e 'n cuan a thug oirnn an lèir-sgrios.

'S ann mu àm na Bliadhn' Ùir fhuair iad cead bhon a' Chrùn
Tilleadh dhachaigh bho dhùthchannan cèine,
'S fàth mo sgaraidh gu fìor mun do ràinig iad tìr
Gu robh cuid dhiubh aig crìch an rèise.

Tha e nàdarra dhuinn gum biomaid gan caoidh,
Chaill sinn ceatharnaich ghrinn na fèille,
Bha daonnan gar dìon air muir is air tìr
'S thug ar nàimhdean fo chìs le 'n euchdan.

Bidh cuimhne 's gach dòigh air na dh'fhàgadh ri bròn,
Tha iad sean agus òg gun dèis-làimh,
'S an cùl-taic air thoirt bhuap' ann an gàirich nan stuagh,
Leam is cràiteach ri luaidh an sgeul ud.

Lament of the People of Lewis Following the Loss of the Iolaire

Neil MacLean, Caolas, Tiree

News of everlasting sadness has come from the north, leaving many of us sorrowful: namely that our fellow Gaels lie at the bottom of the sea, without hearing, strength or sight.

There's sadness in Lewis, many hearts are wounded. They weep for the able lads who now lie lifeless, the sea having taken them.

Around New Year they got leave from the Crown to return home from foreign lands. Sadly many of them lost their lives before they reached land.

It is proper for us to mourn them. We lost generous, handsome warriors who always protected us on sea and on land and through their bravery defeated our enemies.

All who mourn will be remembered and the old and young who are left without support. Those who protected them were lost in the roaring waves: it hurts me to tell the story.

Eachdraidh na h-Iolaire

Cairstìona A. NicLeòid, Pabail, An Rubha, Leòdhas

Bha còmhlan den a' chabhlaich
Air slighe dhachaigh anns a' Chaol,
'S bha 'n Sheila cus ro luchdaichte
Le cudrom bathair 's dhaoin',
Sin thàinig fios le òrdugh
Gheata mhòr a cur fo aont'
A ghiùlaineadh na seòl'dairean
Do Steòrnabhagh an gaoil.

Bha an oidhche gruamach iargalt' ac'
Le siantan agus gaoth
Ri tighinn teann bhon iardheas orr'
'S na chliathan an Cuan Sgìth.
Cò am fear am measg nan ceudan ud
A dh'iadh e air a smaoin
Gun robh a thuras crìochnaichte
No shìorraidheachd cho dlùth?

B' e coigreach anns an àit' bha leath'
Ach càit' an robh chàirt-iùil?
Bha seòl'dairean sa bhàt' aige
A bha an t-àit' ud air an sùil,
Ri togail Rinn na Càbaig
'S solas Àranais air cùrs',
Ach cha bhi fios gu bràth air
An e fàilneadh rinn an stiùir.

The Story of the Iolaire

Christina A. MacLeod, Bayble, Point, Lewis

A group of navy men were in Kyle on their way home
but the Sheila was overloaded with cargo and people:
an order came to commandeer a large yacht to take
the sailors to their beloved Stornoway.

The night was gloomy and blustery with a strong
south-west wind and the Minch was rough.
Who among those hundreds thought that his journey
was at an end or that eternity was so close?

The captain was a stranger to the place but did he
not have a chart? On board were sailors who knew
the area. They plotted a course by Càbag Head and
the Arnish light. It will never be known if the rudder
failed.

Bha eachdraidh ann bha 'g ràitinn
Gun robh làmh aig' anns a' chùis
Ach bha sin an aghaidh nàdair
'S na h-àithne bh' aig' bho thùs.
Air madainn an là-mhàirich
Bha chnàmhan anns an tiùrr,
Na bannan air na gàirdeanan
'S a sheacaid-àirc' air dùint'.

Bha ceithir bliadhna luasganach
A' bhuairidh air an cùl
A chaidh seachad iarganach
Air cuantan agus raoin,
Ceartas air a riarachadh
Le buaidh ga thoirt air daors',
'S a' Ghearmailt fo riaghladh ac'
Le fallas dian an gnùis.

Is iomadh cridhe mànranach
Bha bualadh blàth le mùirn,
Ri sgioblachadh nam fàrdaichean
Airson sàir ris an robh dùil
Tilleadh dhachaigh sàbhailt'
Bhon a' bhlàr thuca le 'n saors',
'S a' choinneamh bhiodh cho aoibhneach ac'
Air oidhche na Bliadhn' Ùir.

Ro sgarachadh nan tràthan
Chaidh an gàirdeachas ma sgaoil,
Nuair bhriseadh sgeul a' ghàbhaidh ud
Le guth a' bhàis gach taobh.
Cha tug i mach an t-àite
Chaidh an-àirde oirr' anns a' Chaol,
A' chaladh anns an fhàire
'S i sàbht' air Biastan Thuilm.

There was a story that he was partly to blame but that was contrary to nature and his orders. The following morning his bones were found in the seaweed, the stripes on his sleeves and his lifejacket fastened.

Four unsettled years were behind them, spent dangerously on sea and land. Justice had been done with victory over evil: Germany had been conquered by the sweat of their brows.

Many happy hearts beat warmly with joy, as they prepared the homes for the heroes who were returning from battle safe and free. Their reunion would be a happy one on New Year's Eve.

Before daybreak their joy vanished when the tragic news broke that death was all around. The Iolaire did not reach the place it set out for in Kyle: with the harbour in sight it was torn to pieces on the Beasts of Holm.

Nach bu dhorch' an neul
A bha còmhdach grian gach sgìr',
Le dubhachadh is cianalas,
Le tiamhaidheachd is glaodh.
Dilleachdain is dàimhean
Is banntraichean gun mhaoin,
'S a' chosgais bh' air a' chunntas ud
No an t-sùim cha tèid am prìs.

Teaghlaichean le tuill annta
Ri caoidh na bha d' an dìth
A chunnaic crìoch na h-aimhreit
Agus bonntachadh na sìth.
Làraich lom na muinntir sin
Nach togadh ceann an tìm,
Is ged a b' fhaisg am fonn orra
Nach d' fhuair am bonn air tìr.

Cha deachaidh 's cha teid àireamh
Gu bràth don àite 'n call,
Cha ghleachd gàirdean làidir
Ris a' bhàs a thig na àm.
An Niseach còir a dh'fhàg
Cuid de làmhan anns a' chrann
'S bha fear na mheadhan teàrnaidh innt'
A shnàmh aist' leis a' bhall.

Nach iomchaidh do na h-àil
Iomradh sàr-fhir ghlèidheadh beò
A dhìon sinn bhon an nàmhaid
'S a choisinn blàir na h-Eòrp'.
Na dorsan ged a ràinig iad
'S an tràigh bha gràdhaicht' leòth',
Nach daor, nach daor a phàigheadh
A' chàin le Eilean Leòdh'is!

A dark cloud covered the sun everywhere. There was sadness and gloom and many plaintive cries. The lasting effect on orphans and poor widows cannot be described.

The deprived families mourn what they lost, having witnessed the end of hostilities and the foundation of peace. They view the empty spaces left by those who will never now return and who, though land was close by, couldn't step ashore.

Their loss to the island cannot be described. Strong arms cannot fight death when the time comes. We remember the Nessman who was stuck on the mast and the one who saved others by swimming ashore with a rope.

It is right that generations to come should keep alive the story of the heroes who protected us from the enemy and won the battle for Europe. Though they reached their doorsteps and their beloved shore the Island of Lewis has paid an expensive toll!

An Iolaire

Eachann MacFhionghain, Port, Beàrnaraigh na Hearadh

Nach cianail Eilean Leòdhais is nach brònach e san uair
Is iad a' caoidh nan àrmainn ud a dh'àraicheadh ann suas,
Tha peathraichean is bràithrean ann is pàrantan fo ghruaim
'S gu sònraichte na màthraichean le am pàistean beaga truagh.

Bidh madainn na Bliadhn' Ùire seo gu h-ùrail dhuinn gu bràth,
A' cuimhneachadh nam fiùran chaidh an sgiùrsadh far nach tràigh,
B' e sgeul a bha ro-thùrsach i chaidh ùrachadh san àit'
'S cha ghabh i cur am briathran dhomh no leudachadh le dàn.

Nach iomadh ceàrn a shiubhail iad, shiubhail iad deas is tuath,
Is chaidh iad tro na gàbhaidhean 's na h-àmhghairean bha cruaidh,
Bha nàmhaid tric an tòir orra a Dhòmhnaich is a Luain
Ged 's ann air cladach Leòdhais chaidh an òrdachadh don chuan.

Tha an Iolaire na sìneadh is na croinn aice an-àird
Air cladach corrach millteach a chuir crìoch oirre cho tràth,
Na fiùrain òg bu chiataiche a choisich riamh air sràid
'S na càirdean a bhith dealachadh is na chailleadh air an sgàth.

Nach duilich mar a thachair do na gaisgich ud a bh' ann
A thàinig fad air astar gu dachaighean an dàimh,
Bha càirdean is luchd-eòlais ann gu sòlasach san àm
A' coinneachadh nan òganaich a phògadh iad air làimh.

Cha b' fhada gus an cuala sinn am fuaim a bha le bròn
Is dhùisg e mach à bruadar sinn an truaighe thàinig oirnn,
Bha greadhnachas air fhuadach nuair chualas mu na seòid,
Dh'fhàg cridheachan gu luaisgeanach is dh'fhuasgail e na deòir.

Na Hearadh far am b' eòlach mi gu brònach mar tha càch,
Tha bhliadhna seo neo-shòlasach aig mòran feadh an àit',
Tha 'n ionndrainn is an iargain ann gun dìochuimhn' air an càs,
Na càirdean a bhith dealachadh 's na chailleadh air an sgàth.

The Iolaire

Hector MacKinnon, Ferry, Berneray, Harris

The Island of Lewis is sorrowful at this time, mourning for its native sons. Sisters, brothers and parents grieve, and especially mothers with their poor young children.

This New Year's morning will be always in our minds, remembering the heroes who were driven on to the shore of eternity. It is such sad news that I cannot describe it properly in my song.

They had travelled to many parts of the world, north and south, and experienced great danger and suffering, constantly pursued by the enemy. But it was on the shores of Lewis that they were consigned to the sea.

The Iolaire, with its masts above the waves, lies on its side on the jagged shore which destroyed it so quickly. The best of youths have been torn from their people, leaving their families lost without them.

The fate of the heroes is a tragic one, having travelled so far to their family homes. Relatives and friends were so happy, waiting to greet the young men and to kiss their hands.

It wasn't long before we got the sad news about this tragedy which has befallen us, waking us up from our dreams. Happiness was banished when we heard about the heroes: it left our hearts shaken and has reduced us to tears.

Harris, which I know so well, is as sad as the rest. This year is not a happy one for many throughout the land. There is sorrow and yearning, and also their own sorry plight - families divided and losing all they had.

Marbhrann (Òran don Iolaire)

Iain Caimbeul, Tàbost, Nis, Leòdhas

Do a bhràthair, Alex John, a chaidh a chall air an Iolaire.

Air feasgar Dimàirt bha mòr fhàbhar leis a' ghaoith,
Bha iomadh seòl'dàir àlainn air an t-sràid an Caol Loch Aills'
Air an t-slighe gu tìr an àraich às na ceàrnaidhean bha thall
'S iad uile tighinn air fòrladh 's an Cogadh Mòr air tighinn gu ceann.

'S ann an siud a bha an t-aoibhneas an Caol Loch Aills' air oidhche Mhàirt
Gach seòl'dair is gach saighdear bu ghrinn ag imeachd sràid,
Le cridhealas 's le aoidhealas gu coibhneil crathadh làmh
'S iad uile air an turas mhòr gu Steòrnabhagh nan sràid.

Dh'fhalbh i uair a thìde ro Sheila mhòr nan tonn,
Cur aghaidh air an tìr sin bu dìleas leis na suinn,
Nuair chaill i a cùrs' 's ann dhìobair i, toirt sgrìob air creagan lom,
'S an tighinn a-steach na Bliadhn' Ùir chaidh na fiùrain ud a chall.

'S ann siud bha sealladh bu chianail a bhith gan iadhadh suas gu tràigh,
An tràigh nach tèid an dìochuimhn' dhomh gu sìorraidh ri mo là,
Mi fhèin a' falbh gad iarraidh 's mi sileadh sìos gu làr
Ach, Ò, Ailig, cha robh sgeul ort, a-muigh ri cliathaich caladh tàmh.

Ach ghuidhinn anns an dealachadh mun aithris mi nas mò,
'S e Crìosda fhèin bhith maille ribh a neartaicheas ur bròn,
'S e caraid E 's fheàrr bhios dhuibh na bràthair anns an fheòil
Oir fanaidh E gu sìorraidh leibh is siabaidh E bhur deòir.

Elegy (Song to the Iolaire)

John Campbell, Habost, Ness, Lewis

For his brother, Alex John, who was lost on the Iolaire.

The wind was favourable on that Tuesday evening.
There were many fine seamen on the streets in Kyle
on their way home on leave as the war was now over.

Everyone was cheerful on that Tuesday night in Kyle,
the sailors and soldiers smartly marching the streets,
warmly shaking each other's hands as they started
their journey to Stornoway.

It left an hour before the Sheila, heading for the land
so close to the hearts of the heroes. Then it went off
course and its journey ended, scraping on the bare
rocks. And as the New Year came in the warriors
were lost.

That was a most horrible sight to be walking along
the shore, the shore I will never forget as long as
I live. I was looking for you, weeping as I went.
And alas, Alex, there was no sign of you on the shore.

But I beseech you in parting, before I say any more,
Christ being with you can lessen your sorrow. He will
be a better friend to you than a brother in the flesh
for He will always be with you and will wipe away
your tears.

A' COIMHEAD AIR AIS

LOOKING BACK

An Crom-Lus

Iain Crichton Mac a' Ghobhainn, Pabail, An Rubha, Leòdhas

Tha flùran Flanders dearg san adhar ghorm.
Tha 'n fhuil ud làidir fhathast am measg na stoirm.

Tha 'n rionnag dhearg ud air mo sheacaid chiùin
Tha na làmhan paisgte is na sùilean dùint'.

Tha 'm buntàta fàs 's na freumhaichean cho geal
Na cnàmhan bàn am measg a' bhùrn 's an dealt.

'S an crodh le 'n clogaidean 's le 'n adhaircean mòr'
A' blasadh feur a chaidh a ghlanadh leotha.

'S gach claigeann sàmhach fon a' chrann gu sèimh
A' mathachadh an fhearainn fad o nèamh.

The Poppy

Iain Crichton Smith, Bayble, Point, Lewis

The flowers of Flanders are red against the blue sky.
That blood is strong in the midst of the storm.

That red star rests on my jacket.
The arms are folded and the eyes are closed.

The potatoes grow with white roots,
The bones are dead in the water and the dew.

And cattle with helmets and large horns
Taste grass purified by them.

And every silent skull beneath the plough
Enriches the soil far from heaven.

Crom-Lus Arrais

Màiri NicDhòmhnaill, Griomasaigh, Uibhist a Tuath

Bhuain mi crom-lus
An achadh arbhair
Faisg air Arras.
Fàilidh, dearg,
Na bu deirge le
Todhar fala nam mìltean.

'N ann an seo a thuit e,
Esan a bha mi sireadh?

Chùm mi am flùr
Gu socair, maothail
An cuachadh mo làimh,
Buille chràitich mo chridhe
A' plosgartaich 's a' crith'
Nam bileagan
Nis a' crìonadh.
Carson a spìon mi thu,
A dh'altraim mi thu greis,
'S do fhreumhan fighte gu bràth
An duslach Arrais?

The Arras Poppy

Mary MacDonald, Grimsay, North Uist

I picked a poppy in a corn field close to Arras.
Gentle, red, redder because of the blood of
thousands coating the land.

Is this where he fell, he whom I was seeking?

I held the flower, gently, softly cupped in my hand
– the painful thumping of my heart breathless and
shaking, the petals now withering. Why did I pluck
you and nurse you for a time, your roots entwined
forever in the dust of Arras?

Flanders

Dòmhnall Iain Dòmhnallach, Dòmhnall Iain Dhonnchaidh,
Peighinn nan Aoireann, Uibhist a Deas

Shìos air achaidhean Flanders
'S ann an coilltean Phicardy,
Cluinn osna nan taibhsean
Anns a' ghaoith tighinn air fàire,
Osn' tha 'g aslachadh cuimhne
Orr' bho mhuinntir ar là-ne.

Ceòl a' bhiùgail aig Menin,
Tiamhaidh, tairis is brònach,
Fois air ùpraid a' bhaile,
Sàmhchair bheannaicht' a' dòrtadh,
Ceòl a' bhiùgail a' lìonadh
Nèamh ghrianach na h-Eòrpa.

Vimy Ridge agus Ypres,
Altair ìobairt ar bràithrean.
Ò, càit an robh bhuannachd
Ach an duais dhaibh sna h-àirdibh,
Flùr cùbhraidh na h-òige
Feadh na h-Eòrp' air a smàladh?

Tart cumhachd gus dìreadh
Air na h-ìompairean gràineil,
Riaghladh Shasainn a' cìsneadh
Bhochdan, ìslean is ànraich,
Shnàmh suas i gu ìre
Tro fhuil phrìseil a bràithrean.

Flanders

Donald John MacDonald, Peninerine, South Uist

Down on the fields of Flanders
And the woods of Picardy,
Hear ghostly sighs
On the wind from the horizon –
Sighs pleading for remembrance
From today's generation.

Notes of the bugle at Menin,
Soft, plaintive, mourning,
Spreading a blessed silence
Over the uproar of the town:
The bugle's music filling
Sunny skies of Europe.

Vimy Ridge and Ypres,
Sacrificial altar for our brothers –
Oh, where was the victory
Save their reward on high,
Sweet flower of youth
Crushed throughout Europe?

Ambitious thirst for power
Of hateful empires,
Government of England oppressing
The poor, lowly and needy:
Floating up to success
Through precious blood of its brothers.

Dè 'n taing thug an rìoghachd
Do na thill às an fhùirneis?
Ò, a Shasainn, mo nàire,
D' eachdraidh ghràineil ga rùsgadh,
Dh'òl eileanan Alba
Cupan searbh do chuid mùiseig.

Ach thuit gach ìompaireachd ainmeil
Mar a sheargas na ròsan,
Chaidh an cliù dhuinn a dhearbhadh,
Murt is marbhadh is leònadh,
Càrnadh ionmhais do dh'uaislean,
Cumail shluaghan fo spògan.

Ò, a dhùthaich na Frainge,
D' ùir is d' fhonn eadar-nàiseant',
Dachaigh dheiridh nad dhìleann
Do na mìltean de shàr-fhear,
'S carragh-cuimhne gun phrìs thu,
Do gach tìr tha thu càirdeach.

"Cuimhne, cuimhne gun abhsadh,"
Dh'èigh taibhsean Phicardy,
"Cuimhne, cuimhne gu sìorraidh,
Na biodh dìochuimhn' nur nàdar."
Bho gheata Mhenin a' srùladh
Guth a' bhiùgail 's a' bhàis dhuinn.

What thanks did their country give
To those that returned from the furnace?
O England, shame on you –
Your loathsome record exposed:
The islands of Scotland drank
The bitter cup of your oppression.

But every famous empire has fallen
As the roses wither;
Their reputation shown to us –
Murder, killing and wounding:
Creating wealth for the rich
Keeping nations underfoot.

O country of France,
Your land and soil international
A last home in your earth
For thousands of fine men:
You are a priceless monument,
To every country related.

"Remember, remember, unceasing,"
Cried the ghosts of Picardy,
"Remember, remember for ever
Let not forgetfulness be part of you:
From the gates of Menin swells
The sound of the bugle in death for us."

(Translation by Bill Innes)

Banntrach Cogaidh

An t-Urramach Iain MacLeòid, Àrnol is an t-Òban

Sgaoil i 'aodach air gàrradh,
briogais bhàn is lèine gheal,
crios gorm leathann,
còrd geal caol.
Bha mi air clach ri taobh,
bonaid cruinn air mo cheann,
bonaid m' athar.
Deise ghorm na stiallan
mar reub iad bho chorp i
nuair fhuair iad e
fuar bàthte air an tràigh,
air a pasgadh le làmhan gràidh
is cridhe brist',
mar deise rìgh dol gu banais.

Carson tha thu dol uair sa mhìos
don phost-oifis nad aodach dubh,
le cridhe trom,
's a' tilleadh feasgar
le leabhar a' pheinsein nad làimh?

Carson a thog thu mi nad uchd
's do cheann crom,
is fhliuch thu m' aodann le do dheòir
nuair thuirt mi,
"Mhàthair, cà'il m' athair?"

War Widow

Rev John MacLeod, Arnol and Oban

She spread his clothes and belongings on the wall, white trousers and shirt, a broad belt, a narrow white cord. I was sitting on a stone by her side, a round cap on my head, my father's cap. A blue uniform in shreds as they had ripped it from his cold body when they found him drowned on the beach, now folded by loving hands and a broken heart: like a king's wedding uniform.

Why do you go every month to the post office dressed in black, with a heavy heart, and return in the evening clutching the pension book in your hand?

Why did you lift me on to your lap with bowed head, and wet my face with your tears, when I said, "Mother, where is my father?"

Aon là san sgoil
sheas sinn sàmhach dà mhionaid
a' cuimhneachadh
air laoich a' Chogaidh Mhòir,
is ruith mi dhachaigh na mo dheann
a dh'innse dhi,
"Cha bhi cogadh tuilleadh ann".

Oidhche gheamhraidh bha i snìomh,
shuidh mi ri taobh.
Bha ceann dol liath 's i fhathast òg.
An lùib an t-snàth chaidh fuiltean mìn
mar shìoda measg an duibh.

Thuirt i, "Glèidh cuimhn' orms'
nuair chì thu m' fhalt an lùib an t-snàth
's nach bi mi ann."
'S mar thubhairt bha.

Rinn iad d' uaigh ri taobh nan tonn.
Cha chlisg thu chaoidh aig gaoith no stoirm,
Sibh sin cho rèidh, thu fhèin 's an cuan –
cha toir e tuilleadh uat do ghràdh.

Nach math gun tug am bàs thu tràth,
's nach fhac' thu cogadh ùr nad là
's nach fhac' thu mise falbh don bhlàr
le deise ghorm is bonaid cruinn
mar bh' air m' athair
nuair fhuair iad marbh e
aig a' Bhràigh.

One day in school we stood silently for two minutes remembering the heroes of the Great War and I hurriedly ran home to tell her, "There will be no more war".

I sat beside her one winter's night while she was spinning. Her hair was turning grey though she was still young. A slender hair became entwined in the wool like silk amongst the black.

She said, 'Remember me when you see my hair in the wool though I am no longer here.' And so it came to pass.

They dug your grave beside the waves. You will never be frightened now by wind or storm. So much at peace, you and the ocean – never again will it take your loved one away.

Fortunately you died early, so you did not see a new war nor see me going to battle in a blue uniform and round cap such as my father wore when they found him lifeless at the Bràigh.

Chì mi Thall Thu

Coinneach Dòmhnallach, Sanndabhaig, Leòdhas

Ma bha miastadh sa bhaile
Bha Dòmhnall againne na theis-meadhan;
Am fear mu dheireadh a' dol a chadal
'S am fear mu dheireadh ag èirigh.
Fadalach airson na sgoile,
Boiseag air aodann,
'S fàd fo achlais.
Sin agaibh Dòmhnall againne.

Cha leughadh agus cha sgrìobhadh ach mall
Ach bu toigh leis am maighstir
Agus am maighstir esan.
Aodann beag neochiontach cruinn
A mhaothaicheadh cridhe,
Sùilean agus gruag mar an fhitheach,
Fiamh a' ghàire air a bhilean,
Luirg ghoirid agus leud na ghualainn,
Sin agad Dòmhnall againne.

B' e a mhiann a bhith an-còmhnaidh a-muigh
Measg bhrialaichean 's chreagan,
Lorg neadan.
Chasan rùisgte 's a bhriogais mu shliasaid.
At air a bhonn-dhubh
'S an òrdag mhòr air a sgingeadh.
Co mheud uair a bhuail e 'n cloich i
Agus a ruith e na dheann leatha
Air a leth-chois.
No shuidh e air tom leatha
Ga ditheadh na mheuran.
Tormod a' Chìobair 's e fhèin
An-còmhnaidh le chèile
'S an-còmhnaidh ann am miastadh.

I'll See You Over There

Kenneth MacDonald, Sandwick, Lewis

If there was mischief afoot in the village our Donald was sure to be in the thick of it. He was the last to go to sleep and the last to get up. Late for school, a splash of water on his face, and a peat under his arm. That was our Donald.

He could read and write only slowly but he liked the teacher, and the teacher liked him. A little innocent face which could soften hearts, eyes and hair like the raven, a smile on his lips, short legs and broad shoulders. That was our Donald.

He always preferred to be outside, among the crags and rocks looking for nests. In bare feet and with his trousers rolled up to his thighs, a lump on his heel and the big toe squashed. When he struck it on a stone he would race away on one leg. Or sit on a knoll squeezing it with his fingers. Norman, the Shepherd's son, and himself were always together and always involved in pranks.

Bhrist e cas cù Iain Saighdear
Aig Faing a' Ghlinne,
Ach rùisg e na muilt
Do Mhòrag na Banntraich.
Chuir e sgrath air similear an tàilleir
Gus na theabadh a mhùchadh,
Agus siabann ann am pìob a sheanar.
Sin agad Dòmhnall againne.

Thug e uan às na creagan,
'S mura bitheadh e
Bha Tormod Bàn air a bhith bàithte.
Bha ainm anns gach àite',
Air gach cairt is doras bàthaich.
Bha e cuideachd air a ghàirdean,
D.M.L. le dubh air a bhrodadh le snàthad
'S air cùl a dhùirn, Mo mhàthair.
Sin agad Dòmhnall againne.

Mo ghràdh air,
Siud am mullach bha coibhneil
Agus a chuidicheadh nàbaidh.
Gheàrr e seòl son an eathar
À lèine anairt le Màiri
A bha sgaoilt' air todhar.
Mharcaich e each a' cheàird
A-mach cùl a' ghàrraidh
Gun dhìollaid, gun shrian
Ach greim aig' air mhuing air.
Sin agad Dòmhnall againne.

Ach dh'fhàs e an sin suas,
An sgoil air a fàgail,
Cnapanach cruaidh,
'S bu tapaidh air ràmh e.
Ach thàinig an cruadal,
Cogadh is aimhreit.
Cha robh Dòmhnall air dheireadh,
Ach a-mach leis a' chiad fhear.

He broke Iain Saighdear's dog's leg at the Glen Fank but he sheared the wethers for Morag, the Widow's daughter. He placed a turf on the tailor's chimney till he was almost suffocated and he put soap in his grandfather's pipe. That was our Donald.

He rescued a lamb from the cliffs and were it not for him Tormod Bàn would have drowned. His name was everywhere, on every cart and byre door. It was also on his arm: D.M.L. in ink pierced with a needle, and on his wrist, Mo mhàthair (My mother). That was our Donald.

I loved him. He had the kindest of hearts and would always help a neighbour. He made a sail for the boat from a linen shirt of Mary's that had been spread on the drying green. He rode the traveller's horse out of the village, without saddle or rein, holding on to its mane. That was our Donald.

Then he grew up, left school, a strong, sturdy lad, good at rowing. But hard times came, with war and strife. Donald did not delay, he was away with the first of them.

Thuirt e ri charaid,
A-nis na dhotair san Oilthigh,
"Chan urrainn dhomh fuireach,
Tha mi a-nochd son na Frainge,
Cuin tha thu tighinn? Mar sin leat,
Chi mi thall thu."

Bha an ùine a' dol seachad
Gun ghuth tighinn bho Dhòmhnall,
'S raointean na Frainge
Fo chasan na Gearmailt,
A chàirdean 's a mhàthair
A-nis fo iomagain,
Gun naidheachd sam bith air
A-nis airson bliadhna.

Bha Tormod a-nis
Le trusgan an rìgh air
Na dhotair, measg leòintich nan sìneadh
Air faiche na Frainge,
Toirt cobhair do dh'aon fhear
A chuir casg air an nàmhaid
'S a chùm an drochaid na aonar
Nuair bha càch air an smàladh.
Thuit a shùil air a ghàirdean,
Rùisgt' chun na h-uilinn,
Fuil phronn, 's fèithean gu sgàineadh
Measg phuill agus chlàbair.
Chlisg e, oir sgrìobht' air a ghàirdean -
D.M.L. le dubh air a bhrodadh le snàthad.
'S air cùl a dhùirn, Mo mhàthair.
Thàinig làn air a chridhe,
"Mo charaid is mo nàbaidh."
An sin dhealaich na rasgan
'S chaogaich na sùilean,
Is le guth fann brist'
A bha fàgail an t-saoghail,
Thuirt e, "Tormod a' Chìobair,
Slàn leat. Chì - mi - thall – thu."

He said to his friend, now a doctor at University, "I cannot stay, tonight I'm heading off for France. When are you coming? Farewell, I'll see you over there."

Time passed, with no word from Donald; the plains of France were under the feet of Germany; his friends and his mother were worried, having had no news of him for a year.

Norman was now in uniform as a doctor. Working among the wounded on the fields of France, he went to help one man who had stopped the enemy in their tracks, holding the bridge by himself when the rest had been killed. He looked at his arm, bared to the elbow, bruised blood and sinews about to burst, lying in the mud and dirt. He stopped, startled, for written on his arm was D.M.L. in ink pierced with a needle and on his wrist, Mo mhàthair. His heart was bursting, "My friend and my neighbour." Then the eyelashes parted and the eyes blinked, and in a soft broken voice, taking leave of the world, he said, 'Norman, the Shepherd's son, farewell. I'll – see – you – over there'

Naoi Ceud Deug 's a Ceithir Deug

Murchadh MacPhàrlain, Bàrd Mhealaboist, Leòdhas

Nuair bhiodh òganaich cruinn
Dhèanta grìosach bhuntàt',
"Siudaibh, seasaibh," siud chluinnt'
"Ach am faic sinn eil àird
A' mhailisidh nis oirnn
'S gu Fort Dheòrs' thèid ma tha
A mhailisidh an rìgh".

Ghabh mo ghràdh-sa Dimàirt
Do mhailisidh Fort Dheòrs',
Fèileadh-beag 's seacaid bhàn
Air bidh 'n àit' pheitein mhòir
'S briogais thartain glan gheàird
Air an àit' na tè chlò
Am mailisidh an rìgh.

"Cha bhi uat mi ach ràith,"
Thuirt e 'n sgàth bhlàth na cruaich,
Bidh mi còmhla riut, a ghràidh,
Mun tig càch às a' Bhruaich.
'S dòch' gu feuch mi mo làmh
Ann an gàrraidhean Chluaidh
Ma bhios rigears gan dìth".

Sheòl i, Sìle nan stuadh,
'S mòran sluaigh innt' air bòrd,
Cuid gu iasgach na Bruaich
'S tuath gu Sealtainn nan òb,
'S cuid a' falbh, mar mo luaidh,
A' chiad uair gu Fort Dheòrs'
A mhailisidh an rìgh.

Nineteen Fourteen

Murdo MacFarlane, Melbost, Lewis

When young men gathered, roasting potatoes on the
fire, someone would say, "Stand up to see if we're
tall enough for the militia and, if so, we're off to
Fort George – to the king's militia."

On Tuesday my loved one went off to join the militia
in Fort George, wearing a kilt and light-coloured
jacket instead of his usual heavy waistcoat, and new
tartan trews instead of the old tweed ones.

"I'll be away for only a month," he said at the peat
stack, 'I'll be with you, my love, before the others
return from Fraserburgh. Perhaps I'll then try my
hand in the Clyde shipyards if they need riggers."

The Sheila sailed away with many on board, some
for the fishing at Fraserburgh or north to the bays
of Shetland and some heading, like my loved one,
for the first time to Fort George, to the king's militia.

Fhuair mi dhealbh an cèis dhùint'
'S chroch sa chùlaist le uaill
Agus litir ag inns',
"Tha gach nì dhomh cho nuadh.
Moch gar dùsgadh bidh phìob
Nuair is fìor-throm ar suain
Am mailisidh an rìgh."

"On tha 'n cosnadh car gann,"
Thuirt e rium, "dhomh is fheàrr
Ghallaibh dhol nuair bhios m' àm
Anns a' champa so 'n-àird
Agus gabhail aig na Goill
Na mo chuibhlear am bàt',
Seadh, ma ghabhas iad mì."

Naoi-ceud-deug 's ceithir-deug,
Tigh'nn fo dhias nuair bha 'n eòrn',
Caismeachd airm chualas cian,
Geilt is fiamh chuir e oirnn.
Teachd tha stoirm, dhubh e ghrian,
Mar bheul-oidhch' rinn tràth-nòin
'S e ri fògaradh ar sìth.

Bhris an stoirm 's an tuil dhòirt
'S air an Eòrpa rinn tigh'nn,
Tuil fhuil dhearg nam fir òg,
Seadh, fir òg nan ciabh mìn,
Thraogh is thràigh chun an fheòir
Fuil an cuislean 's an crìdh',
Dh'fhuaraich, reòth 's chaill a clì.

Cuig a-riamh ghabh mo ghràdh
Tastan eàrlais an rìgh?
'S gann gun bhris fo làn-bhlàth
'S bha sa bhlàr na thost sìnt'.
Air a' bhuaidh 's daor a phàigh
Le fuil bhlàth dhearg a chrìdh',
'S daor thu, bhuaidh, daor do phrìs.

I got a framed photo, which I proudly hung in the back room, and a letter saying, "All is so new to me. The pipes wake us early when we're sleeping most soundly, here in the king's militia."

"As employment is so scarce," he told me, "I should go to Caithness when my time in this camp ends and work as an apprentice on a ship if they'll have me."

Nineteen fourteen, as the corn was ripening, the sound of marching armies was heard in the distance, filling us with fear and trepidation. The storm approaches, darkening the sun, turning noon into nightfall and banishing peace.

The storm broke and the flood poured over Europe: the red blood of the soft-haired youth, the blood of their veins and hearts ebbing away into the grass, cooling, congealing and losing its potency.

Why did my beloved ever accept the king's shilling? He was scarcely an adult, and now he lies motionless on the battle-field. He paid dearly for the victory with his blood. Victory, you have been expensive, your price has been a high one.

Thuit blàth-bhraon air an raon
'S nigh aog-aodann nan òg,
Shèid a' chaomh-osag chaoin
Orr' is thiormaich is phòg
'S i ri osnaich os cionn
Òigfhir ghrinn an fhuilt òir,
Ò, mhailisidh mo chrìdh'.

Colla, Fionnlagh is Dòmh'll,
Ruairidh òg is Iain Bàn,
Aonghas, Ùisdean 's Niall Mòr,
Chòrr cha shloinn mi am dhàn,
'N-dè nam balachain san dròbh,
'N-diugh gun deò anns an àr,
Ò, mhailisidh mo chrìdh'.

Tha chruach mhòna na luath,
Theich am fuachd, thill am blàths,
Thill luchd-cutaidh na Bruaich,
'S fhada buan leam tha 'n ràith
Gheall mo ghràdh bhiodh e bhuam
Aig a' chruaich 'n oidhch' a dh' fhàg,
Ò, mhailisidh mo chrìdh'.

Chaidh na geòidh tarsainn tuath,
Thug na geòidh mach an àil,
Thill gu deas mar is dual
Àrd len àil air an sàil,
Ach cha phill e, mo luaidh,
Ach nam bhruadar a-mhàin,
Ò, mhailisidh mo chrìdh.

Warm dew descended, washing the dead faces of the young; the mild gentle breeze blew over them, dried and kissed them, sighing over the handsome golden-haired young men. Oh, my dear militia.

Coll, Finlay and Donald. young Roderick and fair John, Angus, Hugh and big Neil: I'll mention no more in my song. Yesterday they were boys at the fair; today they are lifeless on the battlefield. Oh, my dear militia.

The peat stack is in ashes, the cold has gone and the warmth has returned. The Fraserburgh herring-gutters have returned. My love promised me when he left that he would be away for only one season but that season is never destined to end. Oh, my dear militia.

The geese have flown northwards, they have hatched their brood and returned south as is their wont. But my dear one will not return except in my dreams. Oh, my dear militia.

Socair Ort, a Dhòmhnaill, Seall

Murchadh MacPhàrlain, Bàrd Mhealaboist, Leòdhas

Do Ìomhair MacCoinnich à Bràighe na h-Aoighe a chaidh a mharbhadh san Fhraing. Tha an t-òran air a dhèanamh mar gum b' ann leis an t-saighdear fhèin.

Sèist: *Socair ort, a Dhòmhnaill, seall!*
Fhuair iad mi mu dheireadh thall.
Socair! fuirich ! thig a-nall!
Leag iad mi 's chan fhaigh mi 'n-àird.

Rìgh, chan fhad' uam ceann mo lò,
Air mo shùil tha 'g iadhadh ceò,
'S fhada, 's fhad' uam Aoigh-nam-bò,
Oirre ta Clann Leòid nan suain.
'S fhada, 's fhad' uam Aoigh-nam-bò.

Abair gun deach mo dhroch leòn,
'S mur nach coinnich sinn nas mò
Tuilleadh ann an tìr nam beò,
Coinnichidh an tìr 's ro-fheàrr.

Mura toir iad thu gu làr,
Is gum pill thu gu luchd-gràidh,
Dìochuimhn' na dèan air mo mhàth'r
Am bail' àillidh Bhràigh na h-Aoigh.

Geàrr 's cuir thuic' den chuailean dual,
Ged a bhios e oirre cruaidh.
"Thàrr mi," their i, "seo bhon uaigh,
M' àilleagan, ach càil an còrr?"

Wait a Moment, Donald, Look

Murdo MacFarlane, Melbost, Lewis

For Ivor Mackenzie from Branahuie who was killed in France. The song is written as though the soldier himself is speaking.

Chorus: *Wait a moment, Donald, look!*
They've got me at long last.
Wait! stay! come over!
They've floored me and I cannot get up.

Lord, the end of my life is nigh; mist clouds my vision. Far away is Aoigh-nam-bò, where Clan MacLeod sleeps. Far away is Aoigh-nam-bò.

I have been badly wounded. If we don't meet again in the land of the living, we'll meet in a better place.

If they don't kill you and you return to your loved ones, do not forget my mother in the lovely village of Branahuie.

Send her a lock of my hair, however hard that will be for her. "I rescued this," she'll say, "from the grave, my beloved, but where is the rest?"

Aic' gach oidhch' tha 'n lampa laist',
'S tha an doras gun bhith glaist' ,
Deur na cridhe, "Thig gun fhiost,
Nochd air fòrladh thu mar chàch."

Slàn gu bràth le Bràigh na h-Aoigh
Oir chan fhaicear leam thu chaoidh,
'S fhad an oisean seo san Fhraing
Bho Aoigh uaine nam bò.

Aoigh mo chridhe, Aoigh mo ghràidh,
Far a bheil mo shinnsir càirt',
Far 'eil aig na tuinn buan-ghàir,
Mireagach air sàil a chèil'.

Her lamp is always lit and her door unlocked, with a tear in her heart: "Tonight, unexpectedly, you'll come on leave with the others."

Farewell to Branahuie, for I'll never see you again: this corner of France is far from the Aoigh.

My beloved Aoigh where my ancestors are interred beside the eternal waves of the sea.

Carragh-Cuimhne Steòrnabhaigh

Dolag NicGhuinne, Steòrnabhagh agus Nis, Leòdhas

Air cnoc 's mi nam sheasamh
Chì mi mìltean gach taobh
'S mi glaodhaich ribh uile,
Cumaibh cuimhn' air na laoich,
Cumaibh cuimhn' air na h-àrmainn
Thog armachd le deòin
'S a leig sìos am beatha
Cur dìon air ur saors'.

An tìrean cèin cuid nan laighe
Fad air falbh bho luchd-gaoil,
Cuid san fhairge nan cadal,
Chaoidh cha laigh orr' an aois,
'S fhad 's bhios mise nam sheasamh
Bheir mi iomradh air cliù
An òigridh uasal bha treubhant'
Ruaig an nàmhaid fa sgaoil.

Sèididh stoirm agus doineann
Sa gheamhradh gun truas
Ach seasaidh mise gu dìleas
Do gach ainm sgrìobht' le uaill,
A leughas luchd-turais
Nuair thig iad air chuairt
'S an sàmhchair an cridhe
Bheir an urram is dual.

Sibhs' le iongnadh tha 'g amharc,
Thugaibh taing don Àrd-Rìgh
Airson ìobairt nam balach
A choisinn ur sìth,
Is seasaidh mise gu daingeann
Le dìcheall gach linn,
A' dùsgadh nur cuimhne
An àl àlainn nach till.

The Stornoway War Memorial

Dolina Gunn, Stornoway and Ness, Lewis

Standing on a hill I see thousands on every side of
me and I call out to you all: remember the heroes,
the warriors who took up arms willingly and who
laid down their lives defending your freedom.

Some lie in foreign lands, some are asleep in the
ocean. They will never grow old and as long as I am
standing I will bear witness to the fame of the brave
young heroes who routed the enemy.

Storm and winds rage without mercy in winter but
I will stand faithful to every name written here with
pride. Visitors will read them when they come around
and in the silence of their hearts they will pay their
respects.

You who are looking on with wonder, give thanks
to the High King for the sacrifice of the lads who
have won peace, and I will stand here steadfastly
for centuries, renewing in your memory the beautiful
generation who will not return.

An Carragh-cuimhne Tiristeach

Niall Caimbeul Colquhoun, Caolas, Tiriodh

Chan eil iad marbh.

Carson tha driùchd a' tighinn bho d' shùil
'S do chridhe mùirneach làn de bhròn,
A' gul nan gaisgeach tha air falbh
A chaidh don arm 's nach till nì 's mò?

Chan eil iad marbh ach tha iad beò,
Is ann an glòir an-diugh an tàmh,
A choisinn crùin nach toirear uap'
Oir thug iad buaidh a-mach gu bràth.

Tog suas do cheann, a mhàthair chaomh,
Biodh uaill is aoidh air d' aodann sèimh,
Oir thug thu don t-saoghal suinn
Thug saorsa dhuinn 's don chruinne-chè.

The Tiree Memorial

Neil Campbell Colquhoun, Caolas, Tiree

They are not dead.

Why do you weep with a sorrowful heart, lamenting the heroes who have gone away to the war to return no more?

They are not dead, they are alive and now residing in glory: they have earned a crown which cannot be taken away because they are for ever victorious.

Raise your head, gentle mothers; let pride and joy grace your gentle faces, because you provided the world with heroes, who won freedom for us and for the universe.

Cuimhneachan 1914-1918

Ciorstaidh NicLeòid, Pabail, An Rubha, Leòdhas

Naidheachd na tìr. Ciod naidheachd na tìr?
'N e cogadh no sìth as brìgh do m' shealladh?
Oir chunnaic mi sluagh gun àireamh mu m' chuairt,
Bha fuil air an gruaidh 's bha 'n gluasad fannant,
Bha onfhadh nan stuadh air ospaig a' chuain
A' cagair am chluais, "Is fuar mo leabaidh."
Ach naidheachd na tìr. Ciod naidheachd na tìr?
'N e cogadh no sìth as brìgh do m' shealladh?

Briseadh air sìth, 's truagh naidheachd na tìr.
Bidh iomadh fear sìnt'. Sin brìgh mo sheallaidh.
Seo teachdair an rìgh gairm fheara gu strì.
Faic gaisgich ar tìr le aont', nan cabhaig.

Cluinn a' phìob a' togail fuinn.
Sin na balaich air am buinn,
Spiorad fìor-ghlan tìr nam beann
A' ruith na deann sna h-àrdaibh.
Fuil an sinnsear ruith na leum
Tro gach cuisle tha nan crè,
'S chan eil nàmhaid fon a' ghrèin
D' an gèill iad mur dèan bàs e.

Faic na fir threun is luathas nan ceum
Ach sùil às an dèidh. Chan fheum iad maille.
Le cridhe fo thùrs' ach gàir' air a gnùis
Tha cailin le mùirn toirt sùil air fleasgach.
Tha màthair 's bean òg a' fàsgadh nan dòrn
'S a' falach am bròin. Cha chòir dhaibh gearain.
Às-creideamh gun stàth cha sheas iad sa chàs,
Their dòchas na slàint', "Bheir dàn iad dhachaigh."
Tha bàta na smùid air togail a cùrs',
Sin eilean an rùin 's an dùbhlachd seachad.

Memorial 1914-1918

Christina MacLeod, Bayble, Point, Lewis

The country's tidings. What are the tidings? Does my vision mean war or peace? I saw many people around me, blood on their cheeks, moving weakly; the waves roared, telling me, 'Cold is my bed'.
The country's tidings. What are the tidings? Does my vision mean war or peace?

Breaching of peace is the sad message. Many will die. My vision means that. The king's messenger calls men to battle. See our heroes united in their haste.

Hear the pipes. The lads are on their feet and running. Their ancestors' blood swiftly flowing through their veins, and they will not submit to any enemy other than in death.

See the men, swift of foot. They must not delay.
Sad hearts but smiling faces, a sad maiden looks at a hero. Mothers and young wives wring their hands, and conceal their sorrow. They should not complain.
Pointless pessimism will not sustain them in danger.
Hope tells them that fate will bring them home.
The steamer has departed, they part with their beloved island and winter.

Ò, fhir an taobh tuath, sibh sìol do 'm bu dual
Bhith fearail is cruaidh aig uair na gaillinn,
'S e dìlseachd bith-bhuan is seasmhachd gu buaidh
An dìleab a fhuair sibh nuas nar n-eachdraidh.
Naidheachd na tìr. Ciod naidheachd na tìr?
'N e buaidh no strìochdadh brìgh mo sheallaidh?
Oir chunnaic mi sluagh nan sìneadh 's iad fuar
Ach spiorad na buaidh rinn gluasad m' aigne
'S bha ainglean na glòir le iolach is ceòl
Ag aithris sna neòil, "Bidh mòrachd maireann."
Ach naidheachd na tìr. Ciod naidheachd na tìr?
'N e buaidh no strìochdadh brìgh mo sheallaidh?

Na nàimhdean bha cruaidh. A' chòmhstri bha buan,
'S bha dòchas na buaidh aig uair air seacharan,
Bha marbhadh is leòn a' glacadh an còir,
Ach strìochdadh 's iad beò! Sin seòrs' de dh'fhacal
Rinn fulang fo thàir an reachdaibh nan sàr.
Gu buaidh no gu bàs - deoch-slàint' gach gaisgeach.
Ach naidheachd na tìr. Ciod naidheachd na tìr?
'N e buaidh no strìochdadh brìgh mo sheallaidh?

Buaidh agus sìth. Buaidh agus sìth!
Ò, naidheachd na tìr as prìseil d' aithris.
Moladh don Tì a dheònaich dhuinn sìth
'S a theasraig ar tìr bho dhaors' na madraidh.

Ach càit bheil na laoich? O càit' bheil na laoich?
An till iad a-rìst gu tìr nam beanna?
Cuid tha nan suain an leabaidh a' chuain
Is cuid dhiubh tha fuar san uaigh nan laighe.
Ach spiorad gach trèin a dh'ìobair e fhèin
Bidh 'n cuideachd a Dhè gach rè sna flaitheas.
Nuair choinnicheas sinn càch aig clachan no tràigh
Bidh luaidh air gach sàr bhios àite falamh,
Is togaidh sinn càrn mar chuimhneachan gràidh,
An euchdan air clàr don àl a leanas.

Men of the north, it is your wont to be manly and brave during the storm; your inheritance has been eternal loyalty and the will for victory.
The country's tidings. What are the tidings? Does my vision signify victory or defeat? I saw people coldly lying but the thought of victory aroused my spirit; and angels of glory loudly sang, "Greatness will endure." But the country's tidings. What are the tidings? Does my vision signify victory or defeat?

The enemies were hard. The struggle was long and at times hope of victory was lost; killing and wounding were prevalent – but to yield while alive! Contemptuous words. Victory or death – the heroes' toast. But the country's tidings. What are the tidings? Does my vision signify victory or defeat?

Victory and peace! Victory and peace! The country's tidings, your message is precious. Praise be to Him who granted us peace, and saved our land from the bondage of the hounds.

But where are the heroes? Will they return? Some are asleep on the ocean bed and some lie in the grave; but the spirit of each who sacrificed himself will forever be in God's company in heaven. When we meet others at village or shore there is talk of each hero whose place is empty, and we'll build a cairn as a loving memorial, recording their feats for the next generation.

Festubert 16/17. V. 1915

Somhairle MacGill-Eain, Ratharsair

'S ioma gille tapaidh treun
a chaidh o fheum san achadh ud,
's is ioma fear a thuit gu làr
nuair rinn sinn Charge air Festubert."

(Seàirdseant Calum MacGill-eain, 4mh Camshronaich)

Stararaich nan gunnachan beaga
is dairirich nan gunnachan mòra,
dorsan troma gan dùnadh
le sgailc is stàirnich na doininn;
sian is miolaran nan sligean
mu Fhestubert a' phuill 's na fala:

dorsan mòra troma dùnadh
air ioma òigear làidir, treun.
Dorsan gam fosgladh gu sàmhach
agus gan dùnadh mar a dh'fhosgladh:
gille no nighean, no dithis no triùir,
gan toirt a-mach à rumannan sgoile
agus iad ri dhol dhachaigh,
sìos an Drochaid Mhòr,
gu meadhan a' bhaile,
no deas gu na h-Acraichean,
no tuath gu na Slugannan
sìos chun a' Chidhe,
no sìos chun na Slignich,
an ear gu Cnoc na Gaoithe
no null an t-Sràid Dhubh.
Gu gach taigh san robh am bròn,
bràithrean no athraichean marbh:
trì-deug an aon latha
ann am baile beag Phort Rìgh,

Festubert 16/17. V. 1915

Sorley MacLean, Raasay

"Many a strong and gallant lad was maimed on that field and many were killed when we charged at Festubert."

(Sergeant Calum MacLean, 4th Camerons)

The rattle of the light guns, the thumping of the
heavy ones. Heavy doors being closed with a bang
like the rumble of thunder; the whistle and whine of
shells around Festubert, that place of mud and blood.

Big heavy doors closing on many a strong and brave
young man. Doors being opened quietly and closed
in the same manner: boys and girls, in ones and
twos, being taken out of classrooms and going home,
down the Drochaid Mhòr to the centre of the village,
south to the Acraichean or north to Na Slugannan,
down to the Pier, or down to the Sligneach, east
to Cnoc na Gaoithe or over to An t-Sràid Dhubh.
To each of the houses struck by grief, brothers or
fathers dead: thirteen in one day in the small village
of Portree,

trì fir dheug am Port Rìgh,
agus ioma fear eile
eadar Tròndairnis is Slèite
eadar Diùrainis 's an Srath
eadar Bràcadal is Ratharsair
eadar Minginis is Rònaigh
eadar Uibhist 's na Hearadh is Inbhir Nis.
Dorsan gam fosgladh 's gan dùnadh
gu sàmhach ann an iomadh taigh
agus a' chlann a' dol dhachaigh
gu còineadh no gu tost.

Dairirich nan gunnachan mòra,
sgailc dhorsan troma a' dùnadh
mu bhailtean eile san Fhraing
agus feadh na Roinn-Eòrpa,
is dorsan gam fosgladh gu sàmhach
gu fàrdaichean a' bhristeadh-chridhe.

thirteen in Portree, and many more between Trotternish and Sleat, between Durinish and Strath, Bracadale and Raasay, Minginish and Rona and between Uist and Harris and Inverness. Doors being opened and shut quietly in every house and the children going home to weeping or to silence.

The thumping of the big guns, the bang of heavy doors shutting, around other villages in France and throughout Europe, and doors being opened quietly to the dwellings of heartbreak.

Ruaraidh Iain Thàilleir

Calum is Ruaraidh Dòmhnallach, Uibhist/an t-Eilean Sgitheanach

B' e Ruaraidh Iain Thàilleir seanair Chaluim agus Ruaraidh aig a' chòmhlan Runrig. Chaidh a dhroch leòn sa chogadh agus chaidh a bhràthair a mharbhadh 's iad a' sabaid taobh ri taobh san aon bhlàr.

'S mi gad fhaicinn an-dràst', do dhealbh mu m' choinneamh,
'S fhad' a-nis thu nad laighe bho raointean na Fraing',
'S beag a dh'fhios bh' agam fhìn nuair a fhuair mi d' eòlas
Gun do ghabh thu dhan dìon, olc is uabhan aig daoin'.

Ò, 's beag a bha dh'fhios 's na làithean òg sin an Uibhist
Nuair bha 'n ùine cho luachmhor is beatha cho slàn.
Agus dè shaoil thu fhèin nuair a chuir an Rìgh fios ort
Cogadh gad fheitheamh, An Cladach ri d' chùl?

Seall mi an-dràst', mo bheatha mu m' choinneamh,
Mo theaghlach nach d' rugadh dhan t-saoghal-s' tha meallt'.
Tha 'n galar air tilleadh, tha e fàs gu ar milleadh
Mar chearcall timcheall ar n-eilean a-rithist.

'S mi gad fhaicinn ann fhathast, do dhealbh mu m' choinneamh,
Aodach an airm is coltas a' bhlàir.
Cha do dh'atharraich an saoghal, O Ruaraidh Iain Thàilleir,
Bidh againn ri fulang, tha thusa nis saor.

Ruaraidh Iain Thàilleir

Calum and Ruaraidh MacDonald, Uist/Skye

Ruaraidh Iain Thàilleir was the grandfather of Calum and Ruaraidh of Runrig. He was badly injured in the war and his brother was killed as they fought beside each other in the same battle.

I see you now, your image in my eye; far away you lie now from the plains of France. Little did I know when I first got to know you that you had gone to protect them against man's evil and terror.

Little did I know of that during those young days in Uist when time was so precious and life was so full. And what did you think when the king summoned you, war awaiting you, An Cladach behind you?

Look at me now, my life ahead of me, my family not yet born into this corrupt world. The plague has returned, it spreads out to destroy us like a circle surrounding our island again.

And still I see you, your image in my eye, army uniform on and the trappings of war. The world has not changed, Ruaraidh Iain Thàilleir, we still have to suffer; you are now free.

Iain Againn Fhìn

Dòmhnall Eachann Meek, Caolas, Tiriodh

Do Iain Dòmhnallach, bràthair a sheanmhar, a chaidh a mharbhadh aig Dàrna Blàr Arras sa Ghiblean 1917.

Aig Arras cha robh do smuaintean
Air poll no eabar no uabhas,
Air gunnachan mòra le nuallan
A' tilgeil shligean gun truas annt',
A' treabhadh talamh torrach na uaighean,
No air cuirp a' grodadh sa bhuachair,
Gun sealladh air latha na buadha.
B' e do dhleastanas bu dual duit
'S thill thu bho thaobh thall nan cuantan
Gu feachd Earra-Ghàidheal 's nan Sutharlan,
Tìr nam beann 's nam breacan uallach
Ann an èiginn – 'Dìon do dhualchas!'

Ach bha do smuaint sa mhionaid uaire
Air obair earraich san eilean uaine,
Teaghlach a' cosnadh lòn le cruadal,
'S do mhiann a bhith le crann a' gluasad,
A' gearradh sgrìob gu treun tron chruadhlach,
A' cur an t-sìl le dòchas buannachd
Fa chomhair nan geamhraidhean fuara.

Bheuc an gunna mòr gu suaicheant',
Sanas-maidne blàr na buadha,
'S leum thu, Iain, far na bruaiche,
Toirt taic do d' chomanndair uasal,
Am peilear guineach beag cha chual' thu,
Tighinn le fead 's do dhàn san luaidh' aig',
Bho fhear-cuims' bha falaicht' bhuatsa,

Our Own John

Donald E. Meek, Caolas, Tiree

In Memory of his great-uncle, John MacDonald, who was killed at the Second Battle of Arras in April 1917.

At Arras your thoughts
Were not of mud or mire or horror,
Or of the great guns with their roaring,
Firing shells that had no mercy,
Ploughing fertile fields into graveyards,
Or on bodies putrefying in cow-dung,
Without ever glimpsing the day of victory;
Doing your duty was in your nature,
And you returned from across the oceans
To join the regiment of Argyll and Sutherland;
The land of mountains and proud tartans
Was in distress – "Defend your culture."

But your thought at that very moment
Was on spring work in the grass-green island,
A family struggling to make their living;
You wished to be at the plough, and moving,
Cutting a furrow through the hard soil bravely,
Planting the seed in the hope of cropping,
With due regard for winters' coldness.

The big gun roared its public signal,
The reveille for the day of triumph,
And you, John, over the top went leaping
To support your fine commander;
But you did not hear the little bullet,
With your fate in its lead, whistling,
From a marksman hidden from you;

Thuit thu le lot nach gabhadh fuasgladh,
Geamhradh na fala a' toirt buaidh ort.
'Iain Againn Fhìn', bu truagh e,
Sìnte anns a' bhàs neo-bhuadhmhor,
'S na ceudan ghaisgeach marbh r' a ghualainn –
Earrach searbh an Arras uaignidh.

Incurably wounded, you were toppled;
Blood's cold winter was the victor.
"Our own John", his plight was piteous,
Stretched out lifeless to no profit;
With hundreds of heroes dead by his shoulder –
Springtime was bitter in bleak Arras.

Ò, tha mi 'n-diugh Trom fo Lionn-dubh

Eòghainn MacFhionghain, Cliadail, Eige

O, tha mi 'n-diugh trom fo lionn-dubh
Chan ann am fhuran tha mo ghluasad
O, tha mi 'n-diugh trom fo lionn-dubh.

'S thug mi sgrìob a dh'ionnsaigh chladaich
Feuch an caithinn seachad uairean,
Gu robh ghaoth bhon iar a' sracadh
'S muir ag at na ghleannan uaine.

'S a' dol seachad Camas Sgiotaig
Bha mi 'g imeachd mar am bruadar,
Leis mar dhrùidh e air mo smaointean
Bhith nam aonar air a' chuairt ud.

'S far an do chleachd sinn bhith nar còmhlan
Nuair a bha sinn òg gun uallach,
Làn de bheatha, làn de shòlas,
Làn de spòrs gun ghò, gun truailleadh.

'S far an do ruith 's na leum 's na ghleachd sinn,
Far an do laigh sinn air na bruachan.
Tha chlach-neirt bu tric a ghlac sinn
'S crotal glas oirr' anns a' luachair.

'S i air cadal anns an fhòlach
'S nach tèid làmh na còir ga gluasad
'S na robh aice comas labhraidh
Dh'innseadh i go cheann mo dhuan-sa.

I am Today Sad and Mournful

Hugh MacKinnon, Cleadale, Eigg

Oh, I am today sad and mournful, my step is not a lively one, I am today sad and mournful.

I went for a walk to the shore to pass some time; there was a cutting wind from the west and the sea was rising, creating green valleys.

Passing Camus Sgiotaig I walked as though in a dream, consumed by the thought that I was here alone.

We used to come here as a group when we were young and carefree, full of life and innocent fun.

We ran and jumped and wrestled and then rested on the braes. The stone we used to test our strength now lies covered in lichen among the rushes.

It is sleeping in the long grass and no hand goes near to move it. If it had the power of speech it could tell my story in full.

’S dh’innseadh i mu làithean gòrach,
Làithean sòlasach gun bhruaillein,
Dh’innseadh i mu ghillean gaisgeil
Bhiodh ga h-altraim air an guaillean.

’S cha bu mhasladh dhol a dh’èisteachd
Ris a’ sgeul a thigeadh uaipe,
Mar a dh’fhalbh iad fo ’n cuid fhèileadh
Nuair a rinn an Ceusar bualadh.

’S mar a dh’fhalbh iad ’s nach do thill iad,
Fàth mo mhì-ghein aig an uair seo,
Sin a dh’fhàg mi ’n-diugh nam aonar,
Sin a dh’fhàg mo smaointean uaigneach.

It would tell of happy care-free days and strong lads who used to lift it on their shoulders.

It would have a proud tale to tell of how they left in their kilts when the Kaiser attacked.

How they left and didn't return. That is the cause of my sorrow at this time. That is why I am alone today. That is why my thoughts are full of sorrow.

2014 PERSPECTIVE

SEALLADH 2014

Oighrig - 1916

Maletta NicPhàil, Siabost, Leòdhas

Thug a' bhrag ann an Sarajevo
mac-talla ann an Sachaidh*;
ach bhuail i Oighrig sa bhroilleach.
I air a dà ghlùin san t-sabhal
an uair a thàinig an gradan,
crom a' taghadh sìol-cuire
a dheigheadh dhan fheannaig.
Bha bòtannan Uilleim
air cùl an tallain.
Dh'fhosgail an trainnse aig a casan;
shluig an clàbar a h-anail
is bhrùth e an deò às a claigeann.
Cha tàinig Uilleam dhachaigh tuilleadh.
Cha tàinig na Oighrig.

*Sachaidh: far-ainm ionadail airson Sràid na Pàirce ann an Siabost

Na Puirt Dannsaidh

Flòraidh NicPhàil, Rubhaig, Tiriodh

Ceum an dannsaidh, òigridh àlainn
'Blàr an Somme', 'Làraichean Àrras',
'Beaumont Hamel' - fuinn an àmhghair,
Fuinn an ìobairt, fuinn a' chràidh,
An dannsa sìorraidh.

An danns' mu dheireadh
'An Eala Bhàn'.

Oighrig – 1916

Maletta MacPhail, Shawbost, Lewis

The gunshot in Sarajevo
resounded in Sachaidh*;
but caught Oighrig in the chest.
She was kneeling in the barn
when the blow struck,
sorting seed potatoes
to plant down the croft.
Behind the partition
stood William's wellies.
The trench opened at her feet;
the mire choked her breath
squeezing air from her brain.
William never returned.
Neither did Oighrig.

*Sachaidh: a local bye-name for Sràid na Pàirce in Shawbost.

The Dance Tunes

Flora MacPhail, Ruaig, Tiree

Dance steps, beautiful youth
"The Battle of the Somme", "The Ruins of Arras",
"The Taking of Beaumont Hamel" - tunes of pain,
Tunes of sacrifice, tunes of anguish,
The never-ending dance.

The last dance
"The White Swan".

Làmhan Mòra Tapaidh

Iain MacDiarmaid, Tòrbhaig, an t-Eilean Sgitheanach

Dè shaoil thu nuair a thuit do chas air talamh na Frainge
'S tu air siubhal nas fhaide na shiubhail thu riamh
Balaich òga tapaidh na Gàidhealtachd
Gunnaichean air ur gualainn
An e cianalas a bha na do chridhe?

Dh'fhàg thu feur ùr gorm far an robh thu 'g àrach nan uan
Giùlan an uallach ris a robhas an dùil
Ach cò dh'innis mun a' pholl is mun sgrios
Mun acras, mun tachas
Is cò eile aig a bheil fios?

Dè smaoin a bh' agad 's tu strì tro na cuirp
A' chiad turas a chaidh caraid a leagail ri do thaobh?
An spreadhadh, air an spreadhadh
Gun leabaidh neo uaigh
balaich òg, marbh, mun cuairt.

Is dè nochd dhut ann am priobadh na sùla
cromadh, do chorrag deiseil 'son a' chiad uair
An cuala tu am peilear ann an gleadhraich a' bhàis
Am faca tu aodann
Bheil thu ga fhaicinn fhathast?

Na ceistean nach d' fhuair mi an cothrom cur ort
An t-olc nach gabh mìneachadh
Am bròn is an goirt
Chunnaic thu is thill thu
Is cha do bhruidhinn thu air riamh.

Bho chofhurtachd an t-sòfa, chì mi do dhealbh
làmhan mòra tapaidh
cumail gille òg fo shealbh.

Hands Like Shovels

John McDiarmid, Torvaig, Skye

What did you think as your feet hit France
Travelling farther than you'd ever had chance
Fit young Highland men
Guns on your shoulders
Was it homesickness in your heart?

Behind you, the fields where the lambs were raised
Carrying others' expectations in your arms
But who told you of the mud and destruction
About the hunger, the itching
And all that we dare not mention.

What did you think as you fought through the corpses
As the first of your friends was felled by your side
The explosions, the exploded
Without a bed or a grave
Boys, dead, everywhere.

What feelings came in the blink of an eye
Crouched, finger ready, for the first time
Did you hear the bullet through the racket of death
Did you see his face
Can you see it yet?

The questions I never got to ask you
Wickedness beyond explanation
The pain and the sorrow
You saw, you came back
And held your silence forever more.

From the comfort of the couch, I see your picture
Hands like shovels
Keeping a young boy in his place.

Peilearan Neo-fhaicsinneach

Ruaraidh G. MacIllEathain, An Cnoc, An Rubha, Leòdhas

Ann an trainnse fhada chaol
Co-chreutairean
Slatan bhuam
Am marbhadh
Nam bhroinn.

Peilearan neo-fhaicsinneach
A reubas spiorad is cridhe is feòil
Gar gluasad gu fearg
Gar cur an ugannan a chèile.

(Dè nam biomaid
Gun fhuath nar spiorad
Gun fhearg nar cridhe
Gun fheagal nar feòil?

Is gum biodh againn
Gaol
Is gràs
Is truas
Do gach duine
Dlùth is cèin?)

Anns an teàrrds mu dheireadh
Ar bèineidean an sàs
An uchd a chèile
Leònte le fuath is fearg is feagal
Fuil a' taomadh mar chaoineadh dearg
Airson ar gòraiche.

Invisible Bullets

Roderick G. MacLean, Knock, Point, Lewis

In a long narrow trench
Fellow beings
Yards from me
Their killing
In my being.

Invisible bullets
Rip spirit and heart and body
Roaring us to rage
Setting us at each other's throats

(What if there was
No hate in our spirit
No anger in our heart
No fear in our frame?

And we had
Love
And grace
And pity
For each person
Near and far?)

In the final charge
Our bayonets engaged
One with another
Wounded by hate and anger and fear
Blood streaming like a crimson weeping
For our foolishness.

Air ar mealladh, ar milleadh, ar marbhadh
Le peilearan neo-fhaicsinneach
Sniagaire na Cruinne.

Ann an trainnsichean fada caol
Mo cho-chreutairean
Slatan bhuam
Aig fois
Nar cadal buan

We are deceived, damaged, destroyed
By the invisible bullets
Of the Cosmic Sneak.

In long narrow trenches
My fellow beings
Yards from me
At peace
In our long sleep.

Làraich

Dòmhnall Camshron, Grèinetobht, Uibhist a Tuath

Mar chuimhneachan air Tormod Dòmhnallach,
Tormod Lachlainn Thàilleir à Malacleit, aois 21,
a chaill a bheatha san t-Samhain 1914.

Fàd fada mòine
eòin an Earraich a' seinn 's a' togail
cumadh do chorragan caol, cruaidh san fhàd.

Deireadh an Earraich an-uiridh
am poll air Striocalait
a' ghaoisid òr-bhuidhe mhìn air do ghàirdean
a' gluasad san oiteig
le gàire, làrach do chasan rùisgt' sa riasg
na h-eòin, trang is toilichte.

Ach dh' fhàg thusa Malacleit, san deise rinn mise dhut.

An aisling
an Sruthan Ruadh air
a dhol na Fhèith na Fala.

As t-Fhoghar
thuit an sgòth, shèid a' ghaoth is thàinig an ceò
thuit thusa
uair eile sa pholl ach le peilear shil fuil
cha tog thu do chorragan caol tuilleadh
tha mo chridhe sgàinte le do làraich

Nota: 'S e allt sa ghainmhich air cladach Mhalacleit a th' anns an t-Sruthan Ruadh. An dèidh uisge trom bidh dath an uisge dearg. Tha Fèith na Fala far an robh Blàr Chàirinis ann an 1601 agus a rèir beul-aithris bha an t-uisge innte dearg le fuil fhad 's a bha am blàr a' dol.

Impressions

Donald Cameron, Grenitote, North Uist

In memory of Norman MacDonald from Malacleit,
aged 21, who lost his life in November 1914.

A long piece of peat
birds in Spring build and tweet
your long thin finger-marks set in the turf.

Late Spring last year
the peat bank on Striocaleit
your fine, golden forearm down wafts in the wind
laughing, you left your bare footsteps in the shaved peat
happy birds busy.

But, later, you left Malacleit in the suit I made for you.

My dream
the Sruthan Ruadh
gushing like Fèith na Fala.

Last Autumn
clouds fell, gales blew and mists rolled
you fell
in mud again, but with bullets bleeding
never again will you leave your skinny finger prints
those scars have chipped my heart.

Note: The Sruthan Ruadh - the Red Stream - is on the Malacleit shoreline: after heavy rain it turns red. Fèith na Fala - the Marsh of Blood - is where the battle of Carinish took place in 1601: according to folklore the blood turned the water red during the battle.

Òran do Sgoilearan Chàirinis - 2014

Tormod Mac Gill-Eain, Griomasaigh, Uibhist a Tuath

Tha ceud bliadhna a-nis bhon là
A theann Breatainn ris an spàirn;
Biodh cuimhn' agaibh tha beò an-dràst'
Na bha dhe 'r daoin' san àraich.

B' e fear dhiubh sin mo sheanair fhìn
Chaidh dhan nèibhidh 's nach do thill,
Tormod Ailein, fad' o thìr,
Cha chuir an-àird e 'n fhìdeag.

B' eòlach e, mar sibhse, chlann
Air Fèidh na Fala san Teampall thall,
Mo mhàthair dh'fhàg e 'n èiginn lom,
Tha ionndrainn orr' le chèile.

Soraidh gràidh le nighean òg,
A chùlaibh rith' a' dol air bhòids',
Gur duilich leis 's gun e na còir,
A-nochd a nì e seòladh.

'S tìm do Thormod dhol air bòrd,
A ghleachd ar saors' 's a chath nar còir.
Is daor a choisinn e a leòn
Aig Cabhlach a' Cheusar.

Tha 'n nighean bheag ga claoidh le cràdh,
Bho chual' i h-athair bhith fon t-sàl,
An 'Holderness' sa ghrunnd a' tàmh,
'S e fhèin aig crìch a rèise.

Saoil sib' fhèin an fhiach bhith strì,
An liuthad òigear marbh nar linn,
Ginealaich gan gearradh sìos,
Nar measg 's air feadh an t-saoghail?

'S e mo ghuidhe dhuibh, a chlann,
Gun tog sibh leasan às mo rann;
Gun riaghladh sìth san t-saoghal a th' ann -
Sin dìleab buan Sgoil Chàirinis.

Song for the Pupils of Carinish School - 2014

Norman MacLean, Grimsay, North Uist

A hundred years have now passed
Since Britain entered the Great World Combat;
You, who are alive today,
Remember those who perished in the slaughter.

One of those was my own grandfather
Who enlisted in the Navy and did not return;
Norman, son of Alan, far from dry land
The Bosun's whistle will no longer rouse him.

Like you, children, he knew well
The Ditch of Blood and yonder Temple of the Trinity;
He left my mother in dire need
They're both the objects of my longing.

A young girl bids a loving farewell
As her father departs to join ship;
He sorely regrets that he can't be with her
For he sets sail this very night.

The time has come for Norman to board the warship
To protect our land and to fight for our values;
He paid dearly for his sacrifice
At the hand of the Kaiser's Navy.

The little girl is exhausted by the pain
Since she heard that her father was beneath the waves;
The 'Holderness' rests at the ocean's bottom
And he has completed his race.

Do you think that fighting solves anything?
When so many young men are dying even today;
Generations are being cut down
In our own land and throughout the entire world.

It is my sincere wish, children,
That you will learn something from these verses;
May peace reign in the world –
The enduring legacy of Carinish School.

Blàth Na Buil

Màrtainn Mac an t-Saoir, Lèanaidh/Dùn Èideann

Tha seann dealbh de a shinn-seanair 's a shinn-seanmhair is dà uncail dha (nam pàistean) an Uibhist a' toirt air a' bhàrd meòrachadh air an staid is gu h-àraid air cor a sheanmhar a chaill a leannan sa Chogadh is a phòs a bhràthair.

Mar gum bithinn air iomall bruaillein
shuidh mi bhàn fo sgàil ur guailne,
is thug mi cluas, a dh'aom ri uaisleachd,
dhuibh is dhur saoghal:

Buachaille 's bean am broinn na cartach
dh'fhiosraich todhar, triall tartach,
saothair talmhanna is mhartaibh
paisgt' nan làmhan.

'S a' leanadh suas gu deas là fèille
'm b' fhiach na bha ga reic fon bheum ann?
Tasgadh bliadhna – prìs sa Bheurla.
Ach cò bha ceannach?

Is lolly-pops am bois nam balach,
lèine ghallda gheal orr' carach
nach dèan sgeul air lotan salach,
'n gàir' ac' stuama.

Altramas is dachaigh thèaraint',
gaol is fasgadh bho gach mì-ghean
dh'fhàgadh beul balbh ro-sgeunach -
am fèath, mus èighte.

Sìth dhaibh ann an làithean stoirmeil,
eilean Phàrrais fada o dhoirbheadas
Ghlaschu is taigh làn toirmisg.
'Diabhail a' chlann ud!'

Legacy

Martin Macintyre, Lenzie/Edinburgh

An old photograph of his great grandparents and two uncles (as young children) in Uist makes the poet reflect on their family circumstances and particularly those of his grandmother who lost her betrothed in the War and later married his brother.

As though on the edge of a dream
I sat down in your shadow
and lent an ear, with deep respect,
to you and your world:

A herdsman and wife in a cart
familiar with fertiliser – thirst-making endeavour,
their folded hands shaped
by the work of land and animals.

Who'd head up south on market day -
hoping their stock would fetch something reasonable.
A year's investment – the price in English.
But who was buying?

Lolly-pops in the little boys' hands,
shop-bought white shirts cleverly
disguising filthy wounds,
their smile so modest.

Here they enjoy nurturing, a secure home,
love, and shelter from ill-treatment
which would leave mouths mute and terrified –
the sinister calm before an outburst.

This a peaceful respite for them on wild days,
an island paradise far from Glasgow's problems
- a house of chastisement.
'Vermin, those children!'

Seanair ghlaodhadh air a shocair,
chaisgeadh beathach - pàist' nach dochradh,
seanmhair na tacsa coisrigt'
dhan tè a dh'fhuiling.

An nighean àghmhor aca fhèin,
a phòs is a chàraich leab' gun fheum
do thràill a dheothail a smior is a spèis,
le ealain uilc.

Is seachdnar chloinne oirre trom,
leath' fhèin le h-ionndrainn dinnt' na com.
Am fear a shìn a làmh fon pholl
san Fhraing ud thall.

Pàdraig Dhòmhnaill 'ic Eachainn caomh,
a gheall a ghràdh is a bhilean maoth',
na thargaid-àir sa chogadh bhaoth,
a thug dhi a bhràthair.

'S a rùn mar bhòcan leaght' fon ghrèin,
nuair dh'iarr an dealbhadair aodann rèidh,
's nuair tharraing e mo dhìleab fhèin,
san sgeilp ud shuas.

* * *

Ach thèid mo nighean òg a-null
gu cladh nam mìltean fuar sa ghrunnd –
's e Poelcapelle do chomraich chiùin –
is gheibh i d' àite-sa.

Is a sin mun uaigh nam buidhinn ghrinn
gun cuimhnich iad na chaill thu dhuinn
's air crois bhig ùir os cionn do chinn
bidh cainnt a cridhe.

A grandfather who'd call gently, might curb an animal
but who'd never harm a child,
a grandmother who gave unstinting support
to the one who suffered most:

their own beloved daughter
who married and made a joyless bed
for a wretch who drained her of self-respect
and confidence with evil skill.

With seven children weighing heavily on her,
left as she was with longing racking her body,
the man who offered her his hand now lying
under the mud far away in France.

Gentle Peter, son of Dòmhnall 'ic Eachainn,
who'd promised his love and tender lips,
stolen by death in the fatuous war,
which bequeathed her his brother.

And her darling a ghostly mirage long-vanished in the sun
when the photographer asks for a smiling face,
to produce that image of my heritage
sitting above me on the shelf.

* * *

But soon my young daughter will visit the cemetery
of hundreds who lie cold in the ground -
Poelcapelle is your refuge of repose -
she'll find your plot.

And there standing round the grave in a neat group,
they'll recall what was sacrificed for us
and on a small new cross above your head
will be the words of her heart.

BEAGAN MU NA BÀIRD

ABOUT THE POETS

BEAGAN MU NA BÀIRD

Alasdair Boidhd 1889-1970

Rugadh Alasdair Boidhd aig 58 An Clachan Mòr, anns an Ìochdar. Bha e anns na Camshronaich anns a' Chogadh Mhòr agus bha e aig Blàr Loos, far an deach sgrios a dhèanamh air saighdearan Breatannach. Theirear gur e fhèin agus Dòmhnall Ruadh Mac an t-Saoir an dithis phìobairean Uibhisteach a shàbhail às na Camshronaich.

B' e Alasdair agus Dòmhnall Ruadh a rinn an t-òran *Fòrladh Alasdair Bhàin* mu Alasdair MacIllFhialain, Alasdair Bàn Bhuileig, à Uibhist a Deas. Bha iad anns na trainnseachan còmhla anns a' Chiad Chogadh agus rinn iad an t-òran nuair a chaidh gnothaichean ceàrr do dh'Alasdair Bàn 's e a' dol dhachaigh air fòrladh.

Dh'fhàg Alasdair Boidhd Uibhist mu 1920 agus chaidh e a dh'fhuireach dhan Òban far na choisinn e cliù mar fhear-ciùil.

Aonghas Caimbeul 1908-1949

Rugadh Aonghas Caimbeul, Am Bocsair, ann a Suaineabost, ann an Nis, Leòdhas. B' e miseanaraidh san Eaglais Shaor a bha na athair agus bha an teaghlach aig diofar amannan a' fuireach am Beàrnaraigh na Hearadh agus am Beàrnaraigh Leòdhais.

Thug Aonghas greis ag obair an Glaschu agus an uairsin a' cumail bùth an Nis mus do thill e a-rithist a Ghlaschu. Ann an 1937, phòs e Màiri Mhoireach, nighean le piuthar Bàrd Bharabhais. Ann an 1940, thill iad a Leòdhas agus rinn iad an dachaigh ann an Dail bho Dheas, far na thòisich Aonghas ag obair na mharsanta.

Cha robh Am Bocsair làidir, no tur slàn na bhodhaig. Mar a mhìnich a bhràthair, Am Puilean: "Ghabh e dà thinneas cudromach an Glaschu a chuir gaiseadh na shlàinte agus bho nach robh e gu tur saor a-riamh tuilleadh, ged bha e na chomas a ghnothaichean làitheil a chur gu buil gus an dà bhliadhna mu dheireadh de bheatha."

Chaidh cuid dhe bhàrdachd fhoillseachadh an toiseach ann an leabhar beag *Òrain Ghàidhlig*, ann an 1943, agus chaidh cruinneachadh na bu mhotha, *Bàrdachd a' Bhocsair,* fhoillseachadh le MacDonald Publishers an Dùn Èideann ann an 1978.

Iain Caimbeul bh. 1920

Bha an dachaigh aig Iain Caimbeul, Iain 'an Duibh, aig 41b Tàbost, Nis ann a Leòdhas. Sgrìobh e *Òran don Iolaire* an dèidh dha bhràthair, Ailig John, a bheatha a chall air an Iolaire. Aois fichead, bha Ailig John air a bhith as a' Chogadh air HMS Venerable.

B' e am pàrantan Iain Dubh Mhurchaidh Òig agus a bhean Iseabail (NicAoidh) à Tolastadh bho Thuath. Chaill Iain Dubh agus a bhean triùir mhac anns a' Chiad Chogadh. Chailleadh Murchadh, aois 30, a bha sna Royal Scots Fusiliers, an dèidh dha a bhith air a leòn ann am Palestine sa Ghiblein 1917. Bhàsaich Tormod, a bh' anns na Royal Engineers, san ospadal am Manchester sa Mhàirt 1916.

Bha Ruaraidh as na Sìophortaich agus bha e fhèin air a leòn agus air a ghasadh ged a thàinig e beò tron Chogadh. Bha Iain ro òg airson a bhith sa Chogadh agus chuala e mu chall na h-Iolaire 's e feitheamh ri bhràthair air a' chidhe ann a Steòrnabhagh.

ABOUT THE POETS

Alasdair Boyd 1889-1970

Alasdair Boyd was born at 58 Clachan Mòr, Iochdar, South Uist. He was in the Camerons in the Great War and fought at the Battle of Loos, in which many British soldiers lost their lives. It is said that he and Dòmhnall Ruadh Macintyre were the only two pipers from Uist who survived from the Camerons.

Alasdair and Dòmhnall Ruadh composed the song *Fair Alasdair's Leave* about Alasdair MacLellan, Alasdair Bàn Bhuileig, from South Uist. They were in the trenches together in the First World War and made the song when things went awry for Alasdair Bàn on his way home on leave.

Alasdair Boyd left Uist around 1920 and went to live in Oban where he was well-known as a musician.

Angus Campbell 1908-1949

Angus Campbell, Am Bocsair, was born in Swainbost, Ness, Lewis. His father was a Free Church missionary and the family lived at different times in Berneray (Harris) and Bernera (Lewis).

Angus worked in Glasgow for a time and then kept shop in Ness before returning to Glasgow. In 1937 he married Mary Murray, a niece of Bàrd Bharabhais. In 1940 they came back to Lewis and made their home in South Dell, where Angus had a shop.

Angus was of infirm health, as his brother, Am Puilean, explained: "He had a serious illness in Glasgow which adversely affected his health and from which he never fully recovered, although he was able to go about his everyday business until the last two years of his life."

Some of his poetry was published in a little book called *Òrain Ghàidhlig* in 1943. A larger volume, *Bàrdachd a' Bhocsair*, was published by MacDonald Publishers, Edinburgh, in 1978.

John Campbell d. 1920

John Campbell, Iain 'an Duibh, lived at 41b Habost, Ness, Lewis. He wrote *Song for the Iolaire* when his brother, Alick John, died on the Iolaire. Alick John was twenty and had served on HMS Venerable during the War.

Their parents were Iain Dubh Mhurchaidh Òig and his wife Isobel (Mackay) from Tolsta. Iain Dubh and his wife lost three sons in the First War. Murdo, aged 30, was killed in the Royal Scots Fusiliers, having been injured in Palestine in April 1917. Norman, who was in the Royal Engineers died in hospital in Manchester in March 1916.

Roddy was in the Seaforths and he was injured and gassed, though he survived the War. John was too young to serve. He heard about the loss of the Iolaire while waiting for his brother at the pier in Stornoway.

Iain Caimbeul 1895-1950

'S ann à Ùige an Eilein Sgitheanaich a bha Iain Aonghas Caimbeul, Seonaidh Mòr 'ain Chaimbeil. Bha seachdnar anns an teaghlach, còignear bhalach agus dithis nighean.

Bha ceathrar de na balaich - Seonaidh, Ailig, Aonghas agus Eàirdsidh - ann am Feachdan Airm Astràilia aig àm a' Chogaidh Mhòir. Bha Uilleam, am balach eile, air fuireach aig an taigh a' coimhead às dèidh a mhàthar.

Nuair a bha e aig muir ron chogadh leum Seonaidh am bàta ann an Astràilia agus cha do thill e dhachaigh riamh ged a thill a bhràithrean, Eàirdsidh agus Aonghas. Bha e a' fuireach ann am Melbourne. An dèidh a' chogaidh bha e ag obair còmhla ri bhràthair, Ailig, aig an robh taigh-bainne ann am Melbourne.

Anns an òran *'Illean na biodh oirbhse Smalan* tha Seonaidh a' cronachadh dhaoine a tha càineadh shaighdearan airson a bhith gabhail na deoch an dèidh tilleadh às a' chogadh.

Mar a tha Seonaidh a' dèanamh soilleir ann an òran eile *Soraidh bhuam gu Eilean a' Cheò*, a sgrìobh e ann an Salonika, bha e air a chlaoidh le malaria agus b' e seo a thug bàs dha.

Seonaidh Caimbeul 1859-1947

Rugadh Seonaidh Caimbeul, Seonaidh mac Dhòmhnaill 'ic Iain Bhàin, air Taobh a Deas Loch Baghasdail an Uibhist a Deas. 'S e glè bheag de sgoil a fhuair e agus an dèidh greis na bhuachaille chaidh e chun an iasgaich, obair ris an robh e fad iomadh bliadhna.

Bha Seonaidh pòsta aig Mairead NicPhàrlain agus, ged nach robh teaghlach aca, bha an dachaigh air Taobh a Deas Loch Baghasdail na thaigh-cèilidh aig muinntir na sgìre.

'S iomadh cuspair air na rinn e dàin, gu leòr aca aotrom, èibhinn ach rinn e dàin mun Chiad Chogadh cuideachd. Rinn e *Marbhrann do Dhòmhnall Iain* nuair a chaill nàbaidh òg dha, Dòmhnall Iain Mac a' Phì, a bheatha air an t-siathamh latha deug den Lùnastal 1917. Bha e air an SS Athenia a bha seachd mìle mara tuath air Èirinn air a slighe à Montreal a Ghlaschu nuair a chaidh a cur fodha le U-23.

Tha 48 dhe na dàin aig Seonaidh anns an leabhar *Òrain Ghàidhlig le Seonaidh Caimbeul* a chaidh fhoillseachadh ann an 1936.

Seonaidh Caimbeul 1875-1956

Rugadh Seonaidh Caimbeul, Gille Ruadh Iain Òig, ann an Dalabrog, Uibhist a Deas. Aig an àm bha an teaghlach a' fuireach aig 3 Ormacleit far an robh Iain, athair a' Ghille Ruaidh, na ghrèidhear aig Oighreachd Uibhist a Deas. Bha seo mas deach tacaichean Uibhist a Deas a bhristeadh nan croitean agus an ceann ùine fhuair an Gille Ruadh fhèin obair grèidheir.

Phòs e Peigi Dhòmhnallach, Peigi Fhionnlaigh Thàilleir, ann an 1907 agus rinn iad an dachaigh ann an Staoineabraig. Ann an 1922, nuair a bha beòshlaint is obair fearainn ann an Uibhist aig ìre gu math ìosal, roghnaich an Gille Ruadh imrich a dhèanamh gu Canada. Reic e na bha aige aig rùp. Mas d' fhalbh an teaghlach, ge-tà, chomhairlich sagart a bh' anns an sgìre dha a dhol chun na h-oighreachd agus tagradh a dhèanamh airson croit ùr ann an Ormacleit. Ghabh an Gille Ruadh comhairle an t-sagairt agus fhuair e croit aig 2 Ormacleit. Ann an sin thog e fhèin

John Campbell 1895-1950

John Angus Campbell, Seonaidh Mòr 'ain Chaimbeil, was from Uig in Skye. There were seven in the family, five sons and two daughters.

Four of the sons – John, Alick, Angus and Archie – were in the Australian Armed Forces during the Great War. William, the other son, stayed at home to look after his mother.

While at sea before the War John jumped ship in Australia and he never went back home, although his brothers, Archie and Angus, did. He lived in Melbourne. After the War he worked with his brother, Alick, who had a dairy business in Melbourne.

In the song *Lads, do not be Gloomy* John responds to those who had criticised soldiers for getting drunk on returning from the War.

As he reveals in the song *Farewell from me to the Land of Mist*, which he composed in Salonika, John suffered from malaria which eventually killed him.

John Campbell 1859-1947

John Campbell, Seonaidh mac Dhòmhnaill 'ic Iain Bhàin, was born in South Lochboisdale, South Uist. He had little formal education and after a spell as a cowherd he became a fisherman, an occupation he followed for many years.

John was married to Margaret MacFarlane and, though they didn't have a family, their home in South Lochboisdale was a popular ceilidh-house in the district.

He composed songs on many topics: many are humorous but he also wrote poems about the First War. He wrote *Elegy for Donald John* when a young neighbour, Donald John MacPhee, lost his life on 16th August 1917. He was on the SS Athenia, which was seven nautical miles north of Ireland on its way from Montreal to Glasgow when it was sunk by U-boat U-23.

There are 48 of John's poems in *Òrain Ghàidhlig le Seonaidh Caimbeul* which was published in 1936.

John Campbell 1875-1956

John Campbell, Gille Ruadh Iain Òig, was born in Daliburgh, South Uist. At the time the family lived at 3 Ormiclate, where John, Gille Ruadh's father, worked as a groom for the South Uist Estate. This was before the tacks in South Uist were divided into crofts and in time Gille Ruadh himself got a job as a groom.

He married Peggy MacDonald, Peigi Fhionnlaigh Thàilleir, in 1907 and they set up home in Stoneybridge. In 1922, when employment and work on the land were at a low ebb in Uist, Gille Ruadh decided to emigrate to Canada. He auctioned off all his possessions at a roup. Before the family left, however, the local priest advised him to apply to the estate for a new croft in Ormiclate. He took the priest's advice and got a croft at 2 Ormiclate. There he and Peggy

agus Peigi 12 de theaghlach. An dèidh obair na h-oighreachd a leigeil dheth bha e ri croitearachd agus na Chathraiche air comataidhean a' bhaile airson iomadach bliadhna.

Bha còignear dhe na gillean aige ann an Rèisimeid nan Camshronach aig àm an Dàrna Cogaidh. Chaidh fear dhiubh, Alasdair, a chall aig crìoch na Beilge air an 4mh Ògmhios 1940.

Bha an Gille Ruadh aithnichte mar bhàrd agus rinn e mòran òrain air tachartasan san sgìre. Gu mì-fhortanach chan eil air lorg dhiubh an-diugh ach *Gur Bòidheach na Gillean*.

Dòmhnall Camshron r. 1953

Tha Dòmhnall Camshron à Grèinetobht an sgìre Sholais an Uibhist a Tuath. Tha e air chluainidh an dèidh faisg air deich bliadhna fichead a thoirt na riochdaire aig BBC Radio nan Gàidheal. Ag èisteachd ris a' phrògram Seachdain sa Chogadh meadhan na Samhna 2014, chuala e iomradh air Tormod Dòmhnallach à Malacleit, a chaill a bheatha sa Chiad Chogadh aig aois 21. B' esan gille Lachlainn Thàilleir agus 's e Dòmhnall an gille aig Peigi Lachlainn Thàilleir. Bha fios aige cheana mu Thormod ach dh'ùraich am prògram a chuimhne.

Tha cruach mhònadh taobh an taighe aca a-rithist, as dèidh leth-cheud bliadhna agus 's e bhith togail fàdan às a' chruaich seo, air an robh làrach a làimh, a thug dha Dòmhnall an ìomhaigh spionnaidh.

Ann an 1918 chaill Lachlainn Tàilleir mac eile, Fionnlagh, a bha 22. Thug e smuain air Dòmhnall a bhith tachairt ri fir òga an Uibhist neo an Glaschu a tha bliadhna thar fhichead, is a' dèanamh coimeas eatorra is Tormod neo Fionnlagh.

Niall Caimbeul Colquhoun r. 1864

Rugadh Niall Caimbeul Colquhoun aig Sliabh Dearg sa Chaolas an Tiriodh far an robh athair, Gilleasbaig Colquhoun, na mhaighstir-sgoile. An dèidh Tiriodh fhàgail bha Gilleasbaig na mhaighstir-sgoile ann an Siorrachd Inbhir Nis, agus mu dheireadh na neach-teagaisg agus na cheisteir an Cille Mhoire, ann a' Bhatarnais agus an Ealaghol san Eilean Sgitheanach.

Bha Niall air fear den fheadhainn a thòisich an Comunn Tiristeach ann an Glaschu.

Catriona Dhòmhnallach r. 1896/7

'S ann aig 15 Port nan Giùran as an Rubha, Leòdhas, a bha an dachaigh aig Catriona (Ceit) Dhòmhnallach bho thùs. Bha a bràthair Coinneach (Kenny Phudar) air falbh as a' Chiad Chogadh còmhla ri na Sìophortaich nuair a sgrìobh Catriona *Saighdear an Fhuilt Bhàin*. Chaidh Coinneach a leòn le shrapnel air feadh a chuirp agus thàinig e fo bhuaidh gas. Chaill e corragan air a làimh chlì agus b' fheudar dha an t-Arm fhàgail air adhbharan slàinte. Fhuair e airgead dìolaidh, air sgàth an leòn, a bha ga chumail gun iomadh seòrsa obrach a dhèanamh, agus chuidich sin e gus bùth fhosgladh am Port nan Giùran.

Tha e coltach gum biodh Catriona a' sgrìobhadh rannan mu thachartasan sa bhaile agus gun do sgrìobh i dàn mu chall na h-Iolaire, ged nach eil sgeul air an-diugh. Bha i pòsta aig fear Uilleam Siosalach às an Òban, a bha na chlò-bhualadair, agus bha an dachaigh aca air Sràid Beltane ann an Glaschu.

raised 12 of a family. After leaving his job with the estate he worked the croft and he was chairman of the village committees for many years.

Five of his sons were in the Cameron Highlanders during the Second War. One of them, Alasdair, was killed on the Belgian border on 4th October 1940.

Gille Ruadh was well-known as a poet and composed many songs on local happenings. Unfortunately, only *Handsome are the Lads* is known today.

Donald Cameron b. 1953

Donald Cameron is from Grenitote, near Sollas, North Uist. He is now retired after nearly thirty years as a producer at BBC Radio nan Gàidheal. Listening to the programme Seachdain sa Chogadh (A Week in the War) in mid-November 2014, he heard mention made of Norman MacDonald from Malacleit, who was killed in the First War at the age of 21. Norman was a son of Lachlann Tàilleir and Donald the son of Lachlann Tàilleir's daughter, Peggy. He had known about Norman but the programme rekindled his interest in him.

After an absence of fifty years there is again a peat-stack at the end of their house and it was taking a peat from the stack, which had an impression of Donald's hand on it, that inspired him to write this poem.

In 1918 Lachlann Tàilleir lost another son, Finlay, who was 22. When he meets young men of similar age in Uist and Glasgow, Donald cannot but compare their life experience to that of Norman and Finlay.

Neil Campbell Colquhoun b. 1864

Neil Campbell Colquhoun was born at Sliabh Dearg, Caolas, Tiree, where his father, Archibald Colquhoun, was headmaster. After leaving Tiree, Archibald was a schoolmaster in Inverness-shire and latterly a teacher and catechist in Kilmuir, Waternish and Elgol in Skye.

Neil was one of those involved in setting up the Tiree Association in Glasgow.

Catherine MacDonald b. 1896/7

Catherine (Kate) MacDonald originally lived at 15 Portnaguran, Point, Lewis. Her brother Kenneth (Kenny Phudar) was in the First War with the Seaforths when Catherine wrote *The Fair-haired Soldier*. Kenneth was injured by shrapnel over much of his body and he was affected by poison gas. He lost fingers on his left hand and was invalided out of the Army. The injuries meant that there were many kinds of work that he couldn't do. He received compensation because of this and he used the money to set up a shop in Portnaguran.

It is said that Catherine wrote poems on local events, one being on the loss of the Iolaire, although that is now lost. She was married to William Chisholm from Oban, a printer, and they had their home in Beltane Street in Glasgow.

Calum (r. 1953) agus Ruaraidh Dòmhnallach (r. 1949)

Tha na bràithrean, Calum agus Ruaraidh Dòmhnallach, air a bhith a' sgrìobhadh òrain ann an Gàidhlig agus ann am Beurla bho chionn faisg air dà fhichead bliadhna. Chan eil duine nach eil eòlach air Runrig, an còmhlan aca, agus òrain leithid *An Ubhal as Àirde, Cearcall a' Chuain* agus na ficheadan eile.

Thogadh Ruaraidh agus Calum ann an Uibhist a Tuath an toiseach ach ghluais an teaghlach dhan Eilean Sgitheanach. Thòisich iad Runrig ann an 1973 agus chan eil teagamh nach d' rinn iad barrachd thairis nam bliadhnaichean bhon uair sin na rinn còmhlan sam bith eile airson ceòl Gàidhlig a thoirt gu aire luchd-èisteachd eadar-nàiseanta, rud a tha iad a' dèanamh fhathast.

B' e Ruaraidh Iain Thàilleir seanair Chaluim agus Ruaraidh. Chaidh a dhroch leòn le shrapnel anns a' Chiad Chogadh agus chunnaic e a bhràthair fhèin ga mharbhadh, 's iad a' sabaid taobh ri taobh anns an aon bhlàr.

Coinneach Dòmhnallach r. 1891

Rugadh Coinneach Dòmhnallach, air an robh Bhìogan mar fhar-ainm, ann an Sanndabhaig, Leòdhas. Aig fìor thoiseach a' Chiad Chogaidh, bha e a' teagasg ann an Sgoil na h-Àird, ach san Iuchair 1915, chaidh a thogail dhan Chogadh. Bha e aig muir agus bha e cuideachd a' teagaisg marachd, gu saor-thoileach, an Glaschu. An dèidh a' Chogaidh bha e na thidsear, mu dheireadh na Cheannard-sgoile, ann an Leòdhas agus ann an Glaschu.

Bha e gu mòr na mheadhan air a' chiad bùth Co-op fosgladh ann an Steòrnabhagh as na 1930an. B' e cuideachd a bhiodh a' leughadh nan naidheachdan Gàidhlig aig a' BhBC aig àm an Dàrna Cogaidh.

Chaidh a' bhardachd aige fhoillseachadh ann an *Carragh na Cuimhne*, Steòrnabhagh, 1991.

Dòmhnall Dòmhnallach 1858-1919

Rugadh Dòmhnall Dòmhnallach, 'An Contractor', ann am Milton, sa Chaolas an Tiriodh. B' e saor a bh' ann a thug greisean ag obair ann am Manchester agus sa Chaisteal Nuadh agus an Neilston an Glaschu. Fad nan ceithir bliadhna a bha e an Neilston bha ceangal aige ris an 3rd Lancashire Volunteers.

Ann an 1889 chaidh e Chanada far an robh e dripeil ann am buidheann ùr air an robh na Toronto Highlanders. Dh'fhàg e Toronto airson New York far an do stèidhich e an New York Celtic Society.

Thill e a Thiriodh airson greis agus bha e a' togail thaighean san eilean agus an Colbhasaigh ach chaidh e air ais a dh'Ameireagaidh a Tuath far an robh e ag obair mar ailtire ann an Ottawa.

Dòmhnall Dòmhnallach 1887-1967

Rugadh Dòmhnall Dòmhnallach, Dòmhnall Ruadh Chorùna, ann an Corùna air Cladach a' Bhaile Shear ann an Uibhist a Tuath.

Nuair a bha e 17, chaidh e dhan Mhailisidh agus bha e anns na Camshronaich nuair a thòisich An Cogadh Mòr. Chaidh iad a-null dhan Fhraing agus chaidh Dòmhnall a leòn aig an Somme deireadh an fhoghair, 1916. Air prògram air BBC Radio nan Gaidheal dh'innis e mar a thachair:

Calum (b. 1953) and Ruaraidh MacDonald (b. 1949)

The brothers, Calum and Ruaraidh MacDonald, have been writing songs in Gaelic and English for nearly forty years. Runrig, their band, and songs such as An Ubhal as Àirde, Cearcall a' Chuain and many others, are internationally known today.

Ruairidh and Calum were raised first in Uist and then in Skye when the family moved there. They formed Runrig in 1973 and, unquestionably, have done more in the years since then than any other group to bring Gaelic music to the attention of an international audience, something they are still doing.

Ruaraidh Iain Thàilleir was Calum and Ruaraidh's grandfather. He was badly injured by shrapnel in the First War and witnessed his own brother being killed as they fought side-by-side in the same battle.

Kenneth MacDonald b. 1891

Kenneth MacDonald, whose nickname was 'Bhìogan', was born in Sandwick, Lewis. At the beginning of the First War he was teaching in Aird School but he was called up in July 1915. He was at sea and he also taught seamanship, voluntarily, in Glasgow. After the War he was a teacher, latterly a headteacher, in Lewis and Glasgow.

He was largely responsible for the first Co-op branch opening in Stornoway in the 1930s and he read the Gaelic news on the BBC during the Second War.

His poetry can be found in *Carragh na Cuimhne*, Stornoway, 1991.

Donald MacDonald 1858-1919

Donald MacDonald, nicknamed 'The Contractor', was born in Milton, Caolas, Tiree. He was a joiner and he worked for spells in Manchester and Newcastle and in Neilston in Glasgow. During his four years in Neilston he was attached to the 3rd Lancashire Volunteers.

In 1889 he went to Canada where he was active in a new society called the Toronto Highlanders. He left Toronto for New York, where he set up the New York Celtic Society.

He came back to Tiree for a while and worked as a house-builder there and on Colonsay but eventually he returned to North America, where he worked as an architect in Ottawa.

Donald MacDonald 1887-1967

Donald MacDonald, Dòmhnall Ruadh Chorùna, was born at Corunna, Claddach Baleshare, North Uist.

When he was 17 he joined the Militia and was in the Camerons when the Great War started. They were sent to France where Donald was injured at the Somme in late autumn 1916.

"'S e bh' ann, loisg murtair dhiubhsan orm a bha thall, glè fhaisg orm cuideachd. Agus bha mi car a' leigeil m' anail ann a shean, 's a' studigeadh gu dè bha mi dol a dhèanamh, nuair a thàinig an ath fhear. Thàinig an ath bhrag agus shloighd mi air ais an comhair mo chasan dhan an t-sloc. Thug mi treis anns an t-sloc gam obrachadh fhìn agus thug mi 'n seo an aire ròpan dearga fala feadh na cailce air mo bheulaibh, agus sheall mi orm fhìn cò às a bha i tighinn. Bha mi leònte anns an taobh co-dhiù leis an t-shell. Cha b' urrainn dhomh cus a dhèanamh, bha cnap dhith staigh on t-slinnean agam agus bha mo làmh slaodte rium. Chuir e am peilear tron ghàirdean agam."

Ged a thill Domhnall Ruadh dhan Fhraing às dèidh sin cha robh e tuilleadh slàn gu leòr airson a dhol gu aghaidh a' bhlàir. Chuir e seachad an còrr den chogadh ann an rèisimeid Shasannach, a' West Riding Field Regiment, ged a chùm e baidse nan Camshronach na bhonaid.

Tha an tuilleadh fiosrachaidh mu bheatha ri fhaotainn anns an leabhar *Dòmhnall Ruadh Chorùna*, deasaichte le Fred MacAmhlaigh (Comann Eachdraidh Uibhist a Tuath, 1995).

Dòmhnall Iain Dòmhnallach 1919-1986

Rugadh Dòmhnall Iain Dòmhnallach ann am Peighinn nan Aoireann, Uibhist a Deas. B' e an seanchaidh ainmeil Donnchadh mac Dhòmhnaill 'ic Dhonnchaidh, Donnchadh Clachair, a b' athair dha.

Thàinig Dòmhnall Iain tro iomadh dùbhlan agus dòrainn nuair a bha e na phrìosanach sa Ghearmailt fad còig bliadhna aig àm an Dàrna Cogaidh agus b' ann sa champa phrìosanach a thòisich e an dàn mòr *Moladh Uibhist*, leis na choisinn e Crùn a' Bhàird aig Mòd Ghlaschu ann an 1948.

Nochd *Sguaban Eòrna*, leabhar den bhàrdachd aig Dòmhnall Iain Dòmhnallach, ann an 1973, agus *Fo Sgàil an Swastika*, cunntas air a bheatha mar phrìosanach cogaidh ann an 1974.

Tha iomradh air beatha Dhòmhnaill Iain agus cruinneachadh slàn den bhàrdachd aige anns an leabhar *Chì Mi*, deasaichte le Bill Innes agus air fhoillseachadh le Birlinn, 1998.

Iain Dòmhnallach

'S e 'An Caiptean' am far-ainm a bh' air Iain Dòmhnallach à Gleann Ùige. Bha e a' fuireach anns an taigh aig a' Chreig Eidheinn agus tha e coltach gum biodh an t-òran a rinn e do ghillean Mhùideart aig àm a' Chogaidh tric air a ghabhail aig toiseach na cuirme Nollaige ann an Gleann Ùig.

Sgrìobh an t-Athair Cyril Dieckhoff na facail bho aithris an ùghdair ann an 1922.

Niall Dòmhnallach 1882-1964

B' ann an Grèinetobht, Uibhist a Tuath, a rugadh Niall Dòmhnallach, Niall a' Ghobha. Dh'ionnsaich e tàillearachd bho Aonghas Dòmhnallach ann a' Loch Euphort, agus an dèidh sin bha e ag obair ann an Inbhir Nis agus an Glaschu.

Chaidh Niall a leòn air an Somme agus chaill e trì òrdagan. Cha b' urrainn dhà a cheàird a leantainn às dèidh sin agus thill e dhachaigh gu obair croite.

He told the story on a BBC Radio nan Gaidheal programme: *"What happened was, one of the murderers over on the other side, quite near, fired at me. I was catching my breath, thinking what I would do next, when the next one came. The next shot came and I slid feet first into the hollow. I spent a while moving about in the hollow and then I noticed red strings of blood in the clay and I examined myself to see where it was coming from. I had been injured in the side anyway by the shell. I couldn't do very much, as a fragment had lodged in my shoulder and my arm was hanging loose. He had put a bullet through my arm."*

Though Domhnall Ruadh went back to France after that he was no longer fit to go to the front. He spent the rest of the war in an English regiment, the West Riding Field Regiment, though he retained his Cameron badge.

There is more on his life in *Dòmhnall Ruadh Chorùna*, edited by Fred MacAulay (Comann Eachdraidh Uibhist a Tuath, 1995).

Donald John MacDonald 1919-1986

Donald John MacDonald was born in Peninerine, South Uist. The famous storyteller, Donnchadh mac Dhòmhnaill 'ic Dhonnchaidh, Donnchadh Clachair, was his father.

Donald John suffered many challenges and hardships while he was a prisoner in Germany for five years during the Second World War and it was in the prison camp that he began writing the epic poem *Moladh Uibhist*, with which he earned the Bardic Crown at the Glasgow Mod in 1948.

Sguaban Eòrna, a collection of Donald John MacDonald's poetry was published in 1973 and *Fo Sgàil an Swastika*, an account of his life as a prisoner-of-war, in 1974.

An account of Donald John's life and a complete collection of his poetry appears in *Chì Mi*, edited by Bill Innes and published by Birlinn, 1998.

John MacDonald

John MacDonald of Glenuig was known locally by his nickname 'The Captain'. He lived at Creag Eidheann. The song he composed for the lads of Moidart was often sung at the start of Christmas celebrations in Glenuig. Fr Cyril Dieckhoff wrote down the words from the poet's own dictation in 1922.

Neil MacDonald 1882-1964

Neil MacDonald, Niall a' Ghobha, was born in Grenitote, North Uist. He learned the craft of tailoring from Angus MacDonald in Locheport and afterwards he worked in Inverness and Glasgow. He was injured at the Somme, losing three of his fingers. He couldn't pursue his trade after that and he returned home to work the croft.

Sgrìobh e an t-òran *'S ann fada mu Thuath* mu dheidhinn na dh'fhuiling saighdearan mar e fhèin as a' Chogadh Mhòr. A rèir clàradh a rinn Màiri Anna NicLeòid à Taigh a' Gheàrraidh dha Sgoil Eòlais na h-Alba sgrìobh Niall òran eile mun chogadh ach feumaidh gu robh e a' toirt uabhasan a' Chogaidh cho mòr gu chuimhne 's nach gabhadh e idir e.

Pàdraig Grannd

'S ann à Blàr na Màighe faisg air Druim na Drochaid a bha Pàdraig Grannd. Chan eil mòran fios againn mu bheatha ach a-mhàin gur e saor a bh' ann agus gu robh e càirdeach do dh'Alasdair Mac Iain Bhàin, Bàrd Ghlinn Mhoireasdan. Rinn e *Laoich a' Ghlinne* goirid an dèidh crìoch a' Chogaidh Mhòir.

Murchadh Greumach 1896-1972

Rugadh Murchadh Greumach, Am Beag, ann a' Siadar air taobh siar Leòdhais san t-Samhain 1896 ach b' ann air a' Bhac a thogadh e. Aig toiseach a' Chogaidh, aig aois 18, ghabh e dhan arm, dha na Gòrdanaich.

Ann an 1916 chaidh a leòn aig Kemmel Hill, mu shia mìle an iar-dheas air Ypres. Nuair a fhuair e na b' fheàrr thug e an còrr de bhliadhnaichean a' Chogaidh a' dèanamh uidheaman-cogaidh, munitions mar a theirte ris.

An dèidh a' Chogaidh bha Murchadh am measg a' chiad fheadhainn a ghabh sealbh air tuathanas Ghriais tràth sna ficheadan. A dh'aindeoin leòintean cogaidh bha e ri croitearachd is iasgach, buachailleachd is postaireachd. Phòs e is thog e seachdnar theaghlach aig 38 Griais.

Iain C Mac a' Ghobhainn 1928-1998

Rugadh Iain Crichton Mac a' Ghobhainn ann an Glaschu. Chaochail athair nuair a bha e na bhalach agus ghluais an teaghlach air ais a Phabail Uarach an Leòdhas. Cha do dhìochuimhnich e riamh sgeulachdan mun Chogadh Mhòr a chuala e nuair a bha e a' fàs suas sa bhaile.

Thug e a-mach dreuchd tidseir agus bha e a' teagaisg ann an àrd-sgoiltean ann am Bruach Chluaidh, Dùn Breatainn agus anns an Òban. Leig e dheth a dhreuchd ann an 1977 airson a bhith na sgrìobhadair làn-ùine.

'S e fear de shàr sgrìobhaichean na h-Alba anns an fhicheadamh linn, ann am Beurla agus Gaidhlig. Sgrìobh e bàrdachd, sgeulachdan, nobhailean agus deilbh-chluich, do chlann agus do dh'inbhich. Choisinn e iomadh duais airson sgrìobhadh. Nam measg bha OBE (1980), Duais Bàrdachd a' Cho-fhlaitheis (1986) agus Duais Saltire (1992).

Iain Mac an Aba bh. 1924

Bha càirdeas aig Iain Mac an Aba ris an teaghlach aig a' bhàrd ainmeil Sgitheanach Niall MacLeòid. 'S ann à Cille Mhoire a bha e agus chuir e seachad a' mhòr-chuid dhe bheatha na mhaighstir-sgoile sa sgìre. B' e athair a' bhana-bhàrd Catriona Dhùghlas.

Chaill e dithis mhac aig àm a' Chiad Chogaidh. Bhàsaich Anndra John sa Mhàirt, 1915 agus chaidh Evan Iain, Evan a' Mhaighstir, a mharbhadh aig Arras toiseach a' Ghiblein, 1918. Bha e air a bhith sabaid aig Neuve Chapelle, Festubert agus Loos ron a sin.

He wrote the song *Far to the North* about the sufferings of soldiers like himself in the Great War. According to a recording made by Mary Ann MacLeod from Tigharry for the School of Scottish Studies, Neil had composed another song about the war but apparently it brought the horrors of the War so vividly to his mind that he declined to sing it.

Peter Grant

Peter Grant was from Lewiston near Drumnadrochit. Not much is known about his life except that he was a joiner and that he was related to Alexander Grant, Alasdair Mac Iain Bhàin, the Glenmoriston Bard. He wrote *Heroes of the Glen* shortly after the end of the Great War.

Murdo Graham 1896-1972

Murdo Graham, Am Beag, was born in Shader on the west side of Lewis in November 1896 but he was brought up in Back. At the beginning of the War, aged 18, he enlisted in the Gordon Highlanders.

He was injured in 1916 at Kemmel Hill, about six miles southwest of Ypres. When he had recovered he spent the rest of the War making munitions.

After the War Murdo was among the first to take possession of the farm of Gress early in the Twenties. Despite his war wounds, he engaged in crofting and fishing and he worked as a shepherd and postman. He married and raised seven of a family at 38 Gress.

Iain Crichton Smith 1928-1998

Iain Crichton Smith was born in Glasgow. His father died when he was a boy and the family moved back to Upper Bayble in Lewis. He never forgot the stories of the Great War he heard when he was growing up in the village.

He became a teacher and taught in secondary schools in Clydebank, Dumbarton and Oban. He retired from teaching in 1977 to become a fulltime writer.

He was one of the leading Scottish writers of the 20th century, in English and Gaelic, writing poetry, stories, novels and plays, for children and adults. He received many awards for his writing, including the OBE (1980), the Commonwealth Poetry Prize (1986) and the Saltire Poetry Award (1992).

John MacNab d. 1924

John MacNab was related to the famous Skye poet Neil MacLeod. He was from Kilmuir and spent most of his life as a schoolmaster in the district. He was the father of the poet Catriona Douglas.

He lost two sons in the Great War. Andrew died in March 1915 and Evan John, Evan a' Mhaighstir, was killed at Arras at the beginning of April 1918. He had previously fought at Neuve Chapelle, Festubert and Loos.

Tha an tuilleadh fiosrachaidh mun teaghlach ri lorg anns an òraid a thug An t-Urramach Dòmhnall Buidse dha Comunn Gàidhlig Inbhir Nis 'Bàird an Eilein Sgiathanaich: Clann-an-Aba, Thròdairnis', TGSI, 48 (1972-1974), 584-601.

Dòmhnall Ruadh Mac an t-Saoir 1889-1964

Rugadh Dòmhnall Mac an t-Saoir, Dòmhnall Ruadh mac Aonghais Ruaidh, ann an Snaoiseabhal an Uibhist a Deas. Bha e anns na Camshronaich ron Chiad Chogadh, na phìobaire aig Loch Iall.

Bha an ùine aige anns a' Mhailisidh an-àird nuair a thòisich an Cogadh Mòr ach nuair a chuala e gu robh Còigeamh Batàlian gu bhith air a stèidheachadh sgrìobh e gu Sir Dòmhnall Camshron a dh'fhaighneachd an gabhadh esan e. Ghabh an Camshronach ris agus bha e a-rithist na Phìobaire na Rèisimeid. Chaidh e dhan Fhraing agus dhearbh e a threubhantas aig Blàr Loos.

Rinn e an t-òran *Pìobairean Camshronach anns an Ruaig Mhòr* san Fhraing aig àm na h-iomairt mhòir ann an 1918.

Rinn e fhèin agus Alasdair Boidhd an t-òran *Fòrladh Alasdair Bhàin* mu Alasdair MacIllFhialain, Alasdair Bàn Bhuileig, à Uibhist a Deas. Bha iad anns na trainnseachan còmhla agus rinn iad an t-òran an dèidh an tàire a bh' aig Alasdair turas 's e dol dhachaigh air fòrladh.

Tha bàrdachd Dhòmhnaill Ruaidh air a cruinneachadh anns an leabhar *Sporan Dhòmhnaill – Gaelic Poems and Songs by the late Donald Macintyre, the Paisley Bard*, deasaichte le Somhairle Mac a' Mhaoilein, air fhoillseachadh leis an Scottish Gaelic Texts Society, Dùn Èideann, 1968.

Màrtainn Mac an t-Saoir r. 1965

"'S e dealbh de dhithis bhràithrean m' athar is an seanair is an seanmhair a dhùisg mo bhàrdachd. Bha na h-oghaichean gu lèir measail air Dòmhnall Buachaille is Peigi à Stadhlaigearraidh. Bha Uibhist na àite gràdhach toilichte dhaibh seach Glaschu.

Mharbhadh Pàdraig Dhòmhnaill 'ic Eachainn (Mac an t-Saoir) ann an Ypres sa Mhàrt 1918 ach thill a bhràthair bu shine, Eachann. A rèir na chualas bha Pàdraig is mo sheanmhair, Ciorstaidh a' Bhuachaille, air gealladh-pòsaidh a thoirt seachad, ach leis nach do thill a leannan phòs i a bhràthair. Innsidh an dàn an còrr.

Chaidh Sorcha, an nighean agam (aois 16) a-null gu Flanders san Dàmhair 2014 is lorg i uaigh Phàdraig. 'S i a' chiad duine riamh dhen teaghlach a sheas ri a taobh."

Rugadh Màrtainn Mac an t-Saoir an Lèanaidh ann an 1965 is chaidh e tron fhoghlam an Colaiste Naoimh Aloisius, Glaschu, is an Oilthigh Obar Dheathain – far an tug e a-mach a bhith na dhotair ann an 1988. Lean e air gu Sabhal Mòr Ostaig san Eilean Sgitheanach ann an 1990 is 's ann a sin a theann e air ficsean is air bàrdachd; tha an dà iomair sin air a bhith ga bhuaireadh on uairsin. Tha Màrtainn air moladh fhaighinn is deannan dhuaisean a chosnadh airson a chuid sgrìobhaidh is thuige seo tha e air dà leabhar de sgeòil ghoirid, còig nobhailean is aona chruinneachadh bàrdachd a chur an clò. Tha e a' fuireach an Dùn Èideann còmhla ri a bhean is an dithis chloinne.

B' e Eachann is Pàdraig Dhòmhnaill ic Eachainn seanair is bràthair seanar Mhàrtainn air taobh athar.

Gilleasbaig MacAmhlaigh

B' ann à Uibhist a Deas a bha Gilleasbaig MacAmhlaigh.

More information on the family is contained in the paper given by the Rev Donald Budge to the Gaelic Society of Inverness, 'Bàird an Eilein Sgiathanaich: Clann-an-Aba, Thròdairnis', TGSI, 48 (1972-1974), 584-601.

Donald Macintyre 1889-1964

Donald Macintyre, Dòmhnall Ruadh mac Aonghais Ruaidh, was born in Snishival, South Uist. He was in the Camerons in the First War as piper to Cameron of Locheil.

His time in the Militia had ended by the time the Great War broke out but when he heard that the Fifth Battalion was being formed he wrote to Sir Donald Cameron to ask if he would take him on as his piper. Cameron agreed and he became their Regimental Piper again. He went to France with them and he proved his courage at the Battle of Loos.

He composed the song *Cameron Pipers in the Great Push* in France at the time of the major offensive of 1918.

He and Alasdair Boyd composed the song *Fair Alasdair's Leave* about Alasdair MacLellan, Alasdair Bàn Bhuileig, from South Uist. They were in the trenches together and composed the song after things hadn't gone smoothly for Alasdair on his way home on leave.

Dòmhnall Ruadh's poetry was published in *Sporan Dhòmhnaill - Gaelic Poems and Songs by the late Donald Macintyre, the Paisley Bard*, edited by Somerled MacMillan and published by Scottish Gaelic Texts Society, Edinburgh in 1968.

Martin Macintyre b. 1965

"My poem was inspired by a photograph of my father's two brothers and their grandparents, Donald, 'Dòmhnall Buachaille', and Peggy from Stilligarry. Uist was a happy, loving place for the brothers compared to their life in Glasgow.

Pàdraig Dhòmhnaill 'ic Eachainn (Peter Macintyre) was killed at Ypres in March 1918 but his older brother, Hector, survived. Apparently Peter and my grandmother, Ciorstaidh a' Bhuachaille, were engaged to get married, but since he didn't return from the war she married his brother. The poem tells the rest of the story.

Sorcha, my daughter (aged 16) went to Flanders in October 2014 and found Peter's grave. She was the first member of the family to stand beside it."

Martin Macintyre was born in Lenzie in 1965 and was educated at St Aloysius College and Aberdeen University, where he graduated in medicine in 1988. He went on to Sabhal Mòr Ostaig in Skye in 1990 where he began writing fiction and poetry: he has been torn between the two since then. Martin has won critical acclaim and many awards for his writing and to date has had two books of short stories, five novels and one collection of poetry published. He lives in Edinburgh with his wife and two children.

Eachann Dhòmhnaill ic Eachainn and Pàdraig Dhòmhnaill ic Eachainn are Martin's grandfather and great-uncle, respectively, on his father's side.

Archibald MacAulay

Archibald MacAulay was from South Uist.

Calum MacAoidh 1891-1932

Rugadh Calum MacAoidh, Calum Dhòmhnaill Bhàin, ann an Tolastadh a' Chaolais, Leòdhas. Dh'fheuch e ri gabhail as an arm trì turais ach chaidh a dhiùltadh gach turas chionn 's nach robh cead a phàrantan aige. Mu dheireadh thall theich e bhon dachaigh agus chaidh aige air faighinn dha na Sìophortaich

Chaidh e dhan Fhraing aig fìor thoiseach a' Chogaidh agus ro dheireadh an Dùbhlachd 1917 bha e air dreuchd RSM, Seàirdseant Màidsear na Rèisimeid, a chosnadh. Cha robh e ach 26, an RSM a b' òige anns an arm Bhreatannach aig an àm.

Airson euchdan a rinn e aig Beaumont Hamel, fhuair e an DCM sa Ghiblein 1915. Thug gas puinnseanta droch bhuaidh air a shlàinte an aon bhliadhna agus chaidh a leòn dà thuras ann an 1916. Fhuair e Crois a' Mhìlidh, am MC, san Ògmhios, 1919.

An dèidh a' Chogaidh chaidh Calum dha na h-Innseachan còmhla ris an Dàrna Batàilian. Thill e a Bhreatainn ann an 1922 agus toiseach a' Chèitein 1928 chaidh a chur dhan Chiad Bhatàilian, a-rithist na RSM. Fhuair e àrdachadh eile, gu Quartermaster, sa Ghearran 1932.

Thill e dha na h-Innseachan sa Chèitein 1932. San t-Sultain thàinig tinneas air agus chaochail e ann an Jhansi toiseach an Dàmhair.

B' e Baile nan Saighdear a bhiodh aig munntir na sgìre air Tolastadh a' Chaolais ri linn na bha de bhalaich a' bhaile a' dol dhan Arm ro àm a' chogaidh.

Dòmhnall MacAoidh 1854-1932

Chante Bàrd an Ach ri Dòmhnall MacAoidh, Dòmhnall Nèill Bhig. Thàinig an teaghlach chun an Acha Mhòir, Leòdhas, an dèidh dha mòran dhaoine a bhith air an sgiùrsadh à bailtean beaga am Beàrnaraigh ann an 1882. Bha dachaigh a' bhàird aig àireamh 2 sa bhaile.

Mu thoiseach na ficheadamh linn tha fhios gu robh Dòmhnall an Ameireagaidh a Tuath, 's dòcha ag obair air na rathaidean-iarainn. Mu 1908/9 chaidh a dhroch leòn air dhòigh a dh'fhàg e ciorramach. Thill e air ais chun an Ach agus chur e an còrr dhe bheatha seachad ann am bothag bheag air cùl taigh a bhràthar, Tormod Nèill.

Tha an tuilleadh fiosrachaidh mu Bhàrd an Ach anns an leabhar *Laoich nan Òran* a dh'fhoillsich Comunn Eachdraidh Cheann a Tuath nan Loch ann an 2011.

Ruairidh MacAoidh 1872-1949

Rugadh Ruairidh MacAoidh, Bàrd Iollaraigh, air Geàrraidh Chnoc an Torrain an Uibhist a Tuath. Bha athair, Alasdair MacAoidh, An Saighdear Ruadh, air a bhith na Sheàirdseant sna Camshronaich. Ghluais an teaghlach gu Àird Iollaraigh sa bhliadhna 1904.

Thug Ruairidh greis anns na Camshronaich aig àm a' Chiad Chogaidh, ach ri linn 's gu robh e a' fulang le sac, leig iad às e. Chaidh a bhràthair, Niall, a bha sabaid còmhla ris na Canèidianaich, a mharbhadh as a' Fhraing air 27mh den Ghearran, 1917.

Tha a' bhàrdachd agus na h-òrain aig Ruairidh MacAoidh air an cruinneachadh anns an leabhar *Oiteagan à Tìr nan Òg* a chaidh fhoillseachadh an Glaschu ann an 1938.

Calum MacKay 1891-1932

Calum MacKay, Calum Dhòmhnaill Bhàin, was born in Tolsta Chaolais, Lewis. He tried to enlist in the army three times but was turned down each time because he didn't have his parents' permission. Eventually he ran away from home and was accepted into the Seaforths.

He went to France at the start of the War and by the end of December 1917 he had been promoted to Regimental Sergeant Major. At 26 he was the youngest RSM in the British Army at that time. He won the DSM for his bravery at Beaumont Hamel in April 1915. His health was adversely affected by poisonous gas in the same year and he was injured twice in 1916. He won the Military Cross in June 1919.

After the War Calum went to India with the Second Battalion. He returned to Britain in 1922 and in early May 1928 he was transferred to the First Battalion, again as RSM. He was promoted again, this time to Quartermaster, in February 1932. He went back to India in May 1932. In September he took ill and he died in Jhansi at the beginning of October.

Tolsta Chaolais was often referred to as 'the soldiers' village' in the district because of the number of young men from there who were in the army before the War.

Donald MacKay 1854-1932

Donald MacKay, Dòmhnall Nèill Bhig, was known as 'Bàrd an Ach'. The family came to Achmore, Lewis, after some of the small villages in Bernera had been cleared in 1882. The poet's home was at 2 Achmore.

It is known that Donald was in North America at the start of the 20th century, perhaps working on the railroads. In 1908/9 he was injured badly, leaving him disabled. He came back to Achmore and spent the rest of his life in a little hut behind his brother Tormod Nèill's house.

There is more information on Donald MacKay in the book *Laoich nan Òran*, which Comunn Eachdraidh Cheann a Tuath nan Loch published in 2011.

Roderick MacKay 1872-1949

Roderick MacKay, the Illeray Bard, was born at Cnoc an Torrain, North Uist. His father, Alasdair MacKay, An Saighdeir Ruadh, was a Sergeant in the Camerons. The family moved to Aird Illeray in 1904.

Roderick spent some time in the Camerons during the War but he was discharged as he suffered from asthma. His brother Neil, who was in the Canadians, was killed in France on 27th February 1917.

Roderick MacKay's poems and songs can be found in *Oiteagan à Tìr nan Òg*, which was published in Glasgow in 1938.

Iain MacAonghais 1880an-1939

Bha an dachaigh aig Iain MacAonghais, Iain a' Bhodaich, sa Rubha Bhàn an Èirisgeigh. Bha triùir ghillean san teaghlach, Ruaraidh, Dòmhnall Iain agus Iain. 'S ann aig muir a bha Iain a' deanamh a' bhith-beò agus anns a' Chiad Chogadh bha e anns an Nèibhidh.

Nuair a thill e a dh'Èirisgeigh bha e ri croitearachad agus ri iasgach mar aon de sgioba bàta air an robh 'Regina'. Ged nach robh teaghlach aige fhèin agus a bhean Theresa thog iad dithis chloinne.

Nuair a bha e thall thairis ghabh e malaria agus, 's dòcha mar thoradh air sin, thug e ùine mhòr a' fulang le fiabhras-lòinidh mus do dh'eug e.

Aonghas MacCoinnich 1873-1919

Rugadh Aonghas MacCoinnich, Aonghas Chaluim 'an Tàilleir, ann an Crothair ann am Beàrnaraigh Leòdhais ach nuair a chaidh lotaichean a dhèanamh an Tàcleit ann an 1880/81 ghluais an teaghlach gu Lot 9. Tha e coltach gun d' rinn Calum 'an Tàilleir iomlaid air lotaichean ri teaghlach a bha aig 8 Brèacleit an dèidh sin gus am biodh a' chlann na b' fhaisg air an sgoil.

Chan eil fhios le cinnt an d' rinn Aonghas trèanadh foirmeil airson teagaisg ach tha fhios gu robh e ag obair mar 'pupil-teacher' ann am Beàrnaraigh agus gu robh e a' teagaisg ann an Loch Baghasdal an Uibhist a Deas ro 1913.

Bha e a' fulang le tinneas inntinn agus chùm seo e às a' Chogadh.

Rinn e *Òran Gaoil* dha bhràthair Seonaidh, air a robh 'Tom' mar fhar-ainm, nuair a bha e a' trèanadh còmhla ris na Sìophortaich ann am Fort George. Ann an 1916 thàinig naidheachd gu robh Seonaidh air chall le dùil gu robh e marbh. Bha ùine ann mus cuala an teaghlach gu robh e na phrìosanach cogaidh sa Ghearmailt. Chaidh bràthair eile, Iain, air an robh a' far-ainm An t-Òlach, a chall anns an Iolaire. Chaochail Aonghas leis a' flù a rinn a leithid de sgrios eadar 1918 agus 1920. Tha cuid den bhàrdachd aige ann am *Bàrdachd Leòdhais*, a chaidh fhoillseachadh as ùr le Acair ann an 1998.

Coinneach MacCoinnich 1855-1915

Rugadh Coinneach MacCoinnich, Coinneach 'an Thàboist, aig 4 Grabhair air na Lochan. Chaidh e a dh'Ard-Sgoil Ghlaschu agus cheumnaich e à Oilthigh Ghlaschu. Thathas ag ràdh gur e a' chiad neach-teagaisg air tuath Leòdhais a fhuair ceum MA. Bha e pòsta aig Mòr NicAonghais à Leumrabhagh.

San t-Samhain 1885 fhuair e obair mar mhaighstir-sgoile ann an Sgoil Àirigh an Tuim air taobh siar Leòdhais air tuarastal £40 sa bhliadhna agus taigh na chois. Thug e deich bliadhna fichead a' teagaisg an Airigh an Tuim agus bha e fhathast san dreuchd nuair a bhàsaich e air a 26mh den t-Samhain 1915.

Seumas MacCoinnich

B' ann à Unapol an Asainte a bha Seumas MacCoinnich.

John MacInnes 1880s-1939

John MacInnes, Iain a' Bhodaich, lived in Rubha Bàn in Eriskay. There were three sons in the family, Roderick, Donald John and John. John was at sea at first and served in the Navy during the First War.

When he came back to Eriskay he became a crofter and a fisherman on the 'Regina'. He and his wife Theresa had no family of their own but they fostered two children.

He caught malaria while abroad and perhaps as a result of that he suffered with rheumatic fever for a long time before his death.

Angus MacKenzie 1873-1919

Angus MacKenzie, Aonghas Chaluim 'an Tàilleir, was born in Crothair in Bernera, Lewis, but when crofts were created in Haclete in 1880-81 the family moved to croft number 9 there. Apparently, Calum 'an Tàilleir swopped crofts with the family at 8 Breaclete after that so that the children would be nearer the school.

It is not known for certain if Angus formally trained as a teacher but it is known that he worked as a pupil-teacher in Bernera and that he taught in Lochboisdale before 1913.

He suffered from a mental illness which prevented him from taking part in the War.

He wrote *Love Song* on behalf of his brother John, whose nickname was 'Tom', when John was training with the Seaforths in Fort George. In 1916 news came that John was missing, presumed dead. It was a while before the family heard that he was a prisoner-of-war in Germany. Another brother, John, whose nickname was 'An t-Òlach', was lost on the Iolaire.

Angus died in the flu epidemic which caused such devastation between 1918 and 1920. Some of his poetry is in *Bàrdachd Leòdhais*, which was re-published by Acair in 1998.

Kenneth MacKenzie 1855-1915

Kenneth MacKenzie, Coinneach 'an Thàboist, was born at 4 Gravir, Lochs, Lewis. He attended Glasgow High School and he graduated from Glasgow University. It is said that he was the first headmaster in rural Lewis with an MA degree. He was married to Marion MacInnes from Lemreway.

In November 1885 he was employed as a headmaster in Airidhantuim School on the west side of Lewis, with a salary of £40 a year and a house. He spent thirty years teaching in Airidhantuim and he was still in post when he died on 26th November 1915

James MacKenzie

James MacKenzie was from Unapol in Assynt.

Uilleam MacCoinnich

B' ann à Àrnasdail ann an Gleann Eilg a bha Uilleam MacCoinnich. Bha e fhèin agus a bhrathair Tormod anns na Lovat Scouts àm a' Chiad Chogaidh agus bha Uilleam a' sabaid an Gallipoli. Aon turas, airson misneachd a chuid shaighdearan a thogail, thabhaich an Caiptean Uilleam Mac an Tòisich botal uisge-beatha don t-saighdear as a' bhuidheann aige a dhèanadh an t-òran a b' fheàrr. Tha e coltach gun do choisinn Uilleam an duais le *Òran na Lovat Scouts*.

Iain MacCormaig 1860-1947

Rugadh Iain MacCormaig san Ros Mhuileach ann an 1860 far an robh athair na mhanaidsear air cuaraidh chloiche. Chaidh e dhan sgoil ann am Muile agus às dèidh sin do Sgoil 'Normal' na h-Eaglaise Saoire ann an Glaschu agus a dh'Oilthigh Ghlaschu far an do ghabh e Laideann, Greugais, Loidsig agus Matamataig. Às dèidh ùine ghoirid na neach-teagaisg ann an Uibhist, thill e Mhuile far an do thòisich e a' sgrìobhadh airson a bheòshlaint, dhan Iona Press agus do phàipearan mar an 'North British Daily Mail'. Ghabh e obair sa chuaraidh nuair a rugadh a' chlann aige, triùir ghillean, ged a chùm e air leis an obair-naidheachd cuideachd.

Chaochail a chiad bhean, Sìne, ann an 1897 agus às dèidh seo ghluais e a Ghlaschu, far an do ghabh e diofar obraichean clèireachd airson cur ris an tuarastal a bha e a' dèanamh à sgrìobhadh. Chaidh *Dùn Àluinn*, a' chiad nobhail Gàidhlig, fhoillseachadh ann an 1912.

Uilleam MacCormaig 1868-1915

Rugadh Uilleam MacCormaig san Ros Mhuileach. Bha e ag obair na mheacanaig aig àrd ìre air soithichean eadar-dhealaichte, stèidhichte aig amannan eadar-dhealaichte ann an Glaschu agus ann a' Sasainn. Bha e, a rèir choltais, air HMS Garry ann an Chatham ann an 1914 nuair a sgrìobh e an dàn seo: choisinn an dàn duais Bàrd a' Chomuinn dha airson 1914 agus nochd e an toiseach anns *An Deò-Grèine* ann an 1915. Chaill e a bheatha air bòrd HMS Hannibal nuair a chaidh aon de dh'einnseanan an t-soithich na teine 's i air an t-slighe eadar Malta agus Marseilles air an naoidheamh latha fichead den Dàmhair, 1915: chaidh a thiodhlacadh aig muir an latha sin fhèin.

Tòmas D MacDhòmhnaill 1864-1937

Rugadh Tòmas Dòmhnall 'T D' MacDhòmhnaill ann an Gabhsann air taobh siar Leòdhais ach ghluais an teaghlach a dh'Inbhir Nis nuair a bha e glè òg. Chaidh e a dh'fhuireach ann an Gleann Eilg nuair a chaochail a phàrantan agus e dìreach dusan bliadhna. Chuir e seachad pàirt de bheatha ann an Lunnainn, far an robh e na Rùnaire air Comunn Gàidhlig Lunnainn agus na fhear-deasachaidh air 'The London Scot'. Chuir e seachad greisean cuideachd ann am Bristol agus an Canada, mus do thill e a dh'Alba far an robh e gu mòr an sas ann an dreuchdan eadar-dhealaichte aig a' Chomunn Ghàidhealach.

Dh'fhoillsich e dà chruinneachadh de bhàrdachd mun Chiad Chogadh. Chaidh *Dàin agus Dealbhan-Fhacail an àm a' Chogaidh* fhoillseachadh mu 1919 agus *An Dèidh a' Chogaidh* ann an 1921.

William MacKenzie

William MacKenzie was from Arnisdale in Glenelg. He and his brother Norman were in the Lovat Scouts in the First War and William fought in Gallipoli. On one occasion, in order to motivate the troops, Captain William Macintosh offered a bottle of whisky to the soldier from his contingent who composed the best song. William won the prize with *Song of the Lovat Scouts*.

John MacCormick 1860-1947

John MacCormick was born in 1860 in the Ross of Mull where his father was manager of the Tor Mor stone quarry. He went to school in Mull and from there he went on to the Free Church Normal School in Glasgow and to Glasgow University where he studied Latin, Greek, Logic and Mathematics. After a short stint as a teacher in Uist he returned to Mull where he started writing for a living, for the Iona Press and newspapers such as the 'North British Daily Mail'. He took a job in the quarry when his three sons were born, though he kept up the newspaper work as well.

His first wife, Jean, died in 1897 and after that he moved to Glasgow, where he took on various clerical jobs to supplement his income from writing. His *Dùn Àluinn*, the first Gaelic novel, was published in 1912.

William MacCormick 1868-1915

William MacCormick was born in the Ross of Mull. He worked as an Engine Room Artificer on various ships, based at different times in Glasgow and in England. He was, apparently, on HMS Garry in Chatham in 1914 when he wrote *The Royal Navy*. It won An Comunn's Gaelic poetry award for 1914 and appeared first in the magazine *An Deò-Grèine* in 1915. He died on HMS Hannibal when one of the ship's engines caught fire on a voyage between Malta and Marseille on the 29th of October 1915. He was buried at sea on the same day.

Thomas Donald MacDonald 1864-1937

Thomas Donald (TD) MacDonald was born in Galson on the west side of Lewis but the family moved to Inverness when he was very young. He went to live in Glenelg after his parents died when he was just twelve. He spent part of his life in London, where he was Secretary of the London Gaelic Society and editor of 'The London Scot'. He spent time also in Bristol and in Canada, before coming back to Scotland where he worked in various capacities for An Comunn Gàidhealach.

He published two volumes of poetry about the First War. *Dàin agus Dealbhan-Fhacail an àm a' Chogaidh* was published around 1919 and *An Dèidh a' Chogaidh* in 1921.

Aonghas MacEachearna 1870-1944

Rugadh Aonghas MacEachearna ann an Eilean Ì. Nuair a bha e mu dheich bliadhna chaidh an teaghlach a Thiriodh far an robh athair ag obair mar phost. Rinn iad an dachaigh ann a Haoidhnis.

Bha Aonghas math san sgoil ach leig e seachad dreuchd 'pupil-teacher' airson obair aig seirbheis a' phuist. Chaidh e an uairsin gu muir agus fhuair e air adhart gus an robh e na sgiobair, ag obair aig companaidhean eadar-dhealaichte taobh Chluaidh.

Chaidh a chrùnadh mar bhard aig a' Mhòd Nàiseanta sa Ghearasdan ann an 1927. Nuair a leig e dheth a dhreuchd mar mharaiche ghabh e Oifis a' Phuist ann am Bun Easain am Muile.

Alasdair MacFhearghais 1869-1947

Rugadh Alasdair MacFhearghais, Bàrd Chliuthair, ann an Cliuthar as na Hearadh. Iasgair a bh' ann, ag obair air bàta air an robh an 'Advance' agus air tèile air an robh 'Maggie Stewart'.

Na dhuine òg chaidh Alasdair a thogail dhan arm, agus thug e dà bhliadhna ann an Afraga aig àm Cogadh nam Boers.

Rinn e òrain air iomadh cuspair – an dèideadh agus radain Afraga, na bàtaichean air an robh e ag iasgach, duilgheadas le bò a' breith, laoidhean agus dàin spioradail. Chaidh *Laoidh Fhearchair Eòghainn* a dhèanamh nuair a chaidh Fearchar Dòmhnallach à Cliuthar a mharbhadh san Fhraing air a' cheathramh latha deug den Dàmhair, 1917.

Calum MacFhionghain 1855-1931

B' e Calum Ruadh MacFhionghain à Bruairnis a b' òige san teaghlach aig Dòmhnall Chaluim Iain agus a bhean, Màiri Raghnaill, à Barraigh. B' e croiteir agus iasgair a bh' ann an Calum Ruadh. Thug e greis a' fuireach san Acarsaid an Èirisgeigh an dèidh dha Flòraidh, a' chiad bhean, a phòsadh. Phòs e an dàrna bean, Màiri Wilson, ann am Baile na Creige ann an 1885 agus b' ise màthair Eàirdsidh Bàn, an gille aca a chaill a bheatha a' sabaid còmhla ris a' Chòigeamh Batàilian dhe na Camshronaich ann am Flannras san t-Sultain 1915.

Tha cuid de bhàrdachd Chaluim Ruaidh ri fhaotainn san leabhar *Deoch Slàinte nan Gillean*, deasaichte le Colm O Lochlainn, a chaidh fhoillseachadh am Baile Ath Cliath ann an 1948.

Eachann MacFhionghain 1886-1954

B' ann à Beàrnaraigh na Hearadh a bha Eachann MacFhionghain.

Anns a' Chiad Chogadh bha e fhèin agus còignear bhràithrean sa Chabhlaich Rìoghail. Chailleadh dithis dhiubh, Donnchadh agus Niall, agus bha Eachann fhèin an cunnart a bheatha nuair a chaidh an HMS Ermine, am bàta air an robh e, a chur fodha as na Dardanelles.

Tha na laoidhean aig Eachann MacFhionghain air an cruinneachadh anns an leabhar *An Neamhnaid Luachmhor* a dh'fhoillsich Stornoway Religious Bookshop ann an 1990. Chaidh *Òrain Eachainn MhicFhionghain* fhoillseachadh le Acair, Steòrnabhagh, ann an 2013.

Angus MacKechnie 1870-1944

Angus MacKechnie was born in Iona. When he was about ten the family moved to Tiree where his father worked as a postman. They made their home in Hynish.

Angus did well in school but he gave up the post of pupil-teacher to work in the postal service. He then went to sea and he was eventually promoted to Captain, working for various companies around the Clyde.

He was crowned Mod Bard at the National Mod in Fort William in 1927. When he left the sea he took over the Post Office in Bunessan, Mull.

Alasdair Ferguson 1869-1947

Alasdair Ferguson, Bàrd Chliuthair, was born in Cluer, Harris. He was a fisherman, working on 'The Advance' and another boat called 'Maggie Stewart'. As a young man Alasdair was called up to the army and served in Africa for two years at the time of the Boer War.

He composed songs on many subjects – toothache, rats in Africa, the fishing boats he worked on, a cow having difficulty giving birth, and hymns. *Hymn for Fearchair Eòghainn* was composed when Farquhar MacDonald from Cluer was killed in France on 14th October 1917.

Calum MacKinnon 1855-1931

Calum (Calum Ruadh) MacKinnon from Bruernish was the youngest in the family of Dòmhnall Chaluim Iain and his wife, Màiri Raghnaill, from Barra. Calum Ruadh was a crofter/fisherman. He lived for a while at Acarsaid in Eriskay after he married his first wife, Flora. He married his second wife, Mary Wilson, in Craigston in 1885 and she was the mother of Archie, Eàirdsidh Bàn, their son who was killed fighting with the Fifth Battalion of the Camerons in Flanders in September 1915.

Some of Calum Ruadh's poetry is to be found in the collection *Deoch Slàinte nan Gillean*, edited by Colm O Lochlainn, which was published in Dublin in 1948.

Hector MacKinnon 1886-1954

Hector MacKinnon was from Berneray, Harris.

He and his five brothers were in the Royal Navy during the First War. Two of them, Duncan and Neil, were lost and Hector's own life was in danger when HMS Ermine, the ship he was on, was sunk in the Dardanelles.

Hector MacKinnon's hymns appear in the book *An Neamhnaid Luachmhor*, which Stornoway Religious Bookshop published in 1990. *Òrain Eachainn MhicFhionghain* was published by Acair, Stornoway, in 2013.

Eòghainn MacFhionghain 1894-1972

B' e Eòghainn MacFhionghain aon de na seanchaidhean mu dheireadh a bha air Eilean Eige. Bha e ri croitearachd ann an Cliadail an ceann a tuath an eilein ach ag obair mar phost air feadh Eige. Bha e mion eòlach air eachdraidh, dualchas agus òrain an eilein.

Tha an tuilleadh mu bheatha ri leughadh anns an iris 'Tocher 10' (1973).

Somhairle MacGill-Eain 1911-1996

Rugadh Somhairle MacGill-Eain ann an Eilean Ratharsair. An dèidh ceumnachadh à Oilthigh Dhùn Èideann agus trèanadh mar thidsear, thill e dhan Eilean Sgitheanach gu Àrd-Sgoil Phort Rìgh. Ron Dàrna Cogadh bha e cuideachd a' teagaisg ann am Muile, Àrd-Sgoil Bhoroughmuir an Dùn Èideann agus Hawick.

Bha e san Arm san Dàrna Cogadh agus ann an 1942 chaidh a dhroch leòn aig El Alamein. An dèidh a' chogaidh, chaidh e air ais gu Àrd-Sgoil Bhoroughmuir mus do ghluais e dhan Phloc ann an 1956 mar cheannard na sgoile. Leig e dheth a dhreuchd ann an 1972.

Bha cliù nàiseanta agus eadar-nàiseanta aige mar bhàrd agus chaidh iomadh duais a thoirt dha, nam measg Bonn na Banrigh airson Bàrdachd (1990) agus ceuman urramach bho oilthighean am Breatainn agus an Èirinn.

Tha cruinneachadh iomlan den bhàrdachd aige san leabhar *Caoir Gheal Leumraich; White Leaping Flame*, Polygon, 2011.

Tormod Mac Gill-Eathain r. 1938

Rugadh Tormod Mac Gill-Eathain ann an Glaschu ach aig àm an Dàrna Cogaidh chaidh a ghluasad, an toiseach gu taobh Loch Airceig agus an uairsin gu Beinn nam Fadhla far an deach e gu Sgoil Thorluim. Chaidh e do dh'Oilthigh Ghlaschu agus thug e mach dreuchd mar thidsear Beurla agus Matamataig. Choisinn e Crùn a' Bhàird agus Bonn Òir a' Chomuinn Ghàidhealaich aig Mòd 1967. Tha e cuideachd na phìobaire.

Bha e a' teagasg ann an àiteachan mar Lìonal, Inbhir Losa, Cille Chuimein, Glaschu agus an t-Òban ach 's ann mar ghlaoiceire, mar a chanas e fhèin ris, air àrd-ùrlar agus air telebhisean, a choisinn e cliù. Thill e a dh'Uibhist ann an 2009 agus an-diugh tha e a' fuireach ann an Griomasaigh. Bidh e fhathast a' cuideachadh òigridh aig a bheil ùidh ann am pìobaireachd agus seinn.

Tha e air ceithir nobhailean Gàidhlig a sgrìobhadh – *Cùmhnantan* (1997), *Keino* (1999), *Dacha mo Ghaoil* (2005) agus *Slaightearan* (2007). Tha e air sgrìobhadh mu thrioblaidean le deoch-làidir na eachdraidh-beatha *The Leper's Bell* (2009)

Bha Tormod a-riamh a' smaointinn gu robh rudeigin mì-chneasta ceangailte ri stòiridh a sheanar, Tormod Ailean, à Cladach a' Bhaile Shear an Uibhist a Tuath.

"An toiseach, bha e ro shean (44) nuair a chuir e e fhèin air adhart airson a dhol dhan Chabhlaich Rìoghail ann an 1914. Nuair a sheall oifigich an Nèibhidh an doras dha, cha do rinn e ach Cherry Blossom dubh a cheannach agus dhath e ghruag ghlas leis an dubhach bhròg. Dh'innis e dha na h-oifigich an dàrna turas a chaidh e dhan oifis aca nach robh e ach seachd bliadhna deug thar fhichead, agus ghabh iad na AB e gun smid.

Hugh MacKinnon 1894-1972

Hugh MacKinnon was one of the last tradition-bearers on Eigg. He had a croft in Cleadale in the north of the island but he worked as a postman throughout Eigg. He was very knowledgeable about the history, heritage and songs of Eigg. There is more on his life in the magazine 'Tocher' no. 10 (1973).

Sorley MacLean 1911-1996

Sorley MacLean was born in Raasay. After graduating from Edinburgh University and training as a teacher, he returned to Portree High School in Skye. He also taught in Mull, Boroughmuir High School in Edinburgh and Hawick before the Second War.

He was in the Army in the Second War and in 1942 was badly injured at El Alamein. After the war he went back to Boroughmuir High School, before moving to Plockton as Headteacher in 1956. He retired in 1972.

He had a national and international reputation as a poet and received many awards, including The Queen's Gold Medal for Poetry (1990) and honorary degrees from universities in Britain and Ireland.

A comprehensive collection of his poetry is contained in *Caoir Gheal Leumraich; White Leaping Flame*, Polygon, 2011.

Norman MacLean b. 1938

Norman MacLean was born in Glasgow but during the Second War he was evacuated first to the Loch Arkaig area and then to Benbecula where he went to Torlum School. He studied at Glasgow University and became a teacher of English and Maths. He earned the Bardic Crown and the Gold Medal for singing at the 1967 Mod. He is also a piper.

He has taught in places such as Lionel, Fort Augustus, Glasgow and Oban, but Norman is best known as a comedian, on stage and television. He returned to Uist in 2009 and now lives in Grimsay. He still helps youngsters who are interested in piping or singing.

He has written four novels - *Cùmhnantan* (1997), *Keino* (1999), *Dacha mo Ghaoil* (2005) and *Slaightearan* (2007). He has written about his problems with alcohol in his autobiography *The Leper's Bell* (2009)

Norman has always felt there was something out of the ordinary about his grandfather, Tormod Ailean, from Claddach Baleshare, North Uist.

"Firstly, he was too old (44) when he applied to join the Royal Navy in 1914. When the Navy officers showed him the door, he went and bought some Cherry Blossom boot polish and he used it to colour his hair black. The next time he went to the Navy office he told them he was thirty seven and they took him on as an AB without a quibble.

B' e an rud a bu neònaiche mu dheidhinn gu robh, a rèir seanchas na h-ighinn aige, Peigi Thormoid, boinne dhen dà-shealladh na chuislean. Nuair a bha e air fòrladh aig an taigh dh'innis e dhan h-uile duine nach robh e a' dol a thilleadh an turas seo. Chunnaic e seòrsa de 'mhanadh' far an do loisg U-boat Gearmailteach air an t-soitheach Holderness agus chaidh a bhàthadh anns a' Chuan a Tuath.

Coma leibh, cò-dhiù, a dh'aindeoin gnothaich, chaidh e sìos gu ruige Chatham a dhol air bòrd, ach mun deach e air an aiseag an Cearsabhagh, thadhail e air Sgoil Chàirinis agus ri taobh a' bhalla-crìche dh'fhàg e a shoraidh mu dheireadh aig an nighean bheag aige, Peigi."

B' i Peigi màthair Thormoid, agus 's i dh'innis an sgeulachd seo dha mac.

Nuair a dh'iarr caraid air Tormod òran a sgrìobhadh aig an robh buintealas ris a' Chogadh Mhòr, seo an cuspair a thagh e.

Iain MacGriogair

Tha h-uile coltas gur e Iain MacGriogair, Iain Dhonnchaidh à Tolastadh a' Chaolais, Leòdhas a bha seo. Bha athair air 25 bliadhna a thoirt anns an Reserve agus bha e gu math diombach nuair a dhiùlt an Nèibhidh e nuair a thòisich an Cogadh, ag ràdh gu robh e ro shean aig aois 69.

Bha sianar mhac aig Donnchadh as a' Chogadh. Bha Tormod na sheàirdseant ann an Rèisimeid nan Earra-Ghàidhealach 's nan Sutharlanach. Bha Niall aig muir air HMS St Louis. Bha Dòmhnall as na Sìophortaich agus bha Iain, am bàrd, ann an Batàilian Gàidheil Ghlaschu. Bha Seonaidh anns a' Ross Mountain Battery. Chaidh Murchadh, a bha na Sheàirdseant Màidsear as na Sìophortaich, a mharbhadh aig Beaumont Hamel air a' chiad latha den Iuchar, 1916. Air an aon latha chaidh Dòmhnall a dhroch leòn.

Bhiodh Iain agus Murchadh a' sgrìobhadh gu chèile tron chogadh agus ann an litir sa Ghiblean 1916 tha Murchadh ag innse mun fhadachd a bh' air gu faigheadh e òran a bha Iain a' sgrìobhadh nuair a dheidheadh a chlò-bhualadh. Chan eil fhios an d' fhuair Murchadh e mus deach e às an rathad na bu lugha na trì mìosan an dèidh dha an litir a sgrìobhadh.

Donnchadh MacIain 1881-1947

Rugadh Donnchadh MacIain ann an Lag a' Mhuilinn an Ìle. Ron Chiad Chogadh bha e anns na Saighdearan Saor-thoileach. Phòs e Màiri NicIlleMhaoil a' bhliadhna a thòisich an Cogadh agus b' ann nuair a dh'fhàg e a bhean airson a dhol dhan arm a sgrìobh e an t-òran ainmeil *Èigh gu Cogadh* no *Sìne Bhàn* mar as fheàrr a dh'aithnichear e an-diugh.

Bha e anns an Ochdamh Batàilian de Rèisimeid nan Earra-Ghàidhealach is nan Sutharlanach fo Chaiptean Alasdair MacArtair à Inbhir Aora. Sgrìobh e *Cumha Alasdair* nuair a chaidh MacArtair a mharbhadh aig Beaumont Hamel san t-Samhain, 1916.

An aon bhliadhna chaidh sgamhanan Dhonnchaidh a mhilleadh le gas agus b' fheudar dha an t-arm fhàgail. An dèidh a' Chogaidh thàinig e a Ghlaschu far an robh e ag obair anns an Oilthigh gus an do leig e dheth a dhreuchd an 1945.

Nochd cruinneachadh dhe na h-òrain aig Donnchadh MacIain anns an leabhar *Crònan nan Tonn* ann an 1939. Chaidh deasachadh ùr den leabhar, le ceithir òrain a bharrachd, fhoillseachadh le Ceit NicIain, Inbhir Nis, ann an 1997.

The strangest thing about him was that there was a drop or two of the second sight in his veins, according to his daughter, Peigi Thormoid. While he was home on leave he told everybody that he wouldn't come back this time. He had a vision in which a German U-boat sank his vessel, the Holderness, and he was drowned in the North Sea.

Anyway, despite all that, he went down to Chatham to go on board, but before he went on the ferry at Cearsabhagh, he visited Carinish School and beside the boundary wall he said goodbye to his little girl, Peggy."

Peggy was Norman's mother and she told her son the story. When a friend asked Norman to write a song with a connection to the War, this was the subject he chose.

John MacGregor

This is almost certainly John MacGregor, Iain Dhonnchaidh, from Tolsta Chaolais, Lewis. His father, Duncan, had been in the Reserve for 25 years and was annoyed when the Navy refused to accept him at the beginning of the War on the grounds that he was too old at 69.

Duncan had six sons in the War. Norman was a sergeant in the Argyll and Sutherland Regiment. Neil was at sea on HMS St Louis. Donald was in the Seaforths and John was in the Glasgow Highlanders Battalion. Another John (Seonaidh) was in the Ross Mountain Battery. Murdo, who was a Sergeant Major in the Seaforths was killed at Beaumont Hamel on the 1st of July 1916. Donald was badly injured on the same day.

John and Murdo used to write to each other during the War and in a letter in April 1916 Murdo says he is keen to see the song John is writing when it is published. It is not known if Murdo had seen it by the time he was killed less than three months later.

Duncan Johnston 1881-1947

Duncan Johnston was born at Lagavullin, Islay. He was in the Special Reserve before the First War. He married Mary MacMillan the year the War started and it was on leaving his wife to join the army that he composed *Call to War*, or *Fair Jean* as it is better known now.

He was in the Eighth Battalion of the Argyll and Sutherland Highlanders, under Captain Alasdair MacArthur from Inveraray. He wrote *Lament for Alasdair* when MacArthur was killed at Beaumont Hamel in November 1916.

In the same year Duncan's lungs were damaged by gas and he had to leave the army. After the War he moved to Glasgow where he worked at the University until he died in 1945.

A selection of Duncan Johnston's songs appeared as *Crònan nan Tonn* in 1939. A new edition, with four additional songs, was published by Kate Johnston, Inverness in 1997.

Niall MacIllEathain 1851-1919

Rugadh Niall MacIllEathainn, Niall an Tàilleir, sa Chaolas an Tiriodh. Ged a thug e greis aig muir nuair a bha e òg chuir e seachad a' mhòr-chuid dhe bheatha ag obair mar shaor. Chaidh e gu ruige mèinnean daoimean Kimberly ann an 1880 agus nuair a thill e ann an 1884 dh'fhosgail e bùth bhròg air Rathad Phàislig an Glaschu, ged nach do shoirbhich sin dha. Bha e gu mòr an sàs ann am beatha nan Gàidheal an Glaschu agus gu h-àraid an Comann Tiristeach agus Eaglais Chaluim Chille.

Ruaraidh G. MacIllEathain r. 1954

Rugadh Ruaraidh G. MacIllEathain ann an Glaschu. Bhuineadh a phàrantan dhan Eilean Sgitheanach agus thogadh e leis a' Ghàidhlig.

Bha e na iar-cheannard ann an Sgoil MhicNeacail gu 2008 agus on uair sin tha e air a bhith an sàs anns na meadhanan. Tha e air trì prògraman aithriseach a stiùireadh agus fhilmeadh airson BBC Alba.

Anns a' Chogadh Mhòr, bha a sheanair anns a' Chabhlaich Rìoghail. Bha a sheanmhair ag obair ann am munitions ann an Glaschu. Bha bràthair a sheanmhar na Lewis Gunner anns an Fhraing agus ann an Gallipoli, agus bha co-ogha eile na shnaidhpear. Cuideachd, bha uncail air taobh athar na sheàirdseant air sgioba each-cogaidh a bha a' tarraing ghunnaichean.

Thug na bha aig a chàirdean ri dhèanamh anns a' Chogadh buaidh air a' bhàrdachd mar a thug cuideachd naidheachd a chuala e mu chladh san Fhraing far an robh saighdearan o gach taobh air an tiodhlacadh.

Murchadh MacIlleMhoire 1884-1965

Rugadh Murchadh MacIlleMhoire, Murchadh a' Bhocs, ann am Mullach an Tòil, aig 22 Siadar Bharabhais ann an Leòdhas.

Ann an 1903, chaidh e a Steòrnabhagh a dh'ionnsachadh fuineadaireachd ann am bùth Chaluim MhicDhòmhnaill air Sràid Chromwell. Fad nam bliadhnaichean sin bha e anns na Saighdearan Saor-thoileach.

Ann an 1906 chaidh e Ghlaschu far a robh e air aithneachadh mar Bàrd Shiadair. Chaidh e a dh'Ameireagaidh ann an 1911 agus chuir e seachad an còrr dhe bheatha ann an Niagara Falls, Stàit New York.

Chaidh an leabhar aige, *Fear Siubhal nan Gleann*, fhoillseachadh ann an 1923.

Iain MacIllFhinnein 1861-1948

Rugadh Iain MacIllinnein, Iain Dubh Mac Dhòmhnaill 'ic Iain, ann an Inbhir Àsdal ann an sgìre Gheàrrloch. Ghluais e an toiseach a Ghlaschu agus an uair sin gu Brisbane ann an Astràilia, far an do chuir e seachad an còrr dhe bheatha. Tha e uaireannan air ainmeachadh mar 'The Brisbane Bard'.

Tha e ag innse eachdraidh a bheatha san leabhar *Duanagan agus Sgeulachdan Beaga*, a chaidh fhoillseachadh ann an Glaschu ann an 1937.

Alasdair MacÌomhair 1859-1917

Bha Alasdair MacÌomhair, Alasdair Mhurchaidh Bhàin, agus a bhean Catriona a' fuireach aig 40 Col, Leòdhas. Ged a bha deichnear de theaghlach aca, b' e Murchadh, a rugadh an 1892, an aon mhac a dh'fhàs gu bhith na inbheach.

Neil MacLean 1851-1919

Neil MacLean, Niall an Tàilleir, was born in Caolas, Tiree. Although he spent some time at sea when he was young, he spent most of his life working as a joiner. He went to the Kimberly diamond mines in1880 and when he returned in 1884 he opened a shop on the Paisley Road in Glasgow, though it was not a success. He was involved in Highland activities in Glasgow and in particular the Tiree Association and St Columba Gaelic Church.

Roderick G. MacLean b. 1954

Roddy G. MacLean was born in Glasgow. His parents were from Skye and he was brought up as a Gaelic speaker.

He was deputy head of the Nicolson Institute until 2008 and since then he has been working in the media. He has produced and filmed three documentaries for BBC Alba.

His grandfather was in the Royal Navy in the Great War. His grandmother worked in a munitions factory in Glasgow. His grandmother's brother was a Lewis Gunner in France and Gallipoli and another cousin was a sniper. Also, an uncle on his father's side was a sergeant in charge of a team of draught horses.

His relatives' part in the War inspired this poem, along with a story he heard of a cemetery in France where soldiers from both sides are buried together

Murdo Morrison 1884-1965

Murdo Morrison, Murchadh a' Bhocs, was born at Mullach an Tòil, 22 Shader Barvas, Lewis.

In 1903, he moved to Stornoway to work as an apprentice baker in Calum MacDonald's shop on Cromwell Street. He was in the Special Reserve at that time.

In 1906 he moved to Glasgow, where he was known as 'The Shader Bard'. He emigrated to America in 1911 and he spent the rest of his life in Niagara Falls, New York State.

His book of poems, *Fear Siubhal nan Gleann*, was published in 1923.

John MacLennan 1861-1948

John MacLennan, Iain Dubh Mac Dhòmhnaill 'ic Iain, was born in Inverasdale in Gairloch parish. He moved first to Glasgow and then to Brisbane, Australia, where he spent the rest of his life. He is sometimes known as 'The Brisbane Bard'.

He tells his life story in the book *Duanagan agus Sgeulachdan Beaga*, which was published in Glasgow in 1937.

Alasdair MacIver 1859-1917

Alasdair MacIver, Alasdair Mhurchaidh Bhàin, and his wife Catherine lived at 40 Coll, Lewis. Although they had ten children, Murdo who was born in 1892 was the only one to survive to adulthood.

Bha Murchadh air a bhith co-cheangailte ris an Ross Mountain Battery nuair a bha e ann an Àrd-Sgoil MhicNeacail ann a' Steòrnabhagh ach chaidh e dhan na Ceathramh Gòrdanaich nuair a chaidh e gu Oilthigh Obar Dheathain.

Chaidh e null dhan Roinn-Eòrpa sa Ghearran 1915, agus chaidh e fhèin agus Seòras MacSuain, Seòras Iain 'an Duinn à Garrabost, a mharbhadh ann an coille ri taobh rathad Menin 's iad a' sabaid taobh ri taobh air an t-siathamh latha deug den Ògmhios, 1915. Bha Murchadh 25 agus Seòras 24.

Bha e air a ràdh nach d' fhuair Alasdair MacÌomhair a-riamh seachad air bàs a mhic agus gur e cridhe briste a thug am bàs dha sa Ghearran 1917, aig aois 56.

Dòmhnall MacÌomhair r. 1862

Rugadh Dòmhnall MacÌomhair, Dòmhnall Donn, air a' Chnìp ann an Sgìr' Ùige Leòdhais. B' e iasgair a bh' ann agus bha e ainmeil airson eirmseachd. Sgrìobh e *Amhran Dhòmhnaill Duinn* nuair a bha grunn de chàirdean agus a luchd-eòlais air falbh as a' Chiad Chogadh, cuid aca a bha air tilleadh bho bhith thall thairis airson a dhol dhan Arm no dhan Nèibhidh.

Calum MacLeòid 1893-1976

Rugadh Calum MacLeòid, Calum Dhòmhnaill Anna, aig 5 Lunndail, Leòdhas. Bha h-aon duine deug as an teaghlach aig Dòmhnall Anna nuair a thòisich an Cogadh, deichnear bhalach agus aon nighean.

Chaidh Ruaraidh, dà bhliadhna na b' òige na Calum, a mharbhadh air a' chiad latha de Bhlàr Neuve Chapelle sa Mhàirt, 1915. B' e seo a thug air Calum *Cuimhneachan air Neuve Chapelle* a sgrìobhadh. Anns an aon bhlàr thàinig e fhèin fo bhuaidh gas agus chaidh a dhroch leòn cuideachd.

Bha bràthair eile dha, Aonghas, as na Sìophortaich agus chaidh a mharbhadh san Dùbhlachd, 1916. Bha fear eile, Dòmhnall, cuideachd as na Sìophortaich agus chaidh a dhroch leòn sa Chogadh.

Nuair a bha an Cogadh seachad chaidh Calum a dh'Ameireagaidh far an robh e ag obair aig banca.

Dòmhnall MacLeòid

Sgrìobh Dòmhnall MacLeòid às an Druim Bheag an Asainte an t-òran *Cumha airson Alasdair Mac an Rothaich* dha dhlùth charaid Ailig Mac an Rothaich, aois 23, a bhàsaich air a' chòigeamh latha den t-Samhain, 1916, an dèidh dha bhith air a leòn san Fhraing. Ron Chogadh bha Alasdair, a thogadh san Druim Bheag, air a bhith na oileanach an Oilthigh Dhùn Èideann. Ann an 1914 chaidh e dha na Lovat Scouts. Nuair a chaidh a mharbhadh ann an Rouen bha e na 2nd Lieutenant as na Cameronians (Scottish Rifles).

Iain MacLeòid 1855-1938

Rugadh Iain MacLeòid, Iain Thormoid Bhig, ann an Tom a' Ghlinne, Siabost. Às dèidh a dhol a dh'Inbhir Dheòrsa a dh'ionnsachadh na griasachd bho Mhurchadh MacAoidh, bràthair a mhàthair, bha e ris an obair sin ann an Steòrnabhagh, Ùig, Obar Dheathain agus Siabost.

Murdo had been with the Ross Mountain Battery while in the Nicolson Institute in Stornoway but he joined the Fourth Gordons when he went to Aberdeen University. He was sent over to Europe in February 1915 and he and George MacSween, Seòras Iain 'an Duinn, from Garrabost were killed in a wood beside the Menin road as they fought side-by-side on 16th June 1915. Murdo was 25 and George 24.

It was said that Alasdair MacIver never got over the death of his son and that he died of a broken heart in February 1917, at the age of 56.

Donald MacIver b. 1862

Donald MacIver, Dòmhnall Donn, was born at Kneep in Uig, Lewis. He was a fisherman and was noted for his wit. He composed *Dòmhnall Donn's Song* at a time when some of his friends and relatives were away in the Great War, some of whom had returned from overseas to join the Army or Navy.

Calum MacLeod 1893-1976

Calum MacLeod, Calum Dhòmhnaill Anna, was born at 5 Lundale, Uig, Lewis. Dòmhnall Anna's family numbered eleven at the start of the War, ten sons and one daughter.

Roddy, who was two years younger than Calum, was killed on the first day of the Battle of Neuve Chapelle in March 1915. He is the subject of Calum's *In Memory of Neuve Chapelle*. Calum himself was affected by gas in the same battle and he was also badly injured.

His brother, Angus, was in the Seaforths and was killed in December 1916. Another of the sons, Donald, was also in the Seaforths and was badly injured in the War.

When the War ended, Calum emigrated to America, where he worked in a bank.

Donald MacLeod

Donald MacLeod from Druim Beag in Assynt wrote the song *Elegy for Alasdair Munro* for his close friend, Alick Munro, aged 23, who died on 5th November 1916 after being injured in France. Before the War, Alick, who was raised in Druim Beag, had been a student in Edinburgh University. In 1914 he joined the Lovat Scouts. When he was killed in Rouen he was a 2nd Lieutenant in the Cameronians (Scottish Rifles).

John MacLeod 1855-1938

John MacLeod, Iain Thormoid Bhig, was born at Tom a' Ghlinne, Shawbost. After going to Invergordon to learn shoemaking from Murdo MacKay, his mother's brother, he practised that trade in Stornoway, Uig, Aberdeen and Shawbost.

Chaidh deich òrain leis fhoillseachadh le Comunn Eilean Leòdhais Ghlaschu anns an leabhar *Bàrdachd Ghàidhlig le Iain MacLeòid, (Iain Thormoid Bhig), Tom a' Ghlinne, Siabost.* Bha buannachd sam bith a thigeadh às ri thoirt mar thabhartas do Ospadal Eilean Leòdhais.

Iain MacLeòid bh. 1950

B' ann à Baile Meadhanach am Bràighe Phort Rìgh a bha Iain MacLeòid bho thùs agus b' e a phiuthar, Iseabail, seanmhair Shomhairle MhicGill-Eain. Nuair a bha e aois cosnaidh chaidh e gu muir ach aig toiseach na ficheadamh linn bha e ag obair na gheamair don teaghlach Lloyd. Bha an tuathanas aig Torr Mòr ann an Slèite aca air mhàl. Thug Iain dà fhichead bliadhna ag obair ann agus bha e aithnichte mar bhàrd agus mar sheanchaidh.

An t-Urramach Iain MacLeòid 1918-1994

Rugadh an t-Urramach Iain MacLeòid ann an Àrnol air taobh siar Leòdhais. Chaill e athair, 's gun e ach bliadhna a dh'aois, nuair a chaidh an Iolaire às an rathad air Biastan Thuilm air madainn Latha na Bliadhn' Ùire, 1919.

Eadar 1940 agus 1943, bha e anns a' Chabhlaich Rìoghail air HMS Ganges agus HMS Eglinton agus, an dèidh dha cead-searmonachaidh fhaighinn bho Chlèir Ghlaschu ann an 1945, chaidh e air ais don Chabhlaich Rìoghail mar mhinisteir.

Thug e greis a' frithealadh dà choitheanal ann an Canada mus do thill e a Dhùn Èideann ann an 1961. Ann an 1967, ghluais e gu eaglais Seann Sgìre an Òbain far an robh e gus na leig e dheth uallach coitheanal ann an 1984.

A bharrachd air a bhith na shearmonaiche air leth comasach, bha Iain na dheagh chraoladair a bha ri chluinntinn tric air 'Dèanamaid Adhradh' agus air 'Smuain na Maidne' air BBC Radio nan Gàidheal.

Murchadh MacLeòid 1877-1924

Rugadh Murchadh MacLeòid, Murchadh 'an 'ic Dhòmhnaill Bhig, ann an 1877 aig 5 Siabost a Deas, far a bheil làrach an taighe aige fhathast ri fhaicinn. Phòs e Ciorstaidh Màiri NicLeòid agus bha e air a ràdh gur ann dhan t-sabhal a chaidh iad a dh'fhuireach nuair a phòs iad, chionn 's gur e a b' òige san teaghlach agus nach robh fearann ann dha.

Chan eil mòran fiosrachadh ri fhaighinn mu bheatha Mhurchaidh. A rèir nan òrain faodaidh gu robh e greis anns an arm. "Cha mhol mi fhìn an t-saighdearachd / Cha d'fhuair mi coibhneil ì" tha e ag ràdh ann an aon òran. Ann an òran eile tha e ag innse mu bheatha chruaidh anns an Nèibhidh.

Bha e air a ràdh am measg a chàirdean gun deach Murchadh a dhroch losgadh leis a' ghrèin nuair a bha e san arm no san Nèibhidh agus gu robh buaidh mhaireannach aig seo air a shlàinte.

Murchadh MacLeòid

Chan eil fhios cò às ann an Leòdhas a bha Murchadh MacLeòid a sgrìobh *Leòdhas an àm a' Chogaidh.*

Ten songs by him were published by the Glasgow Lewis and Harris Association as *Bàrdachd Ghàidhlig le Iain MacLeòid, (Iain Thormoid Bhig)*, Tom a' Ghlinne, Siabost. Any profits from the publication were to go to the Lewis Hospital.

John MacLeod d. 1950

John MacLeod was originally from Balmeanach in Braes, Portree, Skye, and his sister Isobel was Sorley MacLean's grandmother. When he was old enough he went to sea but by the beginning of the 20th century he was working as a gamekeeper for the Lloyd family. They held the farm of Torr Mòr in Sleat on lease. John worked there for forty years. He was well-known as a poet and storyteller.

Rev John MacLeod 1918-1994

Rev John MacLeod was born in Arnol on the west side of Lewis. He lost his father when he was only one, when the Iolaire was wrecked on the Beasts of Holm on the morning of New Year's Day 1919.

He was in the Royal Navy on HMS Ganges and HMS Eglinton between 1940 and 1943 and, after gaining his licence to preach from Glasgow Presbytery in 1945, he went back to the Royal Navy as a chaplain.

He served two congregations in Canada for a time before returning to Edinburgh in 1961. In 1967 he transferred to Oban Parish Church where he stayed until he retired from the fulltime ministry in 1984.

Apart from being an excellent preacher, John was a fine broadcaster who was often heard on the programmes 'Dèanamaid Adhradh' and 'Smuain na Maidne' on BBC Radio nan Gàidheal.

Murdo MacLeod 1877-1924

Murdo MacLeod, Murchadh 'an 'ic Dhòmhnaill Bhig, was born in 1877 at 5 South Shawbost, Lewis, where the site of his house is still to be seen. He married Kirsty Mary MacLeod and it is said that they had to move into the barn when they married because he was the youngest of the family and there was no land for him.

There isn't much information available on Murdo's life. Going by the songs, it looks as if he spent some time in the army: "I won't praise soldiering, it has not been kind to me" he says in one song. In another he talks about how hard life is in the Navy.

According to relatives, it appears that Murdo was badly sunburnt while he was in the Army or Navy and that this had a lasting effect on his health.

Murdo MacLeod

It isn't known where in Lewis Murdo macLeod, who wrote *Lewis in Time of War,* was from.

Tormod MacLeòid 1888-1958

B' ann às na Hearadh a bha Tormod MacLeòid, Tormod Bàn Aonghais 'ic Thormoid. 'S ann aig na taighean-solais a bha e a' chuid mhòr dhe bheatha. Bha e anns na h-Eileanan Flannach, am Brèascleit, an taigh-solais an t-Siumpain an Leòdhas, an Obair Bhrothaig agus mu dheireadh anns a' Chananaich.

Teàrlach MacMhathain 1868-1936

B' ann à Bràighe Phort Rìgh san Eilean Sgitheanach a bha Teàrlach MacMhathain, Teàrlach a' Phosta. Ainmeil airson eirmseachd, tha e coltach gu lìonadh e tallachan air feadh an Eilein Sgitheanaich is daoine a' tighinn a dh'èisteachd ris na h-òrain as ùire aige.

Bha athair Theàrlaich, Dòmhnall Mòr MacMhathain, fad iomadh bliadhna na phost, a' frithealadh nan sia bailtean beaga a th' ann am Bràighe Phort Rìgh. Bha e a' fuireach anns an Òlaich. Thug Teàrlach e fhèin greis a' postaireachd ach chuir e seachad a' mhòr-chuid dhe bheatha a' dol gu muir.

Rinn e *Cumha Iain 'ic Neacail* dha Seonaidh Iain Duibh a chaill a bheatha anns a' Chiad Chogadh. Bha Seonaidh as an arm Astràilianach. Bha e air a ràdh gun deach e air tìr an Gallipoli aig dà uair sa mhadainn agus gun deach a mharbhadh am feasgar sin fhèin.

Teàrlach MacNimhein 1874-1944

Rugadh Teàrlach MacNimhein ann an Siorrachd Rois far an robh athair, a bhuineadh do dh'Ìle, na mhaighstir-sgoile. Chan eil fios cinnteach cuin a thàinig Teàrlach a dh'Ìle ach bha e ag obair mar bhuachaille chruidh san eilean is bhiodh e a' farpais aig Mòdan ionadail. Bha e a' fuireach faisg air Bruaich a' Chladaich còmhla ri cuid dhe bhràithrean.

Chaidh a' bhàrdachd aig Teàrlach agus a bhràthair Donnchadh fhoillseachadh an Glaschu ann an 1936 anns an leabhar *Baird Chill-Chomain*.

Dòmhnall MacPhàil 1892-1916

Chaidh an t-òran ris an canar gu tric an-diugh *Isein Bhòidhich* a sgrìobhadh le Dòmhnall MacPhàil, Dòmhnall Choinnich, à Grabhair ann an Leòdhas. B' e *Smuaintean Saighdeir an Dèidh Blàr Mons* a bh' aige fhèin air.

Goirid an dèidh dha Dòmhnall a dhol don àrd-sgoil ann a Steòrnabhagh, bhris a shlàinte agus b' fheudar dha tilleadh dhachaigh a Ghrabhair. Bhon uair sin bha e air a chuingealachadh gu broinn an taighe tòrr dhen ùine, ro mhothachail gu robh mòran de cho-aoisean a' sabaid agus a' bàsachadh air tìr-mòr na Roinn Eòrpa.

B' e Blàr Mons anns a' Bheilg, air 23 Lùnastal, 1914, a' chiad bhlàr cudromach anns a' Chogadh agus rinn Dòmhnall an t-òran *Isein Bhòidhich* mar gum b' ann le saighdeir a bh' anns a' bhlàr.

Donnchadh MacPhàil

B' ann às an Òban a bha Donnchadh MacPhàil.

Norman MacLeod 1888-1958

Norman MacLeod, Tormod Bàn Aonghais 'ic Thormoid, was from Quidinish, Harris. He worked as a lighthouse keeper for most of his life. He was stationed in the Flannan Isles, Breasclete, Tiumpan Lighthouse on Lewis, Arbroath and finally Fortrose.

Charles Matheson 1868-1936

Charles Matheson, Teàrlach a' Phosta, was from Braes, Skye. He was well-known for his wit and apparently he could fill village halls throughout Skye with people wanting to hear his latest song.

Charles's father, Dòmhnall Mòr MacMhathain, was a postman for many years, serving the six small villages in Braes. He lived in Ollach. Charles himself was a postman for a while but he spent most of his life at sea.

He made *Lament for John Nicolson* for Seonaidh Iain Duibh, who lost his life in the Great War. Seonaidh was in the Australian Army. It is said that he went ashore in Gallipoli at 2 in the morning and that he was killed later that same day.

Charles MacNiven 1874-1944

Charles MacNiven was born in Ross-shire where his father, who belonged to Islay, was a schoolteacher. It is not known when Charles moved to Islay but he worked as a cowherd on the island and used to take part in local mods. He lived near Bruichladdich with some of his brothers.

The poetry of Charles and his brother Duncan was published in 1936 in the collection *Baird Chill-Chomain*.

Donald MacPhail 1892-1916

The song which is known today as *Pretty Bird* was composed by Donald MacPhail, Dòmhnall Choinnich, from Gravir, Lewis. He himself called it *A soldier's thoughts after the Battle of Mons*.

Shortly after Donald went to secondary school in Stornoway, his health broke and he had to go back home to Gravir. From then on he was confined to the house most of the time, all too aware that many of his contemporaries were fighting and dying in mainland Europe.

The Battle of Mons in Belgium, on 23rd August 1914, was the first significant battle of the War and Donald made the song as though it was written by a soldier in the battle.

Duncan MacPhail

Duncan MacPhail was from Oban.

Murchadh MacPhàrlain (Bàrd Mhealaboist) 1901-1982

Rugadh Murchadh MacPhàrlain ann am Mealabost, Leòdhas, am baile as na chuir e seachad a' mhòr-chuid dhe bheatha.

Cha robh Murchadh ach ochd-deug nuair a chaidh An Iolaire air Biastan Thuilm air oidhche na Bliadhn' Ùire, 1919, agus dh'fhàg na chunnaic e aig an àm sin agus tro bhliadhnaichean a' Chogaidh Mhòir làrach mhaireannach air.

Mar iomadh eileanach eile, ann an 1924 dh'fhalbh e a Chanada air a' 'Mharloch'. Thug e ùine ag obair aig an Canadian Pacific Railway agus thug e grunn bhliadhnaichean ann am Manitoba. B' e bliadhnaichean doirbh a bh' ann agus thill Murchadh air ais a Leòdhas ann an 1932, "cha mhòr cho bochd 's a dh'fhalbh mi, ach beagan na bu ghlice."

Rinn e a sheirbheis nàiseanta aig àm an Dàrna Cogaidh, ach a bharrachd air sin chuir e a' chòrr de bheatha seachad ann am Mealabost ag obair mar chroitear. Bha e gu tur an aghaidh cogadh agus cha robh dad a leisg air sin a leigeil ris.

Tha bàrdachd agus òrain Mhurchaidh MhicPhàrlain rin lorg ann an dà leabhar *An Toinneamh Dìomhair* (Gazette Steòrnabhaigh, 1973) agus *Dàin Mhurchaidh* (An Comunn Gàidhealach, 1986)

Coinneach Màrtainn 1885-1975

Rugadh Coinneach Màrtainn, Coinneach 'Illeasbaig Màrtainn, ann an Strùparsaig ann am Bàigh na Hearadh. Bha e anns an Nèibhidh tron Chogadh ach chaidh a lèon sa chas agus thàinig air tilleadh dhachaigh na chiorramach.

Cha robh rathad mòr a' dol gu Strùparsaig agus, ann an 1957, chaidh Coinneach, a bhean, Màiri, agus an aon mhac a bh' aca a dh'fhuireach a Bhun Easain, ann am Muile.

Thill iad an ceann ùine a dh'fhuireach comhla ri Ceiteag, tè dhen t-seachdnar nighean aca, ann a' Seilebost.

Dòmhnall Eachann Meek r. 1949

Rugadh Dòmhnall Eachann Meek ann an Tiriodh agus ged a tha a dhachaigh a-nis san Eaglais Bhric tha e tric air ais san eilean. Chuir e seachad a bheatha phroifeasanta mar neach-teagaisg na Gàidhlig 's na Ceiltis ann an trì oilthighean ann an Albainn.

Leig e dheth a dhreuchd ann an 2008, agus thill e gu na gnothaichean anns an robh fìor ùidh aige fhèin – togail bhàtaichean-modail (de chabhlach Mhic a' Bhriuthainn), togail is peantadh dhealbhan, agus beagan sgrìobhaidh de sheòrsa cruthachail, 's gu sònraichte 'bàrdachd' ann an iomadh riochd, sean is ùr.

Rinn e an dàn, *Iain Againn Fhìn*, mar chuimhneachan air bràthair a sheanmhar, am Prìobhat Iain Dòmhnallach, a rugadh anns a' Chaolas ann an 1887, agus a chaidh don ochdamh batàilian de Rèisimeid nan Earra Ghàidhealach 's nan Sutharlanach ann an 1916. Thill Iain à Bhancùbhair nuair a thòisich an cogadh, agus chaidh e don rèisimeid gu saor-thoileach.

Chaidh Iain àrdachadh gu inbhe ADC anns an fhoghar 1916, nuair bha na h-Earra Ghàidhealaich a' sabaid aig deireadh blàr fada fuilteach an Somme. Bha e na ADC aig an 2nd Lt Iain ('Seoc') Livingstone Stiùbhart (1894-1971) anns an aonamh batàilian deug.

Murdo MacFarlane 1901-1982

Murdo MacFarlane, the Melbost Bard, was born in Melbost, Lewis, and spent most of his life there.

Murdo was only 18 when the Iolaire was wrecked on the Beasts of Holm on New Year's Night 1919, and what he witnessed that night, and during the course of the War, made a lasting impression on him.

Like many other Islanders he left for Canada in 1924 on the 'Marloch'. He worked for a while on the Canadian Pacific Railway and he spent a few years in Manitoba. These were difficult times and Murdo returned home to Lewis in 1932, "almost as poor as when I left, but a little wiser."

He carried out his National Service during the Second War. Apart from that he spent the rest of his life in Melbost, working as a crofter. He was very much opposed to war and had no hesitation in expressing that point-of-view.

Murdo MacFarlane's poems and songs are to be found in two books, *An Toinneamh Dìomhair* (Stornoway Gazette, 1973) and *Dàin Mhurchaidh* (An Comunn Gàidhealach, 1986).

Kenneth Martin 1885-1975

Kenneth Martin, Coinneach 'Illeasbaig Màrtainn, was born in Struparsaig in the Bays of Harris. He was in the Navy during the War but he was injured in the leg and was sent home disabled.

There was no main road to Struparsaig and, in 1957, Kenneth, his wife Mary and their only son went to live in Bunessan, Mull. They came back after a while to stay with Katie, one of their seven daughters, in Seilebost.

Donald E. Meek b. 1949

Donald (Dòmhnall Eachann) Meek was born in Tiree and though his home is now in Falkirk he is often back on the island. He spent his working life teaching Gaelic and Celtic Studies, in three Scottish universities.

He retired in 2008 and he got back to subjects he is keenly interested in – building model ships (from the MacBraynes fleet), photography and painting and creative writing, especially poetry in many forms, old and new.

He wrote the poem *Our Own John* in remembrance of his uncle, Private John MacDonald, who was born in Caolas in 1887 and who joined the 8th battalion of the Argyll and Sutherland Highlanders in 1916. John came back from Vancouver when the War started, and he joined the regiment voluntarily.

Nuair a bha na h-Earra Ghàidhealaich a' toirt ionnsaigh air 'Ceàrnag an Rathaid-Iarainn' ('The Railway Triangle') air a' chiad latha de Bhlàr Arras, an 9mh latha den Ghiblean 1917, chaidh Seoc Stiùbhart a leòn gu dona sa ghualainn, agus chaidh Iain ga chuideachadh anns an spot. Shlaod e Seoc gu toll-slige, agus thòisich e air brèid a chur air a lotan. 'S ann an uair sin a chaidh a mharbhadh gu h-obann, le peilear tron cheann bho chuimsear Gearmailteach.

Chaidh Seoc Stiùbhart a thoirt don ospadal ann an Sasainn, far an deachaidh a lotan a leigheas. Bho leabaidh, sgrìobh e litir àlainn a' moladh gaisge Iain, agus ag innse gu mionaideach far an do thuit e. Thàinig Seoc beò às a' chogadh, le inbhe Caiptein agus MC, agus, an dèidh oideachadh ann an Oilthigh Dhùn Èideann is Colaiste nam Bheataichean, chaidh e don Ghold Coast mu 1926, far an robh e na Fhear-stiùiridh air bheataichean na tìre. Rinn e obair phrìseil an sin ann am Pong-Tamale, a tha air mhaireann gus an là an-diugh.

Rinn am BBC film mun dà Iain, Càirdeas Cogaidh, a chaidh a chraobh-sgaoileadh anns an t-Samhain 2014.

Catriona Mhoireasdan

Rinn Catriona Mhoireasdan à Brèinis, Leòdhas, an t-òran *Tha mi duilich, duilich, duilich* nuair a chaidh a bràthair, Dòmhnall, a chall, aig aois dà fhichead 's a naoi. Bha e air HMS Jason a chaidh a cur fodha le mèinn, faisg air Eilean Chola, air an treas latha den Ghiblein, 1917.

Rugadh Catriona ann am Brèinis ach ghluais an teaghlach a Mhangurstadh ann an 1910 nuair a chaidh baile ùr croitearachd a dhèanamh de thac Mhangurstaidh. Bha i pòsta aig Aonghas MacAoidh aig a robh croit 13 Breinis agus bha iad a' fuireach ann an taigh a thog iad fhèin air an lot sin. Cha robh teaghlach aca agus na sean aois agus na bantraich bha Catriona a' fuireach ann an taigh beag ri taobh taigh a bràthar, Calum, agus a theaghlach aig 8 Mangurstadh.

Murchadh Moireach 1890-1964

Rugadh Murchadh Moireach aig 18 Am Bac, Leòdhas. Chaidh e a Sgoil MhicNeacail agus b' e am prìomh-sgoilear innte ann an 1909. Cheumnaich e à Oilthigh Obar Dheathain ann an 1913, agus thòisich e ri teagaisg.

As a' Chiad Chogadh bha e na oifigear as a' Cheathramh Sìophortaich. Chaidh e dhan Fhraing an toiseach sa Ghearran 1915 agus bha e ri aghaidh blàir a' chiad uair aig Neuve Chapelle. Faisg air deireadh a' Chogaidh chaidh a dhroch leòn sa ghàirdean.

Tro bhliadhnaichean a' Chogaidh Mhòir, chùm e leabhar-latha, a' mhòr-chuid dheth ann an Gaidhlig. Chaidh an leabhar-latha, beagan bàrdachd agus sgrìobhaidhean eile leis fhoillseachadh san leabhar *Luach na Saorsa* (Gairm, Glaschu, 1970).

Aonghas Moireasdan 1865-1942

Rugadh Aonghas Moireasdan ann an Ullapul agus 's ann a' reic tì dha R & R MacLeòid, marsantan mòra na tì ann an Lunnainn, a rinn e bhith-beò. An dèidh dha an t-seirbheis aca fhàgail thòisich e bùth dha fhèin an Dùn Èideann. Bha e aig

John was promoted to the rank of ADC in the autumn of 1916, when the Argylls were engaged in the fighting at the end of the long, bloody Battle of the Somme. He was ADC to 2nd Lt John (Jock) Livingstone Stewart (1894-1971) of the 11th battalion. When the Argylls were attacking the 'Railway Triangle' on the first day of the Battle of Arras, the 9th of April 1917, Jock Stewart was badly injured in the shoulder, and John immediately went to help him. He dragged Jock to a shell-hole, and started to bandage his wound. It was then that he was shot through the head by a German sniper.

Jock Stewart was taken to hospital in England, where his wounds were successfully treated. He wrote a nice letter from his sickbed, praising John's bravery and describing in precise detail where he fell. Jock survived the War, finishing with the rank of Captain and the Military Cross, and, after studying at Edinburgh University and Veterinary College, he went to the Gold Coast in 1926, where he ended up managing the veterinary services in the region.

He did sterling work at Pong-Tamale, which is still operating to this day. The BBC made a film about the two Johns, 'Càirdeas Cogaidh' (A War Friendship), which was broadcast in November 2014.

Catherine Morrison

Catherine Morrison from Breanish, Lewis, made the song *I am Sad, so very Sad* when her brother, Donald, lost his life at the age of 49. He was on HMS Jason which was sunk by a mine near the Island of Coll on the 3rd of April 1917.

Catherine was born in Breanish but the family moved to Mangersta in 1910 when a new crofting township was created out of the Mangersta tack. She was married to Angus MacKay who had a croft at 13 Breanish and they lived in a house they built on the croft. They had no family and in her old age, and by then widowed, Catherine lived in a small cottage beside her brother Calum's house at 8 Mangersta.

Murdo Murray 1890-1964

Murdo Murray was born at 18 Back, Lewis. He attended the Nicolson Institute and was dux there in 1909. He graduated from Aberdeen University in 1913 and began a career as a teacher.

In the First War he was an officer in the Fourth Seaforths. He went to France first at the beginning of February 1915 and he fought on the front line for the first time at Neuve Chapelle. He was badly injured in the arm towards the end of the War.

He kept a diary during the course of the War, most of it in Gaelic. The diary, poetry and other writings were published as *Luach na Saorsa* (Gairm, Glasgow, 1970).

Angus Morrison 1865-1942

Angus Morrison was born in Ullapool and he made his living selling tea for the major London tea merchants, R & R MacLeod. After he left their service, he opened his own shop in Edinburgh. He was, at different times, Secretary

amannan eadar-dhealaichte na rùnaire air Comunn Gàidhlig Inbhir Nis, agus, ann an Dùn Èideann, na bhall de Chomunn Tìr nam Beann.

Cho math ri bhith na bhàrd bha e na fhear-cruinneachaidh òrain. Ann an 1913 chuir e mach *Òrain nam Beann* agus chaidh *Dàin agus Òrain Ghàidhlig* fhoillseachadh ann an 1929.

Dòmhnall Moireasdan bh. 1952

'S ann aig 62 Bràgar a Deas, Leòdhas, a bha an dachaigh aig Dòmhnall 'an Moireasdan.

Dh'fhalbh Dòmhnall agus a bhràthair, Murchadh, a Chanada ach cha b' fhada gus na ghluais iad deas dha na Stàitean. Rè ùine dh'ionnsaich an dithis aca ciùird agus bha Dòmhnall na thàilleir agus Murchadh na phlumair.

Bhris air slàinte Mhurchaidh agus thill e air ais a Leòdhas. Thòisich e air marsantachd agus thog e *Lakefield*, an taigh ainmeil am Bràgar aig a bheil gèillean muice-mara os cionn a' gheata.

Dh'fhuirich Dòmhnall ann an Ameireagaidh, ann an Duluth, a' dèanamh cosnadh math mar thàilleir. Ach nuair a thàinig àm na bochdainn, chaill e a h-uile càil a bh' aige agus b' fheudar dha tòiseachadh às ùr. Thug e mach ceàird ùr mar chiropractor agus, le saothair, chaidh gu math leis uair eile.

Cha do thill e a Leòdhas ach aon uair a-mhàin, sa bhliadhna 1937.

Iain Moireasdan

Chan eil fhios cò às a bha Iain Moireasdan.

Pàdraig Moireasdan 1889-1978

Rugadh Pàdraig Moireasdan, Pàdraig 'ic 'illeasb' 'ic Phàdraig, sa Rubha Bhuidhe air taobh an iar Ghriomasaigh, Uibhist a Tuath.

Nuair a thòisich a' Chiad Chogadh, dh'fhalbh e còmhla ris na Lovat Scouts. Bha e ann an Gallipoli, anns an Èipheit, ann a' Salonika agus anns an Fhraing. B' e na thachair an Gallipoli a thug air *Òran a' Chogaidh* a dhèanamh.

"*'S ann a' Suvla Bay a chaidh sinne a chur air tìr, air oidhche. Chaidh iarraidh oirnn seasamh, stand to mar a theireadh iad san arm, agus a' bhiodag a chur air a' ghunna agus còmhstri air tòiseachadh, agus mar a chuala sinn a-rithist gur e an rud a dh'adhbhraich an trìlleach, nuair a chuala rèisimeid each eile, a bha thall mar a bha sinn fhìn, gu robh na Scouts air a dhol air tìr, chuir iad suas a' phìob agus chluich iad "Gillean an Fhèilidh".*

Agus shaoil leis an Turcach, a bha mur coinneamh air na h-àirdean, gu robh sinn a' dèanamh orra. Agus theann iad a' smàladh oirnn leis a h-uile nì a bh' aca, on a' ghunna bheag chun a' ghunna mhòr."

Tha òrain Phàdraig agus cuid de na sgeulachdan a chaidh a chlàradh bhuaithe le Sgoil Eòlais na h-Alba ri 'm faotainn anns an leabhar *Ugam agus Bhuam*, deasaichte le Dòmhnall Eàirdsidh Dòmhnallach, a chaidh fhoillseachadh an toiseach ann an 1977. Chaidh an leabhar fhoillseachadh a-rithist ann an 2007, an turas seo le CD de na h-òrain na chois.

Mòr NicAmhlaigh

B' ann à Toronto an Canada a bha Mòr NicAmhlaigh

to the Gaelic Society of Inverness and, in Edinburgh, a member of Comunn Tìr nam Beann.

As well as being a poet, he collected songs. He published *Òrain nam Beann* in 1913 and *Dàin agus Òrain Ghàidhlig* in 1929.

Donald Morrison d. 1952

Donald Morrison, Dòmhnall 'an Moireasdan, lived at 62 South Bragar, Lewis. Donald and his brother, Murdo, emigrated to Canada but before long they moved south to the States. Over time they both acquired trades, Donald as a tailor and Murdo as a plumber.

Murdo's health broke and he came back to Lewis. He started up as a merchant and he built Lakefield, the well-known house in Bragar which has a whale's jawbone over the gate.

Donald stayed in America, in Duluth, earning his living as a tailor. But when the Depression came he lost everything and had to start all over again. He trained as a chiropractor and, through hard work, he again became successful. He returned to Lewis only once, in 1937.

John Morrison

It isn't known where John Morrison was from.

Peter Morrison 1889-1978

Peter Morrison, Pàdraig 'ic 'illeasb' 'ic Phàdraig, was born at Rubha Buidhe on the west side of Grimsay, North Uist.

When the First War started he was with the Lovat Scouts. He served in Gallipoli, Egypt, Salonika and France. It was events in Gallipoli that made him write *Song of the War.*

"We were put ashore in Suvla Bay, at night. We were ordered to stand up, Stand To as they say in the army, and to fix bayonets since the fighting had started. And we heard later that what caused the commotion was that another mounted regiment who were over there before us, when they heard that the Lovat Scouts had arrived, they struck up the pipes and played 'Gillean an Fhèilidh'. And the Turks, who were facing us on the high ground, thought we were about to attack and they started firing at us with everything they had."

Peter's songs and some of the stories he recorded for the School of Scottish Studies can be found in the book *Ugam agus Bhuam*, edited by Donald Archie MacDonald and first published in 1977. It was re-published in 2007, this time with an accompanying CD containing the songs.

Marion MacAulay

Marion MacAulay was from Toronto, Canada.

Màiri NicDhòmhnaill 1928-2012

Rugadh Màiri NicDhòmhnaill, Màiri Ruaraidh Uilleim, an Griomasaigh an Uibhist a Tuath. B' e neach-teagaisg a bh' innte, ann an Glaschu, an Griomasaigh, an Cille Mhoire, an Gleann Eite agus an Ceann Sàil Eighre san Eilean Sgitheanach. Bha i pòsta aig an sgrìobhadair Tormod Calum Dòmhnallach agus an dèidh dhaibh greis a thoirt ag obair ann an Sabhal Mòr Ostaig rinn iad an dachaigh ann an Leòdhas.

Chaidh a' bhàrdachd aice fhoillseachadh san leabhar *Mo Lorgan Fhìn* ann an 1985, agus dh'fhoillsich Acair *Grima*, cruinneachadh de sgeulachdan goirid leatha, ann an 1990.

Raonaid NicFhearghais c. 1828-1918

Bha Raonaid NicFhearghais aithnichte as na Hearadh mar bhoireannach beannaichte aig an robh an dà shealladh. Bha i pòsta aig iasgair, Aonghas MacFhearghais, agus bha an dachaigh aca am Paibil air Eilean Tharasaigh. An dèidh dhaibh an t-eilean fhàgail chaidh iad a dh'fhuireach a cheann a deas na Hearadh.

Bha Raonaid còrr air ceithir fichead bliadhna nuair a thòisich an Cogadh. Dh'fhalbh mac leatha agus ogha dhith dhan Chogadh agus, a rèir na sgeòil, thuirt i ris an dithis aca gum faiceadh i iad nuair a thilleadh iad. Bha fear eile a bha càirdeach dhith a' falbh agus thuirt i ris-san nach fhaiceadh i e tuilleadh.

Thill a mac às a' Chogadh mar a thuirt i. Chaidh an t-ogha a dhroch leòn agus fhuair an teaghlach fios gun do bhàsaich e. Nuair a chaidh seo innse dha Raonaid, cha robh i gan creidsinn. Thuirt i riutha gun tilleadh e – agus thill. Bha i ceart cuideachd mun treas duine oir bha i fhèin air bàsachadh, aig aois 90, mus do thill esan às a' Chògadh.

Rinn i *Òran Cogaidh* ann an 1916.

Dolag NicGhuinne r. 1936

Chuir Dolag NicGhuinne seachad a h-òige ann an Ùig, anns an Rubha agus ann an Nis ann a Leòdhas, àiteachan as an robh a h-athair, Tormod MacLeòid, 'Am Bàrd Bochd', a' teagaisg.

Thug i fhèin iomadh bliadhna a' teagaisg cuideachd, ann am Pàislig agus ann an Leòdhas. Bho leig i dhith a dreuchd tha ùine air a bhith aice airson togail air a h-ùidh ann an litreachas na Gàidhlig agus eachdraidh nan Gàidheal.

A-mach air uinneag an taighe as a bheil i air a bhith a' fuireach airson còrr air deich bliadhna fichead chì i suas Cnoc nan Uan gu Carragh-Cuimhne Cogaidh Leòdhais air a mhullach. Aon oidhche bha i a' coimhead suas ris, agus ag ràdh rithe fhèin, "Nam b' urrainn dhut bruidhinn, saoil dè chanadh tu rium?"

Chaidh an Carragh-cuimhne fhoillseachadh gu h-oifigeil leis a' Mhorair Leverhulme air a' cheathramh latha fichead den t-Sultain 1924, le còrr air dà mhìle duine an làthair. Chailleadh 1,151 Leòdhasach sa Chiad Chogadh agus tha an ainmean uile air an clàradh air.

Mary MacDonald 1928-2012

Mary MacDonald, Màiri Ruaraidh Uilleim, was born in Grimsay, North Uist. She was a teacher in Glasgow, Grimsay, Kilmuir, Glen Etive and Kensalyre in Skye. She was married to the writer Norman Malcolm MacDonald and, after they had worked together for some time at Sabhal Mòr Ostaig, they made their home in Lewis.

Her poetry was published in the book *Mo Lorgan Fhìn* in 1985 and Acair published *Grima*, a collection of short stories by her, in 1990.

Rachel Ferguson c.1828-1918

Rachel Ferguson is remembered in Harris as a pious woman who had the gift of second sight. She was married to a fisherman, Angus Ferguson, and their home was in Paible on the island of Taransay. After leaving Taransay, they settled in South Harris.

Rachel was over eighty when the War started. One of her sons and a grandson went off to war and it is said that she told the two of them that she would see them when they returned. Another man who was related to her was also leaving and she told him that she would never see him again.

Her son came back from the War as she said. The grandson was badly injured and the family were told that he had died. When Rachel was told this she refused to believe it. She told them he would come back – and he did. She was also right about the third man because she herself had died, aged 90, by the time he returned from the War. She composed *Song of the War* in 1916.

Dolina Gunn b. 1936

Dolina Gunn was brought up in Uig, Point and Ness in Lewis, places where her father, Norman MacLeod, Am Bàrd Bochd, was a teacher.

She herself spent years teaching, in Paisley and in Lewis. Since she retired, she has been able to pursue her interest in Gaelic literature and Highland history.

From the window of the house where she has lived for over 30 years she can see up Cnoc nan Uan to the Lewis War Memorial at its summit. One night she was looking up at it and said to herself, "If you could speak, what would you say to me?"

The Memorial was officially unveiled by Lord Leverhulme on the 24th of September 1924, in the presence of more than two thousand people. 1,151 from Lewis were killed in the First War and all their names are recorded here.

Gormal NicÌomhair

'S ann aig 18 Borgh air taobh siar Leòdhais a bha an dachaigh aig Gormal NicDhòmhnaill. Bha i pòsta aig Iain MacÌomhair, Iain a' Phunch, a chaill a bheatha aig aois 32 nuair a chaidh HMS Main a chur fodha le U-75 air an naoidheamh latha den Dàmhair 1917. Bha HMS Main air an t-slighe eadar Beul Feairste agus Liverpool agus chaidh a call ann am Bàgh Luce.

Catriona NicLeòid

Chan eil fios cò bh' ann an Catriona NicLeòid ach gu robh i air gealladh-pòsaidh a thoirt do Mhurchadh MacIllFhinnein a bha a' fuireach aig 16 Rathad Plantation ann a Steòrnabhagh. Bha Murchadh ochd bliadhna fichead agus chaidh a dhroch leòn aig Blàr Loos air an t-siathamh latha fichead den t-Sultain, 1915. Bhàsaich e an ath latha agus chaidh a thiodhlacadh ann an cladh Chocques faisg air Bethune san Fhraing.

Ceit NicLeòid

B' ann à Framboise air Eilean Cheap Breatainn a bha Ceit NicLeòid (A' Bh. Ph. NicAonghais) ged a thug i iomadh bliadhna a' fuireach ann am Boston.

Ciorstaidh NicLeòid 1880-1954

Rugadh Ciorstaidh NicLeòid, nighean Eachainn Bàn Iain Phàraig, ann am Pabail ann an Leòdhas. Bho bha i òg bha i ag obair mar chuidiche ann an Sgoil Phabail agus an uairsin mar thidsear gun theisteanas ann an Airidh an Tuim. An dèidh teisteanas fhaighinn bha i a' teagaisg an Cataibh agus an Alamhagh an Siorrachd Chlach Mhanainn.

Ann an 1907 phòs i Coinneach MacLeòid, Coinneach a' Bhocs, à Tolastadh a' Chaolais agus nuair a fhuair esan obair mar cheannard air Acadamaidh na Cananaich rinn iad an dachaigh sa bhaile.

Bha Coinneach na Chaiptein anns na Sìophortaich anns a' Chiad Chogadh, a' sabaid anns an Fhraing agus ann am Mesopotamia.

Chaidh *Ceòlraidh Cridhe*, òrain le Ciorstaidh le fuinn ùra ann am Beurla agus ann an Gàidhlig, fhoillseachadh ann an 1943 agus *An Sireadh*, cruinneachadh den bhàrdachd aice, ann an 1952.

Cairstìona A. NicLeòid 1914-1983

Rugadh Cairstìona Anna NicLeòid aig 20 Pabail Uarach, Leòdhas. B' i an tè bu shine den t-seachdnar chloinne aig Calum Stiùbhart, a bha na iasgair, agus a bhean Mairead NicNeacail.

Chaidh i gu Sgoil Phabail eadar 1920 agus 1931, nuair a bha Dòmhnall MacÌomhair (am Ma'sgoile Ruadh) agus Seumas MacThòmais os cionn na sgoile. Lorg Seumas MacThòmais obair dhi ann an Oifis a' Phuist ann an Steòrnabhagh ach, leis a' chosgais a bha an lùib fuireach sa bhaile, an àite sin ghabh i obair a' cutadh sgadain. An dèidh sin bha i ag obair ann an taigh-òsta ann an Glaschu agus nuair a thòisich an Dàrna Cogadh, fhuair i àite mar ban-chlèireach ann am factaraidh armachd ann an Dùn Phris.

Gormal MacIver

Gormal MacIver lived at 18 Borve on the west side of Lewis. She was married to John MacIver, Iain a' Phunch, who lost his life at the age of 32 when HMS Main was sunk by U-boat U-75 on the 9th of October 1917. HMS Main had been sailing between Belfast and Liverpool and was lost in Luce Bay.

Catherine MacLeod

It is not known who Catherine MacLeod was except that she was engaged to marry Murdo MacLennan, who lived at 16 Plantation Road in Stornoway. Murdo was twenty eight and he was badly injured in the Battle of Loos on the 26th of September 1915. He died next day and was buried in the cemetery of Chocques near Bethune in France.

Kate MacLeod

Kate MacLeod (Mrs MacInnes) was from Framboise on Cape Breton Island, though she lived in Boston for many years.

Christina MacLeod 1880-1954

Christina MacLeod, daughter of Eachann Bàn Iain Phàraig, was born in Bayble, Point, Lewis. She worked as an assistant in Bayble School from a young age and then as an uncertificated teacher in Airidhantuim School. After qualifying as a teacher she taught in Sutherland and Alva in Clackmannanshire.

In 1907 she married Kenneth MacLeod, Coinneach a' Bhocs, from Tolsta Chaolais and, when he was appointed as headteacher at Fortrose Academy, they made their home in that town.

Kenneth was a Captain in the Seaforths in the First War, fighting in France and Mesopotamia.

Ceòlraidh Cridhe, songs in English and Gaelic with original tunes, was published in 1943 and *An Sireadh*, a collection of Christina's poetry, in 1952.

Christina A. MacLeod 1914-1983

Christina Ann MacLeod was born at 20 Upper Bayble, Lewis. She was the oldest of the seven children of Calum Stewart, a fisherman, and his wife, Margaret Nicolson.

She attended Bayble School between 1920 and 1931, when Donald MacIver (Am Ma'sgoile Ruadh) and James Thomson were in charge. James Thomson found work for her in the Post Office in Stornoway but, because it was so expensive to live in the town, she took a job as a herring girl instead. After that she worked in a hotel in Glasgow and, when the Second War started, she got a place as a secretary in a munitions factory in Dumfries.

Phòs i Murchadh MacLeòid à Pabail Uarach ann an 1947. Rinn iad an dachaigh aig 1a Pabail Uarach agus bha dithis chloinne aca.

Cha do thòisich Ciorstaidh Anna air bàrdachd gu robh i na bu shine agus a' chlann air an taigh fhàgail. Sgrìobh i mu iomadh cuspair, cuspairean pearsanta nam measg, ach bha i gu h-àraid a' sgrìobhadh mun choimhearsnachd, làithean a h-òige agus cianalas.

Bhàsaich i ann an Ospadal Bhangour, Lodainn an Iar, agus tha i air a h-adhlacadh ann an Aiginis.

Mairead NicLeòid 1875-1971

Chaidh Seonaidh Choinnich, Seonaidh MacLeòid, an duine aig Mairead (Mhoireach), a chall aig Blàr Jutland deireadh a' Chèitein 1916 agus e air bòrd HMS Invincible. Chaidh a dà bhràthair-cèile a mharbhadh anns a' Fhraing. Bha i fhèin air a bhith còrr air 55 bliadhna na banntraich nuair a bhàsaich i aig aois 96.

Tha bàrdachd eile le Mairead san leabhar *Clachan Crìche* a dh'fhoillsich Comann Eachdraidh Tholastaidh bho Thuath ann an 2005.

Màiri NicLeòid r. 1855

B' ann à Tolastadh bho Thuath ann a Leòdhas a bha Màiri NicLeòid, nighean Thormoid Mhòir, 'Màiri Bhòidheach' mar a chante rithe.

Bha dachaigh an teaghlaich aig Ceann a Deas Tholastaidh (Croit 6). B' i piuthar dhan bhàrd Iain MacLeòid (1844-1911) a chuir seachad a' chuid mhòr dhe bheatha ri searmonachadh ann an Canada agus a sgrìobh an t-òran ainmeil *An t-eilean a tuath*. An dèidh dà fhichead bliadhna an Canada thàinig e dhachaigh ann an 1911, gun dùil ris. Anns an ùine ghoirid a bha e aig an taigh bha e ri fuireach còmhla ri phiuthar Màiri, a bha gun phòsadh.

Flòraidh NicPhàil r. 1944

Rugadh Flòraidh NicPhàil, Flòraidh Nèill Sgibinnis, am Baile Mhuilinn an Tiriodh far an deach a togail gus am b' fheudar dhi a dhol do Sgoil an Òbain aig aois 14. Às a sin lean i oirre gu Oilthigh Ghlaschu agus Colaiste Chnoc Iòrdain. Thug Flòraidh an uair sin dà bhliadhna a' teagasg an Inbhir Nis agus bliadhna an Edmonton an Canada. Fhad 's a bha i thall chaidh i a Bhancùbhar, a choinneachadh Tiristeach a bha greis ri port an sin. Cha b' fhada gus na phòs i fhèin agus Eachann MacPhàil à Baile Pheadrais.

Bha Flòraidh a' teagasg Gàidhlig san Àrd-sgoil an Còrnaig airson còig bliadhna, ach às dèidh seachd bliadhna deug a' togail an teaghlaich, roghnaich i trèanadh as ùr airson teagasg tro mheadhan na Gàidhlig ann am bun-sgoil. Sin an obair ris an robh i gus na leig i dhith a dreuchd ann an 2007. Aig an àm sin bha i na h-àrd-neach-teagaisg anns an Aonad Ghàidhlig sa bhun-sgoil an Còrnaig Mhòr. Bha i cuideachd glè mhòr an sàs ann a bhith a' stèidheachadh Fèis Thiriodh ann an 1990.

'S e bhith cluinntinn daoine a' bruidhinn air a' Chogadh Mhòr nuair a bhathas a' comharrachadh ceud bliadhna on thòisich e a ghluais i gus Na Puirt Dannsaidh a sgrìobhadh, ach bha i cuideachd a' cuimhneachadh mar a bha e anns an fhasan nuair a bha i òg a bhith dol gu dannsan agus a' danns' ris na fuinn sin. Tric 's e An Eala Bhàn am fonn airson an dannsa mu dheireadh agus *"Ged a bha sinn a' tuigsinn facail an òrain, cha robh sinn a' toirt omhail sam bith dhan chruadal a dh'fhuiling iad."*

She married Murdo MacLeod from Upper Bayble in 1947. They made their home at 1a Upper Bayble and they had two children.

Christina Ann did not start writing poetry until she was older and the children had left home. She wrote poems on many subjects, including personal matters, but she focused especially on the community, the days of her youth and nostalgia.

She died in Bangour Hospital, West Lothian, and is buried in Aignish.

Margaret MacLeod 1875-1971

John MacLeod, Seonaidh Choinnich, the husband of Margaret (Murray), was lost at the Battle of Jutland at the end of May 1916 while on HMS Invincible. Her two brothers-in-law were killed in France. She had been widowed for 55 years by the time she died, at age 96.

More of Margaret's poetry can be found in *Clachan Crìche*, which Comann Eachdraidh Tholastaidh bho Thuath published in 2005.

Mary MacLeod b. 1855

Mary MacLeod, nighean Thormoid Mhòir, or 'Màiri Bhòidheach' as she was known, was from North Tolsta, Lewis.

The family home was at Croft no. 6 in Tolsta. She was a sister of the poet John MacLeod (1844-1911), who spent most of his life as a minister in Canada and who composed the song *An t-eilean a tuath*. After forty years in Canada he came home unexpectedly in 1911. During the short time he was at home he stayed with his sister Mary, who hadn't married.

Flora MacPhail b. 1944

Flora MacPhail, Flòraidh Nèill Sgibinnis, was born in Balevullin in Tiree and was brought up there until she had to leave for school in Oban at 14. From there she went on to Aberdeen University and Jordanhill College. Flora taught in Inverness for two years and for a year in Edmonton, Canada. While she was there she travelled to Vancouver to meet a man from Tiree whose ship was berthed there. Not long after, she and Hector MacPhail of Balephetrish were married.

Flora taught Gaelic in Tiree High School for five years but, after 17 years raising her family, she decided to re-train to teach in Gaelic-medium primary education, which is what she did until she retired in 2007. At that time she was a Principal Teacher in the Gaelic Unit in Cornaigmore Primary School. She was also involved in setting up Fèis Thiriodh in 1990.

It was hearing people talking about the Great War when the centenary was being commemorated that moved her to write *The Dance Tunes* but she was also conscious of how it was the fashion in her youth to dance to these tunes. Usually 'An Eala Bhàn' was the tune for the last dance: *"Though we understood the words of the song, we paid no heed to the hardship they had suffered"*.

Maletta NicPhàil r. 1945

Buinidh Maletta NicPhàil do Shiabost ann an Leòdhas. Chuir i a' chuid mhòr de a beath'-obrach seachad a' teagasg ann an Sgoil MhicNeacail. Choisinn a bàrdachd duaisean aig a' Mhòd Nàiseanta Rìoghail ann an 1998 agus aig Féile Filíochta, ann an Èirinn, ann an 2001. Ann an 2005 bha i na co-ùghdar air *Seanfhacail agus Seanchas*, cruinneachadh de sheanfhacail agus de bheul-aithris. Nochd leabhar den bhàrdachd aice, *Culaidh*, ann an 2008.

"Nam èirigh an-àirde bhithinn a' cluinntinn mun bhuaidh a thug an Cogadh Mòr air màthair air sràid na Pàirce ann an Siabost far an robh sinn a' fuireach. Bha naoinear a theaghlach aig Aonghas MacLeòid, Dòdaidh, agus a bhean, Oighrig – seachdnar nighean agus dithis mhac. Chaill iad mac leis a' chaitheamh ann an 1915, aig aois 20 bliadhna. Chaidh am mac eile, Uilleam, a bha na lans-corporail sna Ciad Ghòrdonaich Ghàidhealach, às an rathad san Fhraing air 1 Giblean 1916. Ged a bha Oighrig beò mu 30 bliadhna an dèidh sin, bha e air aithris nach d' fhuair i a-riamh os ceann mar a bhuail naidheachd a bhàis i.

Bha 'Dòdaidh' agus mo mhàthair fhìn sna h-iar-oghaichean."

Iain Rothach 1889-1918

Rugadh Iain Rothach, Iain Beag, ann a Suardail, Leòdhas, agus thogadh e aig 27 Aiginis. B' e am prìomh sgoilear air a' bhliadhna aige ann an Sgoil MhicNeacail, agus cheumnaich e le MA à Oilthigh Obar Dheathain. Bha e an impis a dhol a-steach airson na ministrealachd san Eaglais Shaor nuair a dh'èigheadh an cogadh, ach chuir e dàil ann airson a dhol dhan arm.

Chaidh e don Fhraing leis a' Cheathramh Sìophortaich anns an Dàmhair, 1914. Thill e air ais a Bhreatainn san Ògmhios 1916, airson trèanadh. Aig toiseach 1917, nise na Lieutenant, chaidh e don Fhraing gu Batàilian eile de na Sìophortaich.

Bha e aig blàir mar Ypres, Neuve Chapelle, Festubert, Loos, La Bassee, Delville Wood, Beaumont Hamel, Cambrai, agus an Somme. Air an treas latha deug den Ghiblein, 1918, choisinn e Crois a' Mhìlidh aig Wytscaete airson a sgil agus a ghaisge ann a bhith cumail nan Gearmailteach air ais, a' toirt ùine do shaighdearan eile faighinn air falbh.

Trì latha an dèidh sin, air an t-siathamh latha deug, chaidh e fhèin a mharbhadh.

Maletta MacPhail b. 1945

Maletta MacPhail is from Shawbost, Lewis. She spent most of her working life teaching in the Nicholson Institute, Stornoway. Her poetry won awards at the Royal National Mod in 1998 and at the Féile Filíochta, in Ireland in 2001. In 2005 she was the joint-author of *Seanfhacail agus Seanchas*, a collection of proverbs and folklore. A collection of her poetry, *Culaidh*, appeared in 2008.

"While I was growing up I used to hear about the effect the Great War had had on a mother from Sràid na Pàirce in Shawbost where we lived. Angus MacLeod, Dòdaidh, and his wife, Oighrig had nine of a family – seven daughters and two sons. They lost a son to tuberculosis in 1915 at the age of 20. The other son, William, who was a lance-corporal in the First Gordon Highlanders, was killed in France on 1st April 1916. Though Oighrig lived for another thirty years, it was said that she never got over the effect that the news of his death had on her.

Dòdaidh and my mother were second cousins."

John Munro 1889-1918

John Munro, Iain Beag, was born in Swordale, Lewis, and raised at 27 Aignish. He was dux of his year in the Nicholson Institute and graduated MA from Aberdeen University. He was about to start studying for the Free Church ministry when war was declared but he put it off to join the Army.

He went to France with the Fourth Seaforths in October 1914. He returned to Britain in June 1916 for further training. At the beginning of 1917 he went back to France, now as a Lieutenant, to join another Battalion of the Seaforths.

He fought in the battles of Ypres, Neuve Chapelle, Festubert, Loos, La Bassee, Delville Wood, Beaumont Hamel, Cambrai and the Somme. On the 13th of April 1918 he won the Military Cross at Wytscaete for his skill and courage in holding the Germans back, giving the other soldiers time to retreat.

Three days after that, on the 16th, he himself was killed.

NOTAICHEAN

Àitichean no blàir san Fhraing a tha air an ainmeachadh sa bhàrdachd

Mons	Aig toiseach a' Chogaidh dh'fheuch Co-bhanntachd na Frainge is Bhreatainn ri stad a chur air Arm na Gearmailt anns a' Bheilg ann an iomairt air a bheil 'Blàr nan Crìochan': b' e Blàr Mons pàirt dhen iomairt seo.
Marne	Chaidh feachdan na Frainge is Bhreatainn a phutadh air ais gu Abhainn Mharne san Fhraing ach aig Blàr Abhainn Mharne, eadar Sultain 4 agus 13 1914, chaidh aca air stad a chur air adhartas an Airm Ghearmailtich.
Antwerp	Chaidh baile Antwerp sa Bheilg a ghlacadh le na Gearmailtich às dèidh sèist a lean eadar Sultain 28 agus Dàmhair 10 1914.
Picardy	Bha grunn bhlàir ann am Picardy air taobh tuath na Frainge rè a' Chogaidh, a' tòiseachadh le Ciad Bhlàr Phicardy san t-Sultain 1914 agus a' gabhail a-steach Blàr an Somme ann an 1916.
Arras (1)	Tha Arras ann an ceann a tuath na Frainge. Ghabh Ciad Bhlàr Arras, eadar na Gearmailtich agus na Frangaich, àite eadar Dàmhair 1 agus 4 1914.
Ypres (1-2)	Baile ann am Flannras air taobh an iar na Beilge far an robh grunn bhlàir rè a' Chogaidh. Ghabh Ciad Bhlàr Ypres àite eadar Dàmhair 19 agus Samhain 22 1914, nuair a thug na Gearmailtich ionnsaigh air a' bhaile is iad a' feuchainn ri faighinn gu puirt Ostend agus Zeebrugge: sheas feachdan na co-bhanntachd aca aig Ypres. Chaidh am baile a sgrios gu tur anns a' Chogadh. Ghabh Dara Blàr Ypres àite eadar Giblean 21 is Cèitean 25 1915. Chleachd na Gearmailtich gas puinnseanta anns a' bhlàr seo airson a' chiad uair.
Neuve Chapelle	Tha Neuve Chapelle ann an ceann a tuath na Frainge agus bha sabaid a' dol air adhart timcheall air rè a' Chogaidh. Ghabh Blàr Neuve Chapelle àite eadar Màrt 10 agus 13 1915: bhris Arm Bhreatainn tron loidhne Ghearmailtich ach cha deach aca air togail air a seo.
Loos	Tha Loos an ceann an iar-thuath na Frainge. Ghabh Blàr Loos àite eadar Sultain 25 agus 28 1915. Chaidh mòran a leòn no a mharbhadh ged nach deach mòran adhartais a dhèanamh le taobh seach taobh.
Somme	Ghabh Blàr an Somme àite eadar Iuchar 1 agus Samhain 18 1916. Chaidh 20,000 saighdear Breatannach a mharbhadh air a' chiad latha den bhlàr agus chaidh faisg air muillean a mharbhadh no leòn uile-gu-lèir eadar gach taobh.

NOTES

Places or battles in France mentioned in the songs or poems

Mons	At the beginning of the War Britain and France attempted to halt the advance of the German Army in a series of encounters known as The Battle of the Frontiers: the battle of Mons in Belgium was one of those.
Marne	France and Britain were pushed back after this but they were able to halt the German advance at the Battle of the River Marne, which took place between September 4 and 13 1914.
Antwerp	The city of Antwerp in Belgium was taken by the Germans after a siege which lasted from September 28 to October 10 1914.
Picardy	Several battles took place in Picardy in northern France during the course of the War, beginning with the First Battle of Picardy in September 1914 and including the Battle of the Somme in 1916.
Arras (1)	Arras is in northern France. The First Battle of Arras, between the Germans and French, took place between October 1 and 4 1914.
Ypres (1-2)	Ypres is a city in western Belgium around which a number of battles took place during the First World War. The First Battle of Ypres took place between October 19 and November 22, when the Germans attacked the town to clear the way for an advance on the seaports of Ostend and Zeebrugge. The city was reduced to ruins in the course of the War. The Second Battle of Ypres took place between April 21 and May 25 1915. The Germans used poison gas systematically for the first time during this battle.
Neuve Chapelle	Neuve Chapelle is in northern France: fighting took place round it during the course of the War. The Battle of Neuve Chapelle took place between March 10 and 13 1915: the British Army broke through the German lines but was unable to build on the breakthrough.
Loos	Loos is in north-west France. The Battle of Loos took place between September 25 and 28 1915. There were heavy casualties, although neither side made much progress.
Somme	The Battle of the Somme took place between July 1 and November 18 1916. 20,000 British soldiers were killed on the first day of the battle and more than 1 million of all nationalities were killed or injured over the course of the battle.

Beaumont Hamel	'S e pàirt de Bhlàr an Somme a bha ann am Blàr Beaumont Hamel: ghabh e àite air Iuchar 1, a' chiad latha den bhatal sin ach bha sabaid a' dol san sgìre rè ùine.
Verdun	Ghabh Blàr Verdun àite eadar Gearran 21 is Dùbhlachd 18 1916 anns na beanntan tuath air Verdun-sur-Meuse ann an ear-thuath na Frainge. Chaidh faisg air muillean saighdear a leòn no mharbhadh sa bhlàr seo.
Arras (2)	Ghabh Dara Blàr Arras àite eadar Giblean 9 agus Cèitean 16 1917. Chaidh 160,000 a leòn no mharbhadh air taobh Bhreatainn is na Frainge.
Vimy Ridge	Bha Blàr Vimy Ridge na phàirt de Dhara Blàr Arras. Thachair e eadar 9 agus 12 Giblean 1917, leis a' Chorps Chanèidianach a' gabhail prìomh phàirt ann.
Festubert	Ghabh Blàr Festubert àite eadar Cèitean 15 is 25 1915 mar phàirt de Bhlàr Artois an ceann a tuath na Frainge. Chaidh deichnear à Baile Phort Rìgh a mharbhadh san aon oidhche sa bhlàr seo.
Ypres (3)	Ghabh Treas Blàr Ypres – no 'Blàr Passchendaele' – àite eadar Iuchar 31 agus Samhain 6 1917. Ghabh an Corps Canèidianach mu dheireadh seilbh air Passchendaele. Chaill leth muillean saighdear am beatha eadar an dà thaobh.
Flannras	Tha an t-ainm mar a tha e air a chleachdadh an seo a' gabhail a-steach Flanders sa Bheilg agus Nord-Pas-de-Calais, roinn de iar-thuath na Frainge. Ghabh grunn de phrìomh bhatail a' Chogaidh àite san sgìre seo.
'An Ruaig Mhòr'	Tha 'The Big Push' air a chleachdadh airson na h-oidhirpean sònraichte a rinneadh, mar eisimpleir ann an 1916 (Blàr an Somme) agus 1918, gus bristeadh tro loidhnichean an nàmhaid san Fhraing.

Àitichean no blàir air Taobh Sear na Roinn Eòrpa a tha air an ainmeachadh

Dardanelles	Caolas fada ann an ceann an iar-thuath na Tuirce a dh'fheuch Nèibhidh Breatainn (le taic on Cho-fhlaitheas) ri fhaighinn fo smachd ann an 1915. Cha robh an iomairt soirbheachail aig a' cheann-thall.
Gallipoli	'S e Gallipoli an rubha fada a tha air taobh siar caolas nan Dardanelles. Thug Breatainn is an Fhraing (le taic rìoghachdan Cho-fhlaitheis Bhreatainn, is gu h-àraidh Astràilia is Sealan Nuadh) ionnsaigh air feachdan na h-Ìompaireachd Ottoman an seo eadar Giblean 25 1915 agus am Faoilleach 1916 nuair a b' eudar dhaibh tarraing a-mach às dèidh call beatha mòr. 'S e Blàr Bàgh Suvla aon de na batail a ghabh àite ann an Gallipoli.

Beaumont Hamel	The Battle of Beaumont Hamel was part of the Battle of the Somme: it took place on July 1, the first day of that battle, although fighting continued in the area for some time.
Verdun	The Battle of Verdun took place between February 21 and December 18 1916 in the hills north of Verdun-sur-Meuse in north-east France. More than a million combatants were killed or injured.
Arras (2)	The Second Battle of Arras took place between April 9 and May 16 1917. Britain and France suffered 160,000 casualties between them.
Vimy Ridge	The Battle of Vimy Ridge formed part of the Second Battle of Arras. It took place between 9 and 12 April 1917. The Canadian Corps played a major part in the battle.
Festubert	The Battle of Festubert was part of the Battle of Artois in northern France and took place between May 15 and 25 1915. Ten men from Portree were killed on the same night in this battle.
Ypres (3)	The Third Battle of Ypres – or the 'Battle of Passchendaele' – took place between July 31 and November 6 1917. The Canadian Corps eventually captured Passchendaele. In all, there were around half a million casualties.
Flanders	The name as used here covers Flanders in Belgium and the Nord-Pas-de-Calais region of north-west France. Some of the main battles of the War took place in this area.
The Big Push	The 'Big Push' refers to attempts to break the stalemate of trench warfare through heavy bombardment and concerted infantry attacks on the enemy lines: for example in 1916 (the Battle of the Somme) and 1918.

Places or battles in Eastern Europe mentioned

Dardanelles	A narrow strait in north-west Turkey which the Allies (assisted by the British Commonwealth) attempted to gain control of in 1915. The operation was ultimately unsuccessful.
Gallipoli	Gallipoli is a peninsula which forms the north bank of the Dardenelles strait. Britain and France (with Australia and New Zealand) fought the armies of the Ottoman Empire here between April 25 1915 and January 1916, when they were forced to withdraw, having suffered heavy losses. The Battle of Suvla Bay was part of the Gallipoli campaign.

Salonika — Chaidh feachdan à Breatainn agus an Fhraing a chur an sàs ann an Salonika sa Ghrèig ann an 1915 gus taic a thoirt do Sherbia an aghaidh Bulgaria.

Tumbitza — Ghabh Blàr Tuathanachas Thumbitza ann an Salonika àite eadar Samhain 17 agus Dùbhlachd 7 1916.

Feachdan

Rèisimeidean a tha air an ainmeachadh sa bhàrdachd:
Na Camshronaich (Queen's Own Cameron Highlanders), Na Sìophortaich (Seaforth Highlanders), Na Gòrdanaich (Gordon Highlanders), Rèisimeid Earra-Ghàidheal agus Shutharlain (Argyll and Sutherland Highlanders), Na Rìoghalaich (Royal Scots Regiment).

Lovat Scouts — Chaidh na Lovat Scouts a stèidheachadh san Fhaoilleach 1900 le Sìm Friseal, an 14mh Morair Lòbhat, gus sabaid ann an Cogadh nam Boers. Ghabh iad pàirt anns a' Chiad Chogadh anns an Fhraing, a' Bheilg, Gallipoli, a' Ghrèig agus an Èipheit.

Mailisidh — Chaidh 'Militia na Rìoghachd Aonaichte' a stèidheachadh an 1801. Chaidh ainmeachadh gu h-oifigeil mar an 'Special Reserve' ann an 1907 ach lean an t-ainm 'Militia' – 'Mailisidh' sa Gàidhlig – fad às dèidh sin.

RNR — Chaidh an Royal Naval Reserve (RNR) a stèidheachadh an 1859. Chaidh RNR (Trawler Section) a chur air chois ann an 1910. Bha 30,000 seòladair no oifigear san RNR nuair a thòisich an Cogadh ann an 1914.

Bha mòran anns na h-Eileanan sa Mhailisidh no san RNR agus bha sin a' ciallachadh gun deach an togail tràth aig toiseach a' Chogaidh.

Blàir-mara a tha air an ainmeachadh

Falklands — Ghabh Blàr-mara nan Eileanan Falkland àite air Dùbhlachd 8 1914. Chaidh na bàtaichean Gearmailteach uile a chur fodha ach aon chriùsar is bàta-taic.

Heligoland — Bha dà bhlàr-mara aig Heligoland, ann an 1914 agus 1917.

Jutland — Ghabh Blàr-mara Jutland (faisg air An Danmhairg) àite air Cèitean 31 agus Ògmhios 1 1916. Bha a' chabhlach Bhreatannach fo stiùireadh an Admiral Sir Iain Jellicoe agus an Leas-Admiral Daibhidh Beatty. Chaidh 14 bàtaichean Breatannach is 11 bàtaichean Gearmailteach a chur fodha is bha call beatha mòr ann air an dà thaobh.

Salonika British and French troops were posted to Salonika in Greece from October 1915 to support Serbia against Bulgaria.

Tumbitza The Battle of Tumbitza Farm was part of the Salonika campaign and took place between November 17 and December 7 1916.

Regiments

Regiments mentioned:
The Camerons (Queen's Own Cameron Highlanders), the Seaforths (Seaforth Highlanders), the Gordons (Gordon Highlanders), the Argyll and Sutherland Highlanders, the Royals (Royal Scots Regiment).

Lovat Scouts The Lovat Scouts regiment was formed in January 1900 by Simon Fraser, the 14th Lord Lovat, to fight in the Second Boer War. During the First World War they fought in France, Belgium, Gallipoli, Greece and Egypt.

The Militia The 'Militia of the United Kingdom' was established in 1801. It was renamed 'The Special Reserve' in 1907 but the name 'Militia' – 'Mailisidh' in Gaelic – continued to be used for some time.

RNR The Royal Naval Reserve (RNR) was established in 1859 and the RNR (Trawler Section) in 1910. There were 30,000 seamen or officers in the RNR when the War broke out in 1914.

Many men in the Western Isles had enlisted in the Militia or RNR before the War and so were called up in its early stages.

Sea-battles mentioned

Falklands The Battle of the Falkland Islands took place on December 8 1914. All the German ships involved were destroyed except for one cruiser and a support vessel.

Heligoland There were sea-battles at Heligoland in 1914 and 1917.

Jutland The Battle of Jutland (off the coast of Denmark) took place on May 31 and June 1 1916. The British fleet was under the command of Admiral Sir John Jellicoe and Rear-Admiral David Beatty. 14 British and 11 German ships were sunk, with heavy loss of life on both sides.

Bàtaichean Breatannach a tha air an ainmeachadh

Clan MacNaughton	Chaill 281 seòladair am beatha nuair a chaidh an criùsar armaichte HMS Clan MacNaughton fodha bhar cladach na h-Èireann air Gearran 3 1915.
Garry	Bàta-cogaidh Breatannach a thogadh ann an Yarrow ann an 1905. Chaidh a cur an sàs gu h-àraidh an aghaidh bhàtaichean-aigeil na Gearmailt.
Invincible	Chaidh an criùsar HMS Invincible a chur fodha ann am Blàr Jutland ann an 1916. Chaidh còrr is mìle den chriutha às an rathad.
Jason	Chaidh HMS Jason a chur fodha le mèinn faisg air Eilean Chola sa Giblean 1917.
Kent	Thogadh an criùsar Kent ann an 1903. Ghabh i pàirt ann am Blàr nan Eileanan Falkland ann an 1914. Chuir i fodha criùsar Gearmailteach an sin agus beagan mhìosan às dèidh a' bhlàir chuir i fodha SMS Dresden.
Lamington	Chaidh am bàta-smùid SS Lamington a thogail ann am Port Ghlaschu ann an 1907. Chùm i a' seòladh gu 1946.
Main	Chaidh am bàta-cargo SS Main a thogail an Glaschu ann an 1904. Chaidh a cur fodha le bàt-aigeil Gearmailteach san Dàmhair 1917.
Oceana	Bàta-tarraing Breatannach a chaidh fodha aig Scapa Flow san Dàmhair 1918 às dèidh bàta eile bualadh innte. Anns an dàn mun Oceana tha iomradh air: Barry (Barry Island sa Chuimrigh), Tòraigh (Tory Island bhar cladach Dhùn nan Gall), Fastnet (taigh-solais bhar chosta an iar-dheas Èirinn) agus 'Tìr nam Boers' (Afraga a Deas).
Orama	Chaidh HMS Orama a chur fodha le U-boat san Dàmhair 1917.

Bàtaichean a tha air an ainmeachadh (A' Ghearmailt)

SMS Dresden	Criùsar Gearmailteach a ghabh pàirt ann am Blàr-mara nan Eileanan Falkland. Chaidh a cur fodha beagan mhìosan às dèidh sin.
SMS Navarra	Chaidh am bàta-taic Gearmailteach Navarra a chur na teine is a cur fodha faisg air na h-Eileanan Falkland san t-Samhain 1914.

Daoine a tha air an ainmeachadh (Breatainn)

Admiral Beatty	Bha Sir Daibhidh Beatty na leas-Admiral aig àm Blàr Jutland agus, o 1917, na Admiral sa Chabhlach Rìoghail.
Admiral Jellicoe	Bha an t-Admiral Sir Iain Jellicoe air ceann cabhlach Bhreatainn aig Blàr-mara Jutland.

British Ships mentioned

Clan MacNaughton	281 sailors lost their lives when the armed cruiser HMS Clan MacNaughton sank in a storm off the Irish coast on February 3 1915.
Garry	Built in Yarrow in 1905, HMS Garry was deployed mainly against German U-boats.
Invincible	The cruiser HMS Invincible was sunk during the Battle of Jutland in 1916. More than 1,000 of its crew lost their lives.
Jason	HMS Jason was sunk by a mine near the Island of Coll in April 1917.
Kent	The cruiser Kent was built in 1903. It took part in the Battle of the Falkland Islands in 1914. It sank a German cruiser in that battle and a few months later it sank SMS Dresden off the coast of Chile.
Lamington	The steamship SS Lamington was built in Port Glasgow in 1907. It continued to sail until 1946.
Main	The cargo ship SS Main was built in Glasgow in 1904. It was sunk by a German U-boat in October 1917.
Oceana	The British tug Oceana sank at Scapa Flow in October 1918 after a collision with another ship. In the poem on the Oceana there are references to: Barry Island in Wales, Tory Island (off the coast of Donegal), Fastnet (a lighthouse off the coast of south-west Ireland) and 'The Land of the Boers' (South Africa).
Orama	HMS Orama was sunk by a German U-boat in October 1917.

Ships mentioned (Germany)

SMS Dresden	A German cruiser which took part in the Battle of the Falkland Islands. It was sunk several months later off the coast of Chile.
SMS Navarra	The German support vessel Navarra was sunk near the Falkland Islands in November 1914.

People mentioned (Britain)

Admiral Beatty	Sir David Beatty was a Vice-Admiral in the Royal Navy at the time of the Battle of Jutland in 1916 and, from 1917, a full Admiral.
Admiral Jellicoe	Admiral Sir John Jellicoe commanded the British fleet in the Battle of Jutland.

Admiral Sturdee — Bha Sir Frederick Charles Doveton Sturdee (1859-1925), os cionn nam bàtaichean-cogaidh Breatannach a rinn a' chùis air cabhlach a' Chomanndair Ghearmailtich Maximilian von Spee aig Blàr nam Falklands aig deireadh 1914. Ghabh e pàirt cuideachd ann am Blàr Jutland anns an Ògmhios 1916.

Rìgh Seòras — Rìgh Deòrsa V a bha na Rìgh air Breatainn is a h-Ìompaireachd o 1910 gu 1936.

Sir Iain French — Bha Sir Iain French (1852-1925) os cionn am British Expeditionary Force a chaidh a chur dhan Fhraing aig toiseach a' Chogaidh. Cha robh e air a mheas soirbheachail mar cheannard, ge-tà, agus chaidh Sir Dùghlas Haig a chur na àite aig deireadh 1915.

Daoine a tha air an ainmeachadh (A' Ghearmailt)

An Ceusar — Kaiser Wilhelm II, Ìompaire na Gearmailt is Rìgh Phruisia o 1888 gu 1918. 'S e ogha a bha ann don Bhànrigh Bhictoria agus co-ogha Rìgh Deòrsa V.

Bernhardi — Freidrich von Bernhardi (1849-1930), Seanalair Pruiseanach agus fear-eachdraidh, a chuir a-mach an leabhar *Deutschland und der Nachte Krieg* ('A' Ghearmailt agus an Ath Chogadh') ann an 1911 anns a bheil e a' brosnachadh na Gearmailt gu cogadh.

Krupp — Companaidh Ghearmailteach a bha dèanamh armailtean cogaidh.

Von Bülow — Karl Wilhelm Paul von Bülow (1846-1921), a bha os cionn Dara Arm na Gearmailt aig toiseach a' Chogaidh.

Von Moltke — Helmuth von Moltke (1848-1916), a bha os cionn General Staff na Gearmailt aig toiseach a' Chogaidh.

Von Kluck — Alexander von Kluck (1836-1944), a bha os cionn Ciad Arm na Gearmailt aig toiseach a' Chogaidh.

Dùthchannan

Rìoghachdan a bha air taobh Bhreatainn sa Chogadh:
Astràilia, Canada, Afraga a Deas, na h-Innseachan, An Fhraing, An Ruis, A' Bheilg, An Eadailt, A' Ghrèig, Serbia, Na Stàitean, Iapan.

Rìoghachdan a bha air taobh na Gearmailt:
Ostair-Ongair, An Tuirc (An Ìompaireachd Ottoman), Bulgaria.

Measgachadh

A' Bhruaich — Fraserburgh far am biodh fir is boireannaich às na h-Eileanan a' dol gu obair an sgadain ron a' Chogadh.

An Iolaire — 'Gheat' leis a' Chabhlach Rìoghail a chaidh fodha air Biastan Thuilm faisg air Steòrnabhagh air Latha na Bliadhn' Ùire 1915. Chaidh 205 a bhàthadh, a' chuid mhòr dhiubh seòladairean a bha a' tilleadh às a' Chogadh.

Admiral Sturdee — Sir Frederick Charles Doveton Sturdee (1859-1925), commanded the British fleet which defeated the force led by German Vice-Admiral Maximilian von Spee in the Battle of the Falkland Islands at the end of 1914. He also took part in the Battle of Jutland in June 1916.

King George — King George V was King of Great Britain and the Empire from 1910 to 1936.

Sir John French — Sir John French (1852-1925) commanded the British Expeditionary Force sent to France at the beginning of the War. He was judged not to be a successful leader, though, and was replaced by Sir Douglas Haig in late 1915.

People mentioned (Germany)

Kaiser — Kaiser Wilhelm II was Emperor of Germany and King of Prussia from 1888 to 1918. He was a grandson of Queen Victoria and a first cousin of King George V.

Bernhardi — Freidrich von Bernhardi (1849-1930) was a Prussian General and military historian who published the book *Deutschland und der Nachte Krieg* (Germany and the Next War) in 1911, in which he incites Germany to start a war.

Krupp — The German munitions manufacturer of that name.

Von Bülow — Karl Wilhelm Paul von Bülow (1846-1921) commanded the German Second Army at the beginning of the War.

Von Moltke — Helmuth von Moltke (1848-1916) was Chief of the German General Staff at the beginning of the War.

Von Kluck — Alexander von Kluck (1836-1944) commanded the German First Army at the beginning of the War.

Countries

Countries allied to Britain:
Australia, Canada, South Africa and India; France, Russia, Belgium, Italy, Greece, Serbia, the United States, Japan.

Countries allied to Germany:
Austria-Hungary, Turkey (the Ottoman Empire), Bulgaria.

Miscellaneous

Fraserburgh — A North-east fishing town where men and women from the Western Isles went for seasonal employment.

The Iolaire — A Royal Navy yacht which foundered on the Beasts of Holm near Stornoway on New Year's Day 1915. 205 were drowned, mostly sailors returning from the War.

An Òlaind Cha do ghabh an Òlaind taobh seach taobh sa Chogadh. Bha saighdearan a ràinig an Òlaind air an cumail ann an campa ann am baile Groningen ri linn a' Chogaidh. Bha saighdearan Gàidhealach nam measg.

Chaidh Kaiser Wilhelm II fhògradh dhan Òlaind às dèidh a' Chogaidh.

Cabar Fèidh Suaicheantas Rèisimeid nan Sìophortach.

Crom-lus Tha na crom-lusan a bha fàs ann am Flannras air tighinn gu bhith nan comharra-cuimhneachaidh air na chaill am beatha ann an cogaidhean.

'Dùthaich Luther' A' Ghearmailt, dham buineadh am pears-eaglais ainmeil Martin Luther.

Estaminet Cafe anns a bheil deoch-làidir ga reic.

Fort George Gearastan air cladach Linne Mhoiribh san robh saighdearan air an cruinneachadh is air an trèanadh mus fhalbhadh iad dhan Chogadh. ('S e 'Port Sheòrais' a tha aig aon de na bàird air.)

Gobhraidh Blàr Ghobhraidh (Blairgowrie), fear de na bailtean ann an Siorrachd Pheairt far an robh campaichean airm aig àm a' Chogaidh.

Hazebrouck Baile beag an ceann-a-tuath na Frainge a bha cudromach sa Chogadh Mhòr chionn 's gu robh loidhnichean rèile a' coinneachadh ann.

Heligoland Bha Eileanan Heligoland sa Chuan a Tuath air an cleachdadh mar ionad-nèibhidh leis a' Ghearmailt ri linn a' Chogaidh agus chaidh dà bhlàr-mara mòr air adhart faisg orra.

Jack Johnson Urchairean-spreadhaidh no 'shells' mhòra a bha air an ainmeachadh air a' bhogsair Ameireaganach, Jack Johnson.

Lochiall Camshronach Lochiall, a bha aig ceann Rèisimeid nan Camshronach.

Omdùrman Bha Blàr Omdùrman (faisg air Khartoum an latha an-diugh) san t-Sultain 1898 agus bha bhuaidh aig arm Bhreatainn fo chommand Sir Herbert Kitchener. Choisinn Sir Eachann Dòmhnallach cliù sa bhatal.

Potsdam Baile mòr anns a' Ghearmailt.

Pruiseanaich Air a chleachdadh sa bhàrdachd mar ainm eile airson Gearmailtich.

St Helena An t-eilean dhan deach Napoleon fhògradh agus far a bheil cuid de na bàird a' moladh a dheigheadh an Ceusar a chur às dèidh a' Chogaidh.

Sheila Bàta le Mac a' Bhruthainn a bha a' ruith eadar An Caol agus Steòrnabhagh.

Holland — Holland remained neutral throughout World War 1. British soldiers who crossed the border were held in an interment camp in Grongingen in Holland during the course of the War.

Kaiser Wilhelm II was exiled to Holland after the War.

Cabar Fèidh — The stag's head emblem of the Seaforth Highlanders.

Poppies — The poppies which grew in Flanders during the war have come to stand for those killed in all wars.

'Luther's Land' — Germany, the homeland of the famous churchman, Martin Luther

Estaminet — A small cafe which sold alcohol.

Fort George — Fort on the Moray Firth where soldiers assembled before leaving for war.

Gowrie — Blairgowrie, one of the Perthshire towns with army camps during the War.

Hazebrouck — An important railway junction in northern France.

Heligoland — The Heligoland Islands in the North Sea were used as a naval base by Germany during the War. Two important sea-battles took place nearby.

Jack Johnson — Powerful shells named after the American boxer, Jack Johnson.

Locheil — Cameron of Locheil who founded and led the Queen's Own Cameron Highlanders.

Omdurman — The Battle of Omdurman (near present day Khartoum) took place in September 1898 and resulted in victory for a British Army under Sir Herbert Kitchener. Sir Hector MacDonald played a leading role in the battle.

Potsdam — An important German city.

Prussian — Used in the poetry as an equivalent term to 'German'.

St Helena — The island to which Napoleon was exiled and to which some of the poets suggest the Kaiser should be sent.

Sheila — A MacBrayne's passenger ship, serving Lewis in particular.